App营销
应该这样做

一本书教你打造
移动互联网时代的营销利器

微营销实战专家 **夏雪峰**◎著

人 民 邮 电 出 版 社
北 京

图书在版编目（CIP）数据

App营销应该这样做 ：一本书教你打造移动互联网时代的营销利器 / 夏雪峰著. -- 北京 ：人民邮电出版社, 2015.2(2015.6重印)
ISBN 978-7-115-37958-0

Ⅰ. ①A… Ⅱ. ①夏… Ⅲ. ①网络营销 Ⅳ. ①F713.36

中国版本图书馆CIP数据核字(2015)第000476号

内 容 提 要

App对人们来说并不陌生，从阅读到旅行，从社交到游戏，从餐饮到购物……各种各样的App在智能手机、iPad等移动设备上随处可见，App给人们的生活带来便利、乐趣的同时，也给商家带来了无限的营销机会。

本书从App营销价值、营销定位、推广方法、推广技巧、营销误区入手，通过解析服装、餐饮、美妆、旅游、汽车、快消品、传媒、电商、机构组织、酒店等多个行业的代表性案例，向读者讲述企业App推广和营销的方法和技巧，让企业在未来的移动互联网消费市场占据竞争优势，开拓一片蓝海。本书适合企业管理者及营销人士阅读。

◆ 著　　　　夏雪峰
责任编辑　寇佳音
责任印制　周昇亮
◆ 人民邮电出版社出版发行　　北京市丰台区成寿寺路 11 号
邮编　100164　　电子邮件　315@ptpress.com.cn
网址　http://www.ptpress.com.cn
北京鑫丰华彩印有限公司印刷
◆ 开本：690×970　1/16
印张：16　　　　2015 年 2 月第 1 版
字数：281 千字　　2015 年 6 月北京第 2 次印刷

定价：48.00 元

读者服务热线：(010)81055296　印装质量热线：(010)81055316
反盗版热线：(010)81055315
广告经营许可证：京崇工商广字第 0021 号

前　言
Preface

星巴克闹钟是一款风靡全球的App。只要你将它安装在手机上，就可以早早起床上班，无须再赖床。当然，这并不是星巴克在揪你的耳朵，而是星巴克Early Bird（早起鸟）在唤醒你。只要你设定好起床时间，并按时起床，就能得到一颗星，然后你外出，在60分钟之内走进任何一家星巴克，就能买到一杯仅一折销售的浓香咖啡……

这样实用又有优惠可享的App，你是不是后悔没有安装呢？仔细想想，这个小小的App其实从你早上睁开眼睛的那一刻，就紧紧地将你和星巴克品牌联系在了一起，这种广告概念和广告宣传的力量是无形的。

很多企业纷纷效仿星巴克的做法，在App建设和营销中推陈出新，既能让用户感觉实用，又能从中得到好处，在不知不觉中宣传了企业品牌。这样做营销，才能让营销效果最大化，让企业效益得到提升。

App的魅力和威力从“星巴克闹钟”可见一斑。随着智能手机和平板电脑的普及，大多数人的手机里都有几个甚至十几个App，这些App可能让用户娱乐、购物、社交、阅读……可以说，App已经融入到人们的日常生活中。对企业而言，如果还没有创建自己的营销App，显然就会错过正在到来的移动互联网消费大潮。

App已不仅仅是一部手机的客户端那么简单，越来越多的企业将App当作销售的主战场。根据数据显示，App带给各大电商企业的流量已经远远超过PC端（传统互联网）。通过App来营销产品、获得利润、征服市场也成为各大企业在移动互联网时代的发展方向。事实表明，消费者是非常乐意使用手机 App 来获得服务或者购物的，因为 App 的便捷性完全战胜了 PC 端，用户不管走到哪里，只要能上网，就可以随时随地手机购物，而且手机 App 还能随时为用户推送最新的产品信息和打折促销活动信息。

有了用户追求便利、实用、娱乐等需求，各大企业纷纷制作各种 App，利用各种营销手段在 App 中加入促销、打折等活动，让自己的 App 活跃度上升。在移动互联网市场，谁能获得 App 用户资源，谁就能占据竞争优势。

用户在手机上动动手指、滑动屏幕……就可以买东西，享优惠，娱乐、阅读、社交……这种需求要求企业必须改变营销思维模式，采取符合 App 大数据时代背景的营销手段。企业需要跳出传统的管理方式和营销理念，在移动互联网方面加大投入，开发创新，吸引客户，让自己的产品通过 App 广泛传播，让企业品牌深入人心，进而引导客户消费。

本书并未涉及 App 的技术理论和抽象概念，只有具有实战性和实效性的营销策略和方法，针对当前 App 营销热潮，结合服装、餐饮、快消品、旅游、电商等众多行业，总结出一套 App 营销战术，从 App 定位、创新到推广营销，为用户一一讲解其中的实用技巧，让 App 营销实战化，为读者提供一套可以快速上手操作的 App 营销方案。

目录

Contents

App 已经不是新鲜事物，而是人们手机、移动设备里的常驻嘉宾，时刻在影响着人们的工作和生活。App 给人们的生活带来便利、乐趣的同时，也在改变着企业传统的营销方式。与传统营销方式相比，App 为什么更适合企业做营销？本章告诉你 App 为什么这么火，与传统营销相比它好在哪里。

App 固然可以将用户与企业很自然地连接起来，但是 App 的世界同样有竞争，这是企业间竞争的又一个阵地。如何才能让你的 App 巧夺先声、吸引用户？如何才能让你的企业 App 轻松打败同类的竞争对手？这不是技术问题，而是定位问题。如何定位你的 App？本章通过星巴克等企业的经典案例，告诉你如何让你的 App 成为客户的最爱。

通过众多成功的App案例可以看出，不同的App类型，客户的需求是不一样的。那些成功的App都很注重App的核心要素：用户体验和心理需求。抓住这个核心要素，根据自身企业的特点、优势来选择恰当的类型，比如注重产品信息、虚拟化、休闲娱乐、话题类型、定制服务等，才能做好App。本章告诉你如何才能选对符合企业属性和优势的App类型，让企业的App营销有的放矢，做出成效。

企业开发设计了一款精美的App之后，接下来的问题就是推广App：如何让用户看到你的App、了解你的App、下载你的App。那么，如何让用户看到你的App？媒体、企业的官方网站、App应用商店、软文营销、视频营销、线下活动等多种推广方式都可以使你的App出现在用户的视野中、手机上……本章为你揭秘多种推广渠道，让你的App推广效果超乎想象。

第5章　掌握模式，让你的App营销顺风顺水 …… 151

要想让App营销的效果更好，企业还要驾驭好九种营销模式。本章从广告模式、植入模式、用户模式、专业模式、亮点模式、免费模式、内容模式、情感模式、尖叫模式九种营销模式，为你解析经典的App营销案例，总结App营销技巧，让你的App营销效果更好。

第 6 章　百家争鸣，各行各业中 App 营销经典案例…………………187

各行各业都有出类拔萃的 App 营销案例。本章重点从服装、餐饮、美妆、旅游、汽车、快消品、传媒、电商、机构组织、酒店 10 个行业中选出具有代表性的 App，如美丽说、必胜客、美妆心得、侠客行等，全面解析这些成功的 App，总结出一套实用、有效的 App 营销方法和技巧，让你的 App 快速在客户间传播开来。

第 7 章　慎踏雷区，避开 App 营销的那些误区……………………231

如今的 App 营销可以说做得如火如荼，但是，有的企业没花多少钱却效果卓著，有的企业投入不少人力、物力和财力却收效甚微。为什么会有如此大的反差呢？除了本书上面几章提到的策略、方法和技巧外，还有一些值得注意的 App 营销误区。本章告诉你 App 营销的那些误区，让你的 App 营销少走弯路错路，确保你的 App 营销获得最好的效果。

第 1 章　App 营销，小乾坤里有大世界

App 已经不是新鲜事物，而是人们手机、移动设备里的常驻嘉宾，时刻在影响着人们的工作和生活。App 给人们的生活带来便利、乐趣的同时，也在改变着企业传统的营销方式。与传统营销方式相比，App 为什么更适合企业做营销？本章告诉你 App 为什么这么火，与传统营销相比它好在哪里。

1. 相比传统方式，推广费用相对低廉

在传统意义上，我们认为企业想要宣传自己的产品，提高产品的知名度，需要借助大量的广告宣传。例如，电视广告，报纸、杂志版面广告，以及网络传播、视频广告等。我们如果仔细分析，则不难看出，如今通过电视广告被大众熟识的企业大都是一些财力雄厚的企业，而多数的中小企业无法跻身其中。原因在于，这类广告宣传成本太高。高昂的费用，让许多中小企业望尘莫及。

App 营销则比较符合大众营销的口味，它最重要的优势就是推广费用相对低廉，企业只需要开发一个适合本企业、相应产品的应用软件即可。当然，在产品推广时也会产生一些费用，但这种营销模式和营销效果却是传统推广无法比拟的。

App 是移动互联网的入口，所以在移动互联网发展成为主流营销趋势之前，企业必须开发一个属于自己的 App。

随着智能手机和 iPad 等移动终端设备的普及，人们越来越多地习惯在 App 客户端上网购物。App 不仅是移动设备上的一个客户端这么简单，随着移动互联网的兴起，电商似乎已经抢占了 App 平台。数据显示，App 给移动终端电商带来的流量远远超过了传统互联网营销（PC 端）。也就是说，App 已经成了各大电商平台赢利的主要发展方向。电商将天平偏向 App 的主要原因有两点：一是移动设备终端能够方便用户选择产品；利于购物；二是 App 的推广费用比传统推广方式的费用低很多。我们以当当网的 App 营销推广为例加以说明。

我们打开电视机，翻开报纸、杂志，似乎很少看到当当网在打广告、做推广。如果按照传统的营销模式来看，当当网应该是不知名的，然而事实并非如此。当当网是中国最大的网上书城购物中心，人们无论上网买什么书，首先就会想到当当网。

更为惊奇的是，我们可以做一个实验：聚会时，将你身边三五个好友的手机聚集起来，打开手机主页面，会发现他们中的大多数人会有当当网 App 的标志。其实你的朋友未必经常读书，但是却仍然有当当网的 App（如图 1-1 所示）。

没错，因为方便购物，所以朋友的手机上大多会有当当网的 App。使用当当网的手机 App 不但可以方便购书，还能及时在信息栏收到当当网的最新优惠、促销活动的信息（如图 1-2、图 1-3 所示）。

图 1-1　手机主页面中当当网等 App 标志

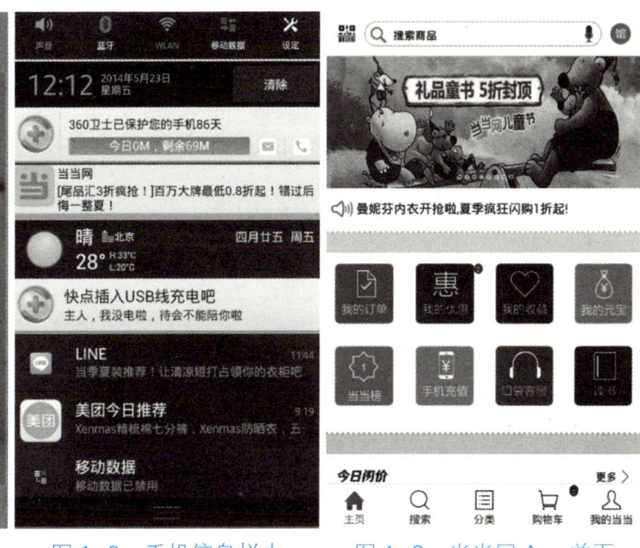

图 1-2　手机信息栏中当当网的推送信息

图 1-3　当当网 App 首页

对当当网而言，有了 App 之后，根本就不需要在电视、报纸、杂志上花费大量的推广经费来宣传产品，只需要在所有与当当网相关联的网站和产品上印刷自己的 App 二维码或者网址即可。接下来企业只需要维护 App 后台，每天将一些最新消息、产品种类、打折优惠活动输入，一键推送即可。这样做既省时又省力，而且还能百分之百地传送到安装 App 客户端的用户手机中，其营销率可谓是百分之百。

App 营销解析

企业通过开发属于自己的 App 来做营销，远比传统营销推广省时省力，而且在移动互联网飞速发展的形势下，企业如果不运用移动互联网做营销，那么不只是落伍的事情，还会失去越来越多的市场份额，最终被大浪淘沙出局。

App 作为一种省钱又省力的推广工具，相信没有几家企业会将其拒之千里之外。当当网现在已经很少在传统营销方面做推广，而是将主要精力放在了 App 营销方面。因为当当网会算一笔账：在电视台播放一个只有几秒钟的广告，一次就需要十几万元；而在热门门户网站中的广告费用更是十分高昂，再加上手机短信的营销推广费用等，每一笔都是非常庞大的数字。而当当网在 App 上的推广只需要动动手指，每天发一两条产品推广和产品更新等信息。不需要花费高昂费用，而只需要花费推广自身 App 的费用即可。

与传统营销方式相比，当当网果断地将重点放在了 App 营销上，此举非常明智。有些企业可能还不了解 App 营销的优势所在，通过 App 与传统营销推广费用的对比，让企业果断地选择手机 App 营销。

（1）App 比短信营销更快速、更省钱

众所周知，自从手机成为人们主要的通信工具以来，企业就意识到了短信营销的魅力，久而久之，短信营销成了企业惯用的营销方式之一。我们经常会在手机上收到一些推广信息，比如卖保险、推广二手车、贷款的广告等。

但短信营销在当下已经过时。首先，它费用高昂，每条一毛钱的短信费用，累积起来对企业而言也是一个不小的数目；其次，短信营销会扰民，用户会将企业拉入黑名单，阻拦信息传入（如图 1–4 所示）。

图 1–4　用户设置阻拦垃圾广告短信

因此，对企业而言，短信营销不但费用高，而且很可能会达不到宣传的目的。App 则完全没有这些“累赘”。App 不需要花费企业的通信费用，只需要花费一定的上网流量；App 推送的信息可以百分之百地进入用户手机，用户只要看手机就能在信息栏中看到营销产品信息。

（2）App与电视广告推广相比，费用几乎为零

企业往往以为只要在电视台做广告，就能提高知名度，其实不然。首先，在电视台做广告的费用高昂，这不是一般企业能够承担得起的；其次，如果贪图便宜，而在一些冷门时段播放广告，则宣传效果不佳。

App营销与电视台广告相比，推广费用几乎为零。它不需要争分夺秒地制作广告，也不需要花费大量金钱播出广告，只需要开发一个属于自己的App，然后向用户推送消息即可。

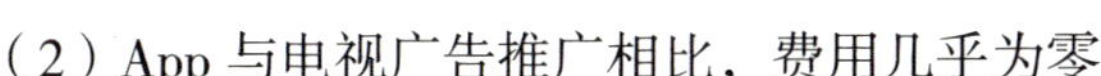

App营销密钥

虽然企业采用App营销的费用低廉，但也不是每个有App的企业都能在营销方面取得佳绩。企业还应该在开发、策划App活动和内容时做好功课，才能吸引更多用户下载使用你的App。

2. 用户一旦下载，持续使用成为必然

移动客户终端设备的广泛应用，带来了企业营销新机遇，App瞬间覆盖了所有智能手机和平板电脑的界面。为什么大家对App乐此不疲？App到底有什么魔力呢？事实表明移动客户端的便捷，为企业积累了越来越多的用户，有些用户甚至成了企业App的忠实粉丝。所以，企业只要在App设计、策划方面为用户提供真实、有效、便利的服务和优惠，那么用户一旦下载，持续使用就将成为必然。

肯德基在App方面的营销独具特色，许多用户一旦下载这个App，便立刻爱上了它。

首先，打开肯德基优惠券之后，会看到肯德基为用户罗列出当前时间段所能使用的所有优惠券（如图1-5所示）。通过几秒钟的下载后，点击任意一张，都能跳出独特的优惠券，在优惠券中清楚地标明“直接出示此页即可”以及内文中的使用规则（如图1-6所示）。用户可以前往任何一家肯德基店面，通过此电子优惠券获得优惠套餐。从这点来讲，肯德基优惠券App，着实是为用户省了钱。

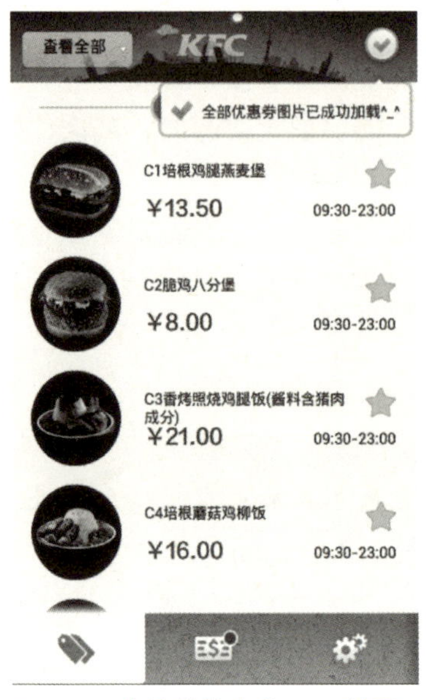

图 1-5　肯德基优惠券 App 首页

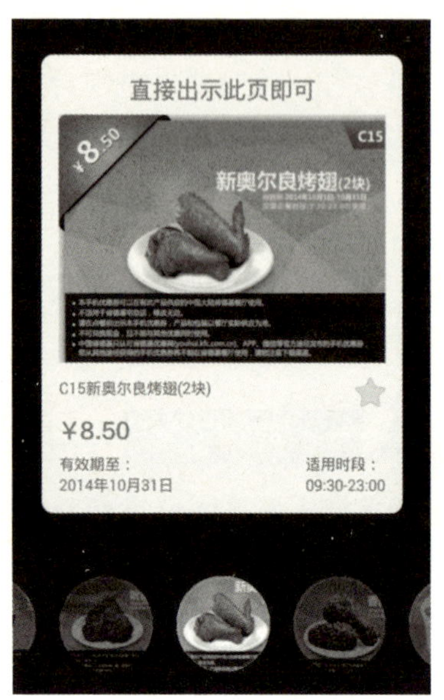

图 1-6　肯德基优惠券

其次，肯德基优惠券 App 还推出了“提现通”赚钱神器。用户下载该 App 就可以免费领取提现通红包（如图 1-7、图 1-8 所示）。用户进入提现通之后，会发现有多个任务目标 App，用户只要按照要求下载并且完成任务，即可获得相应的现金奖励（如图 1-9 所示）。

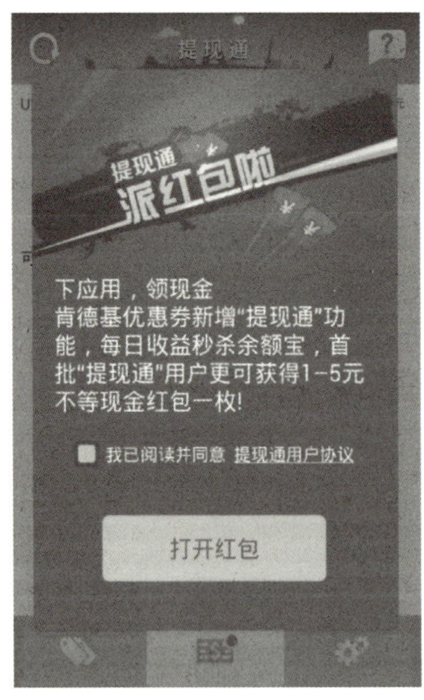

图 1-7　提现通派红包

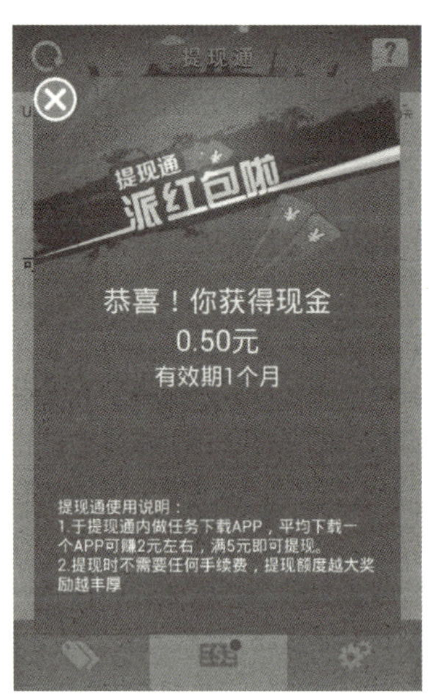

图 1-8　提现通领取红包

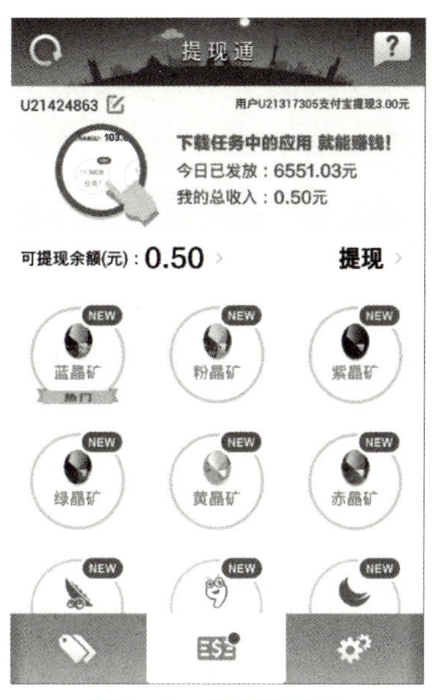

图 1-9　提现通界面

不要以为肯德基优惠券只有关于“钱”的本领，它还能为用户提供实实在在的导航。如果你不知道自己周围有没有肯德基，那么就可以点击“设置”中的“附近分店”，肯德基立刻会为用户呈现出当前位置附近的所有肯德基店面，用户还可以查看地图、导航，正确选择驾车方向（如图 1-10、图 1-11 所示）。

图 1-10　肯德基优惠券为用户查找附近分店

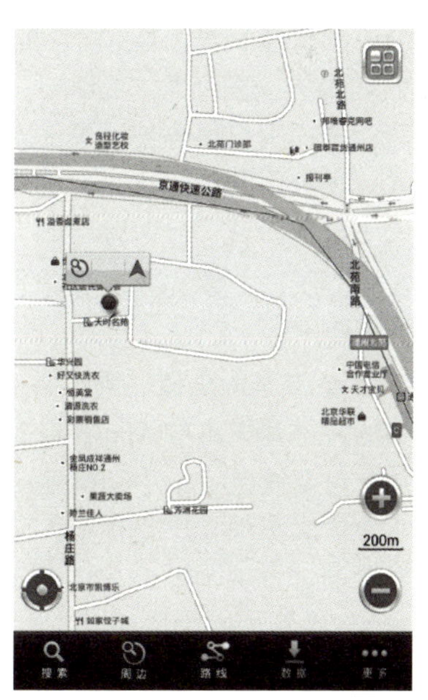

图 1-11　附近分店地图导航

既省钱又赚钱，还能查看附近的店面，这样一个实用性较强的 App，怎能不叫人爱。所以，小伙伴们的手机中常驻肯德基优惠券 App 并且持续使用，并不足为奇。

App 营销解析

从肯德基优惠券 App 的这个案例中可以看出，该 App 用户之所以爱不释手，主要在于该 App 可以为用户提供数个惊喜。有铺天盖地的优惠券不说，还有下载 App 提现奖励的赚钱工具，更有快速搜索附近店面的功能。所以，每一个用户下载使用之后，都会深深爱上这个 App。

肯德基清楚地了解到，用户对肯德基等快餐的心理需求不只是局限在可以获得优惠券这一种功能上。所以肯德基优惠券 App 开发了“提现通”，这个赚钱概念正好迎合了消费者的需求。借助这种心理需求，该 App 就能很好地满足用户，让每一个用户都成为该 App 的支持者。这恰恰是单纯线下打印纸质优惠券所远远不能比的。

因此，企业在开发和设置 App 时，一定要分析消费者的心理需求，只有这样，才能让用户一旦下载你的 App，就有可能会持续使用。

（1）App 要具备线下所没有的便利优惠

肯德基优惠券 App 的成功，说明企业想要让用户下载并且持续使用你的 App，就需要在 App 上加入新鲜元素，具备线下所没有的便利优惠。人们想要使用某个便利软件或者工具，首先是因为它方便，其次是在省钱方面可以安心。以往人们如果去一些餐厅、超市，想要获得优惠，则会从优惠卡上剪下优惠券去消费。这样用户很容易丢失优惠券，也不利于企业操作。

在 App 上获得和使用优惠券则非常便利，只需要用户下载，然后向服务人员出示电子凭证即可。这样做不但为用户自身节省了时间和精力，企业也可以便捷地操作。所以，你的 App 具备了线下所没有的独特便利优势后，就一定会被人们持续使用。

（2）App 要不断更新，满足用户多样化需求

起初的肯德基优惠券 App 并没有提现通这个赚钱神器。肯德基通过调查，尤其是从支付宝钱包 App 中余额宝应用的事例中发现，人们在接受 App 时，不只是将主要需求集中在享受优惠方面，还想要更好地来“赚钱”。所以，肯德基首次在餐饮客户端中推出了提现通服务，让用户下载应用，完成任务，提取现金奖励。

这表明，企业想要借助 App 很好地实现营销，就需要不断更新和优化自己的 App，满足各种用户多样化的需求才是重中之重。只有这样，企业的 App 才

能被更多人下载并持续使用。

如支付宝钱包 App。一开始，支付宝钱包 App 没有如此多的功能，随着用户的增多和人们需求的不断提高，支付宝钱包衍生出了越来越多的功能和服务，包括余额宝，用户可以绑定余额宝，将支付宝的钱转移到余额宝，并且实现增值，用户还可以随时提现（如图 1-12、图 1-13 所示）。

支付宝钱包的 App 营销让消费者进一步了解企业的功能和服务，以此也就让消费者与支付宝建立了情感上的关联，增强了消费者对支付宝品牌的忠诚度。而支付宝钱包也借助消费者的需求不断完善自己，让消费者更加“爱”自己，因此也就不断有新用户下载。这样持续地良性循环，企业的 App 就会越来越多地被人们持续使用。

图 1-12 支付宝钱包 App 界面

图 1-13 余额宝应用

App 营销密钥

企业 App 营销的一大绝招是，开发并且上线了 App 之后，不能就此高枕无忧，还需要不断通过用户回馈和调查来分析用户的心理需求，在这个基础上完善自己的 App，才能让更多人持续关注并使用。否则，企业就算有再完美的 App，也不能保证人们会持续关注并使用。

3. 市场定位精确，吸引忠实顾客群体

在 App 的营销过程中，企业不能放眼一处，还应对整个市场进行客观调查，才能将 App 做到全面细致，吸引既定人群关注。这就要求企业对市场定位有一个全面的分析和把握。

企业一旦对消费者群体做好定位，那么所建立起来的 App 就会吸引忠实的顾客群体。App 是移动营销中最具特色、最全面的一种营销方式。下面我们来看一个成功的 App 营销案例。

凡客诚品是一家引领时尚潮流的电商，主要经营年轻人服饰、鞋帽等产品，因此，凡客诚品的忠实客户也大都是一些年轻人。在 App 营销中，凡客诚品也成为年轻人手机中必备的购物神器。

凡客诚品在某 App 发布平台上的下载率接近 400 万次，很多电商企业想要知道其取得如此优异成绩的背后到底有什么玄机。

其实，凡客诚品只是做到了一点：市场定位准确，吸引了大批忠实的客户群体。那么，凡客诚品到底是怎么做的呢？我们打开凡客诚品的 App，会看到“低价”。映入眼帘的就是凡客近期主打的一款产品，而其价格也不过 89 元（如图 1-14 所示）。在凡客诚品的主页中，我们放眼望去，大多数服装的价格在 39 ~ 169 元之间。低价正是凡客诚品其中的一个定位基准（如图 1-15 所示）。

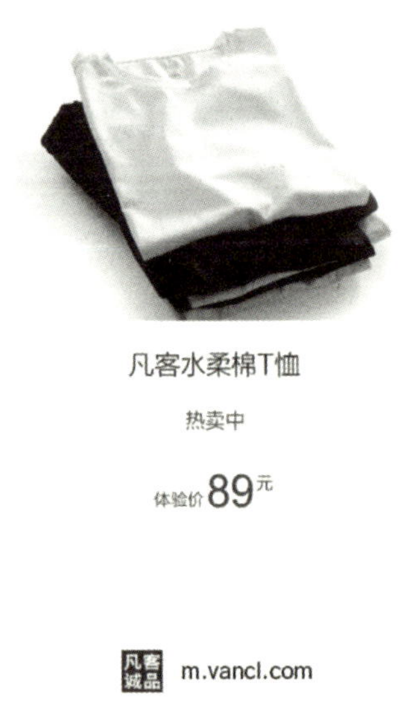

图 1-14　凡客诚品首页中主打低价

图 1-15　凡客诚品主业中的“低价”特点

首先，通过低价凡客吸引了一大批客户，他们热衷于凡客这种丰富简约、价格低廉的产品。其次，在各种分类中会发现一个现象：凡客的各种服装、鞋帽在整体风格上，走的都是一种青春激昂、活力阳光的路线。这些商品针对的消费群体大多集中在中学生到大学生，乃至部分年轻白领之间。比如点击“鞋类”，映入你眼帘的是充满活力、朝气的帆布鞋，这些鞋子色彩艳丽、款式新潮、价格低廉，成了新一代年轻人的首选（如图 1-16 所示）。在女装 T 恤衫的分类中，你更会看到各种各样的 T 恤衫，其款式都非常符合年轻女孩的追求，而且价格合理，易于受众人群接受（如图 1-17 所示）。

图 1-16　凡客诚品鞋类

图 1-17　凡客诚品女装 T 恤

在凡客诚品的 App 中，用户选购好产品后，可以直接提交订单，完成交易。值得注意的是，凡客诚品 App 的付款方式有多种选择，包括线上支付、货到付款，这就为用户提供了更多便利。

App 营销解析

凡客诚品的成功对每一个电商企业都是一种启发，App 营销可以有效地对市场进行定位，吸引既定消费人群，让这些消费群体都成为忠实客户。

凡客诚品 App 通过低价、年轻、新潮等特点吸引了年轻粉丝的热爱。从中我们也能看出，任何一家企业在经营 App 时，都需要有不同的、突出的特点，才能更好地定位市场，吸引忠实顾客。

从 App 营销理论上来说，企业建立 App 之后，可以通过量化精准地为市场定位，打破传统的定性营销局限，借助先进的数据技术和网络通信来促进与客户的长期交流，使营销达到一种可调控的精准要求，不断满足客户的个性化需求，从而吸引更多客户群体的重视。

App 本身就是一种实用性很强的工具，用户通过企业的 App 可以更加长久稳定地了解企业，尤其是电商企业的 App，更是可以通过应用来“绑定”客户。

当然，企业在运营 App 时，也需要掌握几种不同的方法，通过这些方法进一步对市场进行定位，吸引更多客户。

（1）在 App 中突出并主打企业优势

凡客诚品在 App 首页中主打低价，用用户能接受的价格来打动用户，用户看到之后，自然会继续往下浏览；进入主页中，凡客诚品也主打低价。同时，更多年轻新潮的风格优势也是凡客诚品的一大特点。有了这两大优势后，凡客诚品的 App 自然能准确定位，吸引很多年轻群体的关注。

因此，企业在建立 App 时，就要提前将自己的优势在 App 中凸显出来，让用户看得见，被你所吸引。比如聚划算 App，在 PC 端主打的就是“划算”，在 App 中依然主打“优惠”。在 App 中，用户会看到醒目的三大板块“聚早市”“限时抢”“0 元疯抢”（如图 1-18 所示）。而且各大低价板块层出不穷，“量贩团”“低价大卖场”等也是各有花招。总之，聚划算就是用“优惠”来定位市场，定位消费群体，吸引客户的重视。

图 1-18　聚划算 App 主打“优惠”

（2）用App名字定位用户

企业在App运营中，还需要注意App自身的一些性能，比如名字中是否体现出企业的主要特点、市场定位、产品风格。有些企业的App名字非常古怪，不但难于记忆，而且还很难联想到某种产品或者服务。如此一来，用户就无法被吸引过来。

所以，企业应当学会在App名字中定位市场，比如可以在名字中加入App营销特点，如“肯德基优惠券”，让用户一看就知道，这是主打优惠券的App；再如“美团团购”，美团网推出的App加入“团购”二字，能让更多人知道这是一个团购网站（如图1-19所示）。

图1-19　肯德基优惠券和美团团购App名字

App营销密钥

App已成为现代移动营销的热门工具和利器，企业建立了App之后，可以通过强大的数据和移动网络连接用户，与用户保持长久沟通关系，不但可以帮助企业更好地定位市场，还能吸引忠实顾客。因此，每个企业都有必要建立属于自己的App。

4. 全面展示信息，刺激用户购买欲望

一个小小的App，不但可以囊括企业的各种促销优惠信息，还能让企业产品全面地展示给用户，让用户零距离感受产品魅力，从而刺激用户在App上直接购买的欲望。

企业建立App之后，只需要以高清大图等方式将产品优势放在App上，全面展现产品的信息，就可以让用户在购买产品之前感受到该产品的强大魅力，这能够在心理上大大降低用户对该产品的抵触心理。在营销学中，我们不难发现这样一个道理：用户无论听别人怎么说某件产品好或者不好，他一旦亲眼看到拥有完美华丽包装和外在的实物之后，大都会为之所动，从而打消抵触心理。

在 App 营销中同样如此。下面我们来看一下亚马逊是如何通过 App 向用户全面展示产品信息，刺激用户购买欲望的。

打开亚马逊的 App，我们会发现琳琅满目的商品一一呈现。如果首页推荐中，不能满足用户的胃口，那么可以在“商品分类”中查找所需要的产品（如图 1–20 所示）。在该商品分类中，亚马逊为用户呈现了一个详细的产品展示列表，让各种物品都有自己的归属地。

图 1–20　亚马逊 App 中信息分类

例如我们点击“办公用品”，首先会出现亚马逊的相关畅销商品（如图 1–21 所示），然后用户可以继续浏览所有的办公用品。例如选择“传真机”，我们会看到在亚马逊会为用户快速计算出该 App 中的所有传真机数量（如图 1–22 所示）。

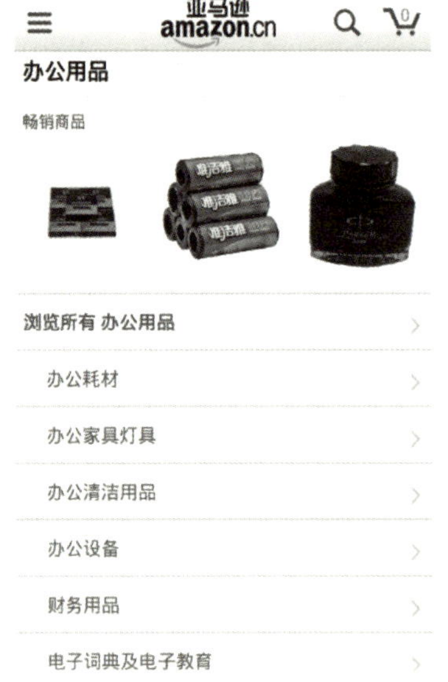

图 1–21　“办公用品”中的畅销商品推荐

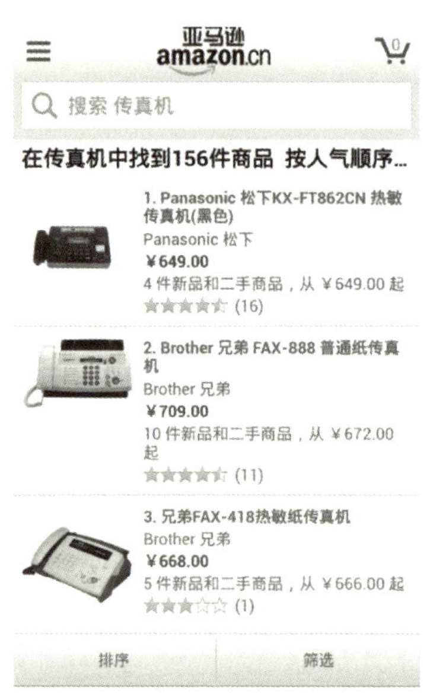

图 1–22　传真机的所有信息

点击任意一件产品，都会发现亚马逊将每一件产品的信息描述得非常具体，商品特点和基本信息区分介绍，清晰明了，为用户提供了一个数据性的参考（如图 1–23 所示）。在商品信息下方，用户还能看到关于该商品的用户评论。无论是好的评论还是坏的评论，亚马逊都一一为用户呈现（如图 1–24 所示）。

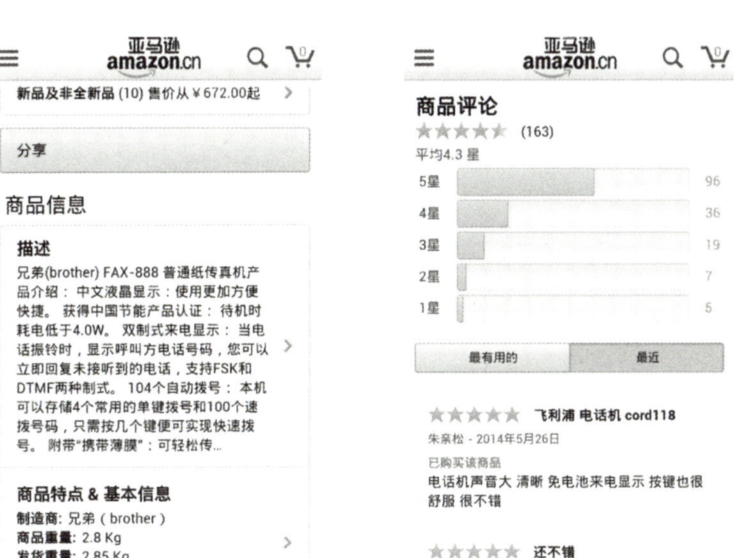

图 1–23 亚马逊商品信息　　　　图 1–24 商品评论分类

亚马逊的这种全面展示商品信息的方式，不但方便人们寻找商品，而且还能吸引用户购买商品，刺激用户消费。

此外，亚马逊在 App 中对每一件商品的呈现形式非常用心，用户只要触摸手机屏幕，双击或者拉伸图片，即可放大图片观看商品的细节（如图 1–25 所示），可以 360 度无死角地观看商品外观。当用户放大图片看到真正华美的商品之后，其消费欲望一定会发生变化，很可能就会受刺激从而产生“冲动”消费。

图 1–25 商品放大观看

 App 营销解析

亚马逊作为一家电商企业，其主要目的就是吸引用户购买商品，刺激消费，增加销售额。而在 App 中，亚马逊完全是通过某种商品展示来带动了消费者的购买欲望。亚马逊的成功不仅是来自于企业能够深度了解消费者的需求，更是来自于企业自身多年的努力。亚马逊很注重研究用户消费的心理要求，在过去的一段时间内，其投入大量的时间、精力来调查用户对商品的需求和了解，从而在开发 App 时，才能加入这些隐性的内容。

对于电商企业，全面展示企业以及产品服务等信息，是企业 App 营销的第一大法宝。在移动互联网时代，App 的广泛使用使各大电商之间的竞争越来越激烈，如何才能获得竞争优势，就看企业能否通过展示信息刺激用户购买欲望，实现高效消费转化率。

针对企业这种需求和 App 的传播优势，企业家们要掌握几点运营 App 的要点和方法。

（1）产品分类展示要清楚

在 App 中，企业想要获得用户的持续关注，就需要将产品分类展示清楚。如果你的 App 中产品比较混乱，展示不完全，那么就算你的照片拍得再美，也无法吸引用户。最好在 App 中有一个独特的产品分类板块，用户点击进入后能更全面地查找产品。

当然，在这个过程中，企业也可以向用户推送每类产品的推荐商品或者热销品，这样可以方便用户快速找到合适的产品。

我们可以看到，不只是亚马逊，那些成功的 App 营销企业都会在产品分类中做好文章，方便用户搜寻产品。比如一号店的 App，下方有一个“分类”，用户点击之后即可发现全面详细的分类导航，用户查找产品也比较省时省力（如图 1–26 所示）。

（2）图文并茂，全面展示

企业如果想要通过 App 来营销产品或者提供某种服务，就需要在 App 上全面展示产品信息。而这就需要图文并茂，不但要有清晰多彩的图片介绍，还需要配合文字介绍。这里所说的文字介绍，不是单纯俗套的产品信息以及商品分类，而是要有一定的情感因素。例如，企业可以添加一些唯美俏皮的文字描述，配合文艺复古的照片来另类展示企业产品和形象。

茵曼是一家新型潮流服饰、配饰公司，在 App 中其对信息的展示从来不吝啬，不但图文并茂，而且还配以优美的文字，不断吸引用户购买（如图 1–27 所示）。

图 1-26　一号店信息分类展示

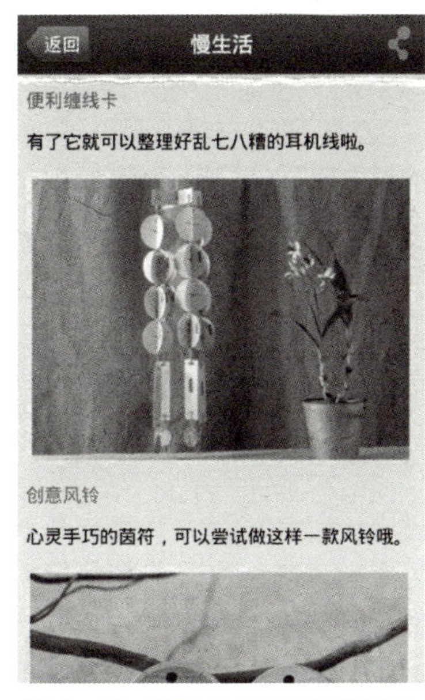

图 1-27　茵曼产品图文并茂展示

App营销密钥

全面展示信息，能够让用户对未购买的产品产生购买冲动，进而促使用户购买产品；反之，如果不能让用户在App中获得全面信息，那么就无法给用户造成吸引力，甚至用户还会因为企业的App单调乏味而“火速离开”。

5. 增强品牌实力，提高企业竞争优势

当越来越多的人将注意力集中在智能手机、iPad等移动设备上时，我们就应该意识到这一块小巧的屏幕将会成为新一轮企业品牌竞争的焦点。没错，企业完全可以借助App在移动设备上展开营销，进一步增强品牌实力。

智能手机以及多种移动设备的出现，也带来了海量的App，这些App渗透到了每个用户的衣食住行等各个方面，给人们带来便利的同时，也带来了新的乐趣。因此，企业必须意识到App营销的价值。具体来说，小小的App能够帮助企业提高知名度和竞争优势，还能提升企业的品牌形象。然而不免有人会问，

到底如何做呢？我们可以看一个企业的 App。

艺龙旅行网是中国领先的一家在线旅行服务供应商，最早是通过网站来为用户送上 24 小时不间断的旅行服务。自从移动互联网的崛起和智能移动设备被人们使用之后，艺龙也逐渐扩张了营销平台和范围。于是，艺龙旅行 App 就出现了。

艺龙旅行 App 为消费者提供酒店、机票以及度假等全方位的旅行产品预订服务。用户只要安装艺龙旅行 App 之后，不必去电脑上操作，只需在手机上就能够轻松实现预订。因此，这种方式为艺龙旅行企业增强了竞争力。

打开艺龙旅行 App，会发现无论我们想要预订什么，似乎都非常简易。比如订酒店，用户可以查询全国各地的所有酒店，也能根据地理位置的定位来查看周边的酒店。而且艺龙向用户推送的大多是针对手机 App 用户的折扣价格，可谓是房美价廉（如图 1–28、图 1–29 所示）。再如顶订机票和火车票，艺龙旅行 App 也会为用户快速送上充足的票源以及预订方式（如图 1–30、图 1–31 所示）。艺龙推送的票价都是网内最便宜的，因此这将对用户是一种不小的吸引力。

图 1–28　艺龙旅行 App 中快捷订酒店

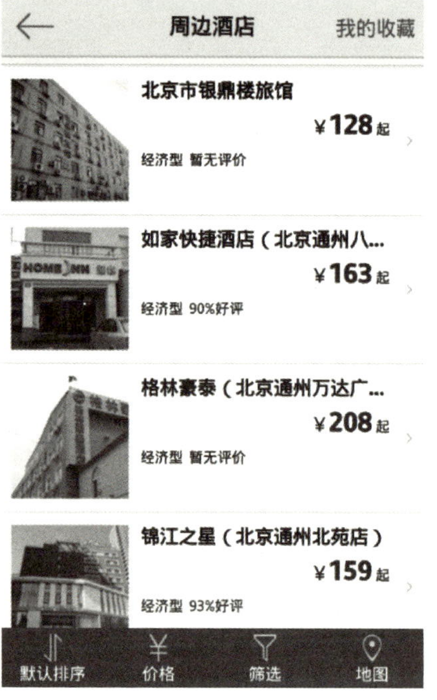

图 1–29　根据定位推送周边折扣酒店

图 1–30 机票预订

图 1–31 火车票预订

艺龙旅行 App 还增设了一个团购环节，用户可以用手机团购到最便宜的旅行景点酒店、机票等（如图 1–32 所示）。

图 1–32 艺龙旅行 App 推出团购服务

总而言之，用户使用艺龙旅行网的 App，不但省钱，而且非常便捷。只要用户有一部智能手机，有 Wi-Fi，就可以办理一切业务。而艺龙旅行 App 功能的不断完善，也进一步提高了企业自身的知名度。用户的良好口碑无形之中又会带动艺龙旅行 App 的高使用率，一传十、十传百，越来越多的人使用该 App，如此一来，企业的品牌形象自然也就会深入人心。

App 营销解析

艺龙旅行 App 的成功，毫无疑问地表明一个道理：如果你的 App 功能强大、使用便捷，那么就一定会成为企业提升品牌形象和知名度的利器。在现代社会竞争如此激烈的情况下，企业千方百计想要获得竞争优势。而 App 的出现，恰恰给了众多中小企业一次绝佳的机遇。在移动互联网迅猛发展的情况下，只要企业有想法，一个小小的 App 就足以让企业的知名度高涨。

App 开发其实就是将你的企业放在了每一个用户的手机中，这种百分之百的传达率能够让用户对你的企业形象挥之不去。通过 App 也能让用户清晰地了解企业文化和产品服务。App 还将有利于企业建立起属于自己的营销渠道，哪怕你是一个微型企业，都可以通过这种新型移动营销客户端来提高人气和知名度。有了良好的品牌知名度之后，企业的竞争优势就会无形增强。当然，这些都需要企业以切实的行动来实现。下面就介绍两种有效利用 App 来提高竞争优势的方法。

（1）App 要符合目标消费者的口味

企业要想利用 App 来提高竞争力，首先就需要让你的 App 获得较高的下载量和使用率，而这就需要企业在设计 App 时，了解既定消费者的心理需求和消费口味，只有做到精准把握，才能满足消费者内在需求。量体裁衣的 App 服务和产品，才能真正让消费者满意。

具体的做法包括，企业要对过去的消费数据保持一种理性分析，根据客观数据来总结出消费者的口味和需求。其次，还可以试开 App 一段时间，在这段时间，主要积累用户意见和反馈，根据反馈做出符合品牌形象和消费者需求的 App。当然，企业也可以参考和借鉴同类企业中那些成功的 App 营销案例，这样才能更好地实现自我完善。

（2）借助 App 来传递品牌理念和形象

图 1–33　裂帛 App 传递品牌理念

企业可以在建立自己的 App 之后，在 App 中尽可能多地树立企业形象和口碑，帮助用户进一步认知企业的文化和形象。这其中的一个主要操作就是企业可与用户建立沟通桥梁，搭建起一个互动平台。

比如在 App 中设立一个交流、互动专区，或者设立一个品牌文化、最新活动板块。当然企业也可以在 App 的每日推送中，及时为用户推送企业的最新消息和活动咨询，让企业形象深入用户的内心。如裂帛服饰公司，本来是一个服装销售公司，但是为了让用户更好地了解企业文化和形象，于是在打开该公司的 App 时，首先就会给用户呈现出一幅美丽的画卷，唯美的画面搭配裂帛的品牌理念“向内行走”，为用户成分展现出了一个企业的整体形象和风格（如图 1–33 所示）。

App 营销密钥

快速浏览信息，支付交易操作方便，同一界面使用得心应手，分类明细，信息即时传送……这些都是 App 的特点和优势。而恰恰是这些优势为企业无形之中提高了知名度，加大了 App 的下载量。因此，如果你的企业还没有 App，那么企业有可能将随着时代的发展变化丧失市场竞争力。

6. 实现隐秘互动，增强用户的依赖感

App的出现，有时候并不能为企业带来直接利润，而是通过App的推广营销，来获得客户群体，让用户可以充分依赖企业。当然，这还表现在 App 可以实现用户与企业之间的隐秘互动，成功塑造一种信任关系。

以往，用户如果不知道选择哪种产品或者服务，则会挨个企业进行现场咨询或电话咨询，甚至亲身去实体店享受体验，最终获得最佳结果。但是这样一来，不仅浪费用户时间，还可能因为某些隐私性的话题而阻碍用户寻找最佳企业。针对这种情况，下面这个整形医院就开创了 App，实现与用户的隐秘互动，增强了用户对企业的依赖感。

曙光整形医院是国际大型连锁整形医院，其中深圳曙光整形医院就在单方面营销领域推陈出新，建立了 App，利用 App 来与用户达成共识，提高用户的依赖感。

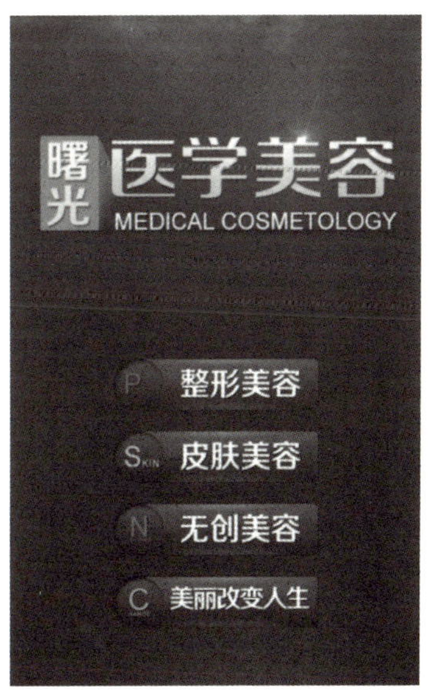

图 1–34　曙光整形医院 App 首页

首先，优雅的紫色 App 图标和背景能在第一印象上打动用户，让用户产生一种心理归属感。其次，我们打开曙光整形医院 App 之后，会看到有 4 大选项，包括整形美容、皮肤美容、无创美容以及美丽改变人生，用户可以针对自己想要了解的信息选择区域（如图 1–34 所示）。

例如我们选择整形美容，里面还有一个子页面，包括眼部、鼻部、唇部等整形领域（如图 1–35 所示）。点击“唇部整形”之后，会看到关于唇部整形的所有私密性话题和疑问（如图 1–36 所

示）。这些问题都是很多用户最关心的，包括哪个医生技术好，价格，自己是否适合做唇部整形，唇部整形的过程痛不痛等细节隐私问题。如我们选择“做唇部整形安全么”的问题进行探秘，会发现该App为用户送上了最详细、最深入的解释和分析。

图 1–35　整形美容列表

图 1–36　唇部整形内容

图 1–37　在线咨询

如果用户还是无法理解，或者还有更多的问题，则还可以直接在 App 上向整形医院的专家咨询（如图 1–37 所示）。期间，用户可以咨询很多非常隐秘性的问题，专家都会为用户一一解答（如图 1–38 所示）。在向专家咨询的过程中或者结束之后，用户还可以选择对专家进行评价和打分。

在“美丽改变人生”区域，该 App 更是为用户推送了众多用户的整形故事，这些故事内容不但真实，而且还充满励志内容，激励用户敢于改变自己，实现华丽蜕变（如图 1–39 所示）。

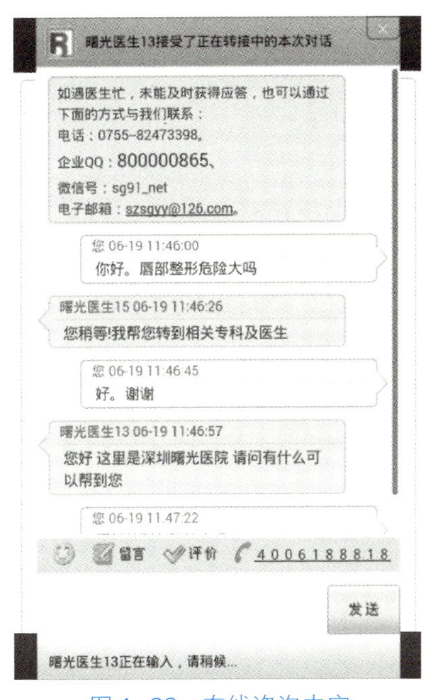

图 1-38　在线咨询内容

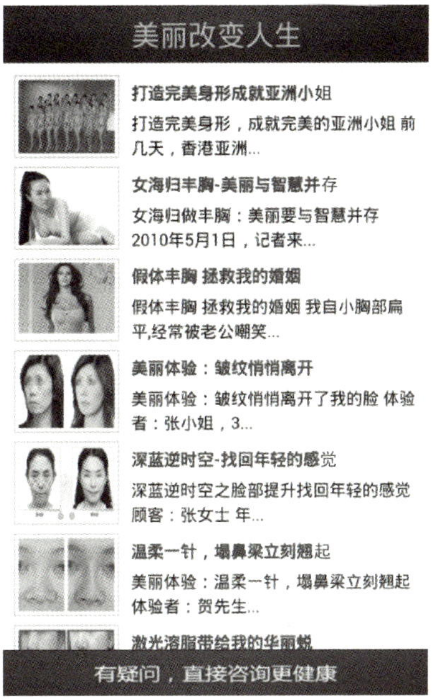

图 1-39　美丽改变人生故事分享

这一系列的咨询和故事，都非常隐秘，能够给用户带来很大的安慰和信任。最终，很多用户正是因为这个 App，才真正意识到整形改变容貌的重要性，坚定自己的整形信心。

App 营销解析

曙光整形医院通过 App 并没有直接拿到订单，也没有获得利润，但却因为 App 的私密性和互动性，让医院获得了大量的潜在客户和客户对医院的依赖感。相信，这对任何一个企业来说，都比金钱还要宝贵。

通过私密性的互动、直接咨询和观看别人的励志故事，曙光医院 App 的用户逐渐对该医院产生了向往。本身注册和使用该 App 的用户，在潜在意识中，就有整形的打算。而在 App 中，整形医院又通过隐秘性的强互动，更深入地坚定了用户整形的信心。

这说明，App 能够让用户对企业产生依赖感。不只是整形医院，很多企业都可以利用 App 来做到这一点。当然，企业也不能盲目而动，还需要设置一定的原则。

（1）在 App 中添加一对一咨询平台

曙光整形医院在 App 中比较注重互动，尤其是隐秘互动，为了进一步加强

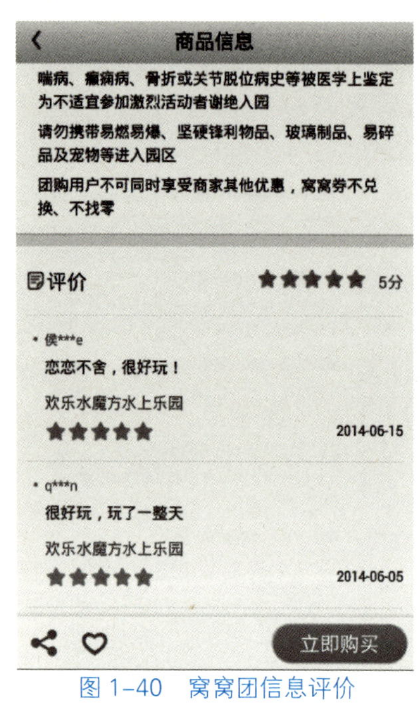

图 1-40　窝窝团信息评价

与用户的互动，增强用户信赖度，整形医院推出了在线直接咨询平台。用户可以在 App 中快速与医院专家实现一对一的隐秘性互动，有效提高了用户的使用率。

因此，企业在建立 App 时，可以考虑在其中添加一对一的咨询平台，让用户可以毫无保留地与企业对话，这样也有助于企业了解用户的需求和心理，从而能够有利于 App 的建设和营销。

（2）增加用户评价和讨论区，让用户自由发言

在 App 中，想要让用户对你的 App 产生依赖，离不开用户的参与。如果用户不能参与，那么就会很被动地使用 App，这对用户来说，在心理上有一种被驱使感，不利于用户对企业产生好印象。而增加用户评价和讨论区，则可以让用户自由发言，主动形成对企业的依赖感。

窝窝团在 App 中就开辟了一个评论区。用户每次团购之后，可以发表意见、观点，表达团购乐趣（如图 1-40 所示）。这样有助于企业与用户之间搭建一个沟通互动的桥梁。企业也可以根据这些评价积极更新和完善自己。就这样，企业的 App 会逐渐形成一个良性循环，越来越受瞩目。

App 营销密钥

企业虽然可以通过评价区、资讯平台等内容设置与用户搭建一个互动平台，但是企业如果不能及时回复用户提问，或者采纳用户意见，那么用户不但不会对企业形成依赖感，反而还会对企业产生不好的印象。

第 2 章　制作创新，你的 App 才能巧夺先声

App 固然可以将用户与企业很自然地连接起来，但是App的世界同样有竞争，这是企业间竞争的又一个阵地。如何才能让你的 App 巧夺先声、吸引用户？如何才能让你的企业 App 轻松打败同类的竞争对手？这不是技术问题，而是定位问题。如何定位你的 App？本章通过星巴克等企业的经典案例，告诉你如何让你的 App 成为客户的最爱。

1. 细分领域，走差异化的产品路线

在市场中，你的产品与竞争对手同质化，就有可能被埋没；在移动互联网时代，依然是如此。各种 App 层出不穷，对用户来说，手机里同类别 App 中有一款就可以了，那些与同类差异很小、丝毫没有新鲜感的 App，只能被用户忽视或卸载。因此，企业在设计和制作 App 方面，一定要注意给客户很强的视觉冲击，走差异化的专业产品路线。

有些 App 在制作上很有新意，不但在布局上大胆创新，而且还能找到与其他同类产品的差异作为切入点，或者抓住用户的某种心理，从而吸引了人们的关注。原因在于这些 App 能够细分领域，敢于走差异化路线，例如领英。

领英是一家商业客户导向的社交网站，并且是全球最大的职业社交网站，总部位于美国加利福尼亚州山景城，并于 2011 年在美国上市。为了能够更好地链接中国商业职场人士，也为了给中国提供一种全球化的职业社交平台，2014 年 1 月，领英进驻中国，并于 3 月 6 日正式开放注册。

截止到 2014 年 5 月，领英的用户人数已经超过 3 亿户，覆盖 200 多个国家。而领英 App 客户端的出现，则更是让领英的发展事半功倍，拓展了更大的商业圈。

市场中与领英同类的 App 也有很多，尤其是社交应用大热之后，各大互联网企业也纷纷涉足社交 App。但是领英为什么能够成功地被人们关注和认可呢？其中很大原因在于领英 App 走细分领域的差异化产品路线。

首先，领英另辟蹊跷，在定位方面细分领域，走的是商务社交之路，不走生活娱乐社交之路。这使之成为了它细分领域的一大典型成功代表。这一点，在领英 App 的欢迎页面中能很真实地体现出其紧凑忙碌的商务特色（如图 2-1 所示）。

用户注册领英时，会出现与注册其他社交 App 不同的地方，在领英 App，你必须要填写自己担任的职业、所在公司类别，以及是否在职等商务信息（如图 2-2 所示）。然后，才可以应用领英 App。

领英根据信息向用户推荐关注时，也都会是一些大型的商业公司，而并非无聊个人（如图 2-3 所示）。在发布中，领英也格外注重用户的商务社交体验，用户可以发布与工作、职业有关的任何信息，很少会看到用户发布与生活琐碎小事有关的信息（如图 2-4 所示）。用户在领英 App 中可以找到最专业的商业朋友，拓展商业人际网，为自己积累工作经验，增强社会意识。

图 2-1　领英欢迎页面

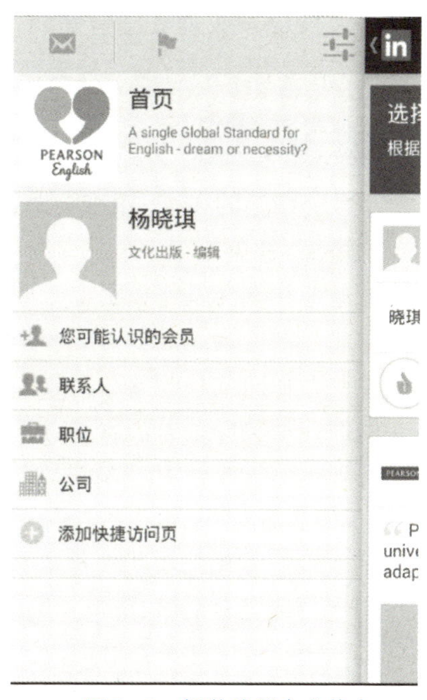

图 2-2　领英注册商业信息

图 2-3　领英关注商业公司

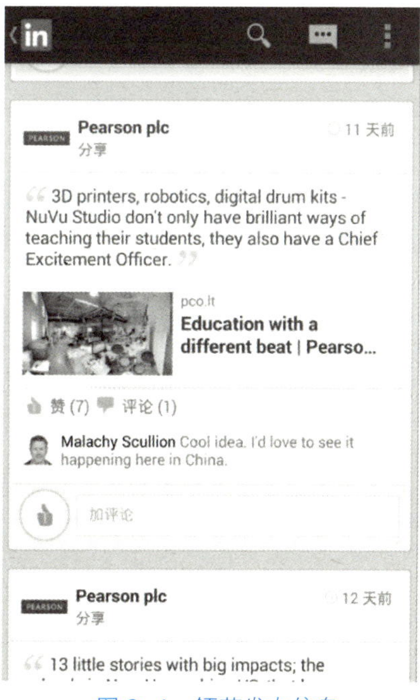

图 2-4　领英发布信息

凭借着这种专业细分领域的制作，领英App成为了商务社交中的“领头羊”，开拓出了属于自己的一片天地。

App营销解析

对于社交网站的App，很难会做到大而全，而最好的方式就是做细分领域，走差异化路线。领英作为一个社交应用平台，另辟蹊径，走上了商务社交的路线，以专业的商业社交为基点，猎取专业的商业信息，为用户送上更多新奇的商战信息。因此，领英的App获得了细分领域的成功。

这说明，在同类企业App层出不穷的时代，想要让你的App在制作上出类拔萃，引起粉丝关注，就需要走细分领域路线，让你的专业成为用户的最爱。下面我们来介绍两种具体的App制作的方法。

（1）做垂直化App设计，走另类道路

很多App一开始为了想要覆盖到所有面，所以做得大而全，但事实上并没有实现用户百分之百的转化率。于是企业放弃了大而全，而是将饼做大之后，开始做垂直化，走一种另类道路，吸引用户。

例如知乎App。知乎是一个真实的网络问答社区，各行各业的精英们在这里纷纷分享彼此的专业信息、经验和观点。用户可以私信问答所关注的人，也可以公开询问问题，总之为用户量身定制了问答功能。也正因此，知乎成为了中文互联网高质量内容的发源地，也成为苹果App官方推荐应用中的社交类第一品牌。但是知乎一开始在App中走的却并非如此，一开始的知乎，内容繁多，原本的互联网、科技、商业等问答很快被稀释，整体上失去了平衡。但是后来知乎开始细分领域，走差异化路线，垂直设计制作，开辟了一个另类的领域，保持了对精华内容的专注。

用户可以关注自己所倾向的专业化领域的人物、问题，然后在某个领域内进行持续关注一些问答（如图2-5、图2-6所示）。

（2）对同类企业进行总结，制作出不一样的App

App是一个智能软件和工具，在外表制作上的突出决定了用户的接受程度。如果你的App与其他的App如出一辙，那么用户不一定会选择使用你的App，更何谈让用户在你的App中使用服务、购买产品。

因此，想要让你的App出奇，获得用户的认可，就需要多对同类企业进行参考总结，从而才能寻找到差异点，制作出不一样的App。口袋故事听听是一个可以唱儿歌、真人讲故事的App。以往的故事性质、育儿类的App，虽然内容全面，却很少有真人唱歌、真人发声讲故事的制作。所以该App就细分领域，主打这一区域，吸引了用户并深受用户的喜爱（如图2-7所示）。

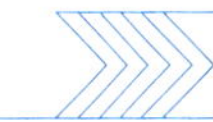

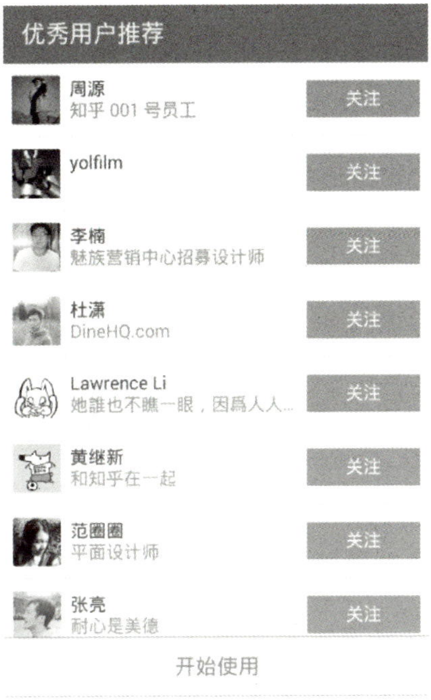

优秀用户推荐
周源
知乎 001 号员工
关注
yolfilm
关注
李楠
魅族营销中心招募设计师
关注
杜潇
DineHQ.com
关注
Lawrence Li
她誰也不瞧一眼，因爲人人...
关注
黄继新
和知乎在一起
关注
范圈圈
平面设计师
关注
张亮
耐心是美德
关注
开始使用

图 2-5　知乎用户选择关注人物

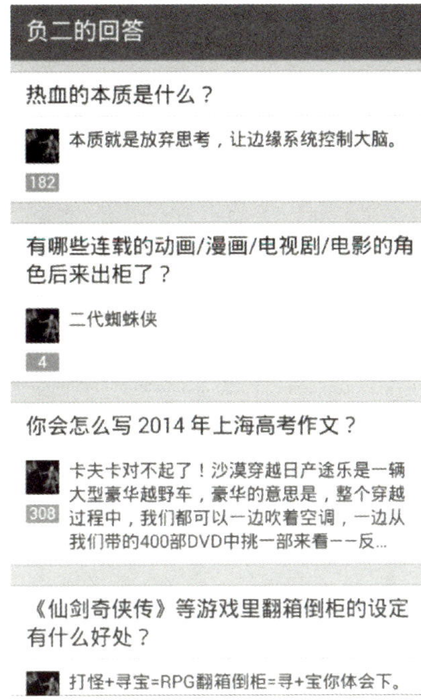

负二的回答
热血的本质是什么？
本质就是放弃思考，让边缘系统控制大脑。
182
有哪些连载的动画/漫画/电视剧/电影的角色后来出柜了？
二代蜘蛛侠
4
你会怎么写 2014 年上海高考作文？
卡夫卡对不起了！沙漠穿越日产途乐是一辆大型豪华越野车，豪华的意思是，整个穿越过程中，我们都可以一边吹着空调，一边从我们带的400部DVD中挑一部来看——反...
308
《仙剑奇侠传》等游戏里翻箱倒柜的设定有什么好处？
打怪+寻宝=RPG翻箱倒柜=寻+宝你体会下。

图 2-6　关注用户的问答

In the world onl...
00:10
01:34

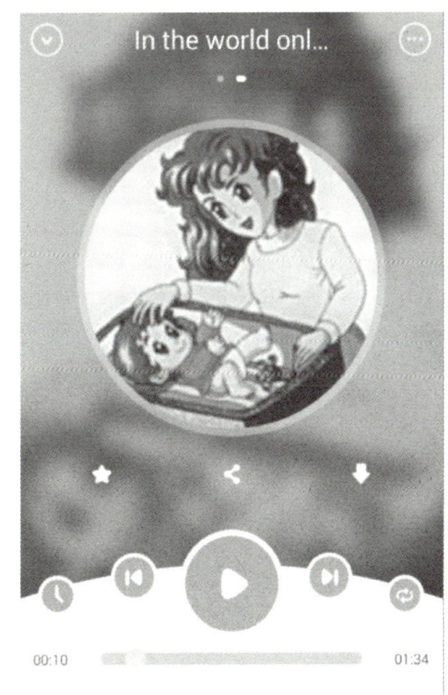

图 2-7　口袋故事听听 App 真人唱儿歌

App 营销密钥

企业想要在 App 制作上突出，的确需要差异化，走领域细分之路，但是企业也不能因此而过分差异，偏离了主要的轨道，千万不能让某些个性化的制作喧宾夺主。

2. 回归生活，界面形式追随情感

对于 App 来说，制作设计中的每一步都至关重要，直接影响着它在用户中受欢迎的程度。尤其是下载一款 App 时，最先呈现在人们眼帘的用户界面带给人的视觉冲击尤为关键。俗话说："先入为主。"因此，要想让用户有兴趣深入了解这款产品，就要给他们一个绝妙的、与众不同的外观，这就涉及了用户界面设计。

App 的用户界面设计并不是单纯的美术绘画，它需要设计者根据用户定位、使用环境、使用方式等因素设计，最终为用户服务，而不是纯粹的艺术设计。因此，检验一个用户界面做得是否成功，关键取决于用户的感受。好的界面设计不仅会让你的 App 变得有个性、有品位，还会让你的软件操作变得舒适、简单、自由。而在各种各样的用户界面设计中，回归生活方式的形式最能打动人心。毕竟 App 应用最主要的就是触动用户心灵，增强用户的美妙体验。

图 2-8　iReader 书架

掌阅 iReader 是一款专注于手机阅读领域的经典小说、电子书阅读软件。该 App 不但功能强大，而且个性比较时尚，尤其是界面非常优雅简约，更有一种回归原始读书生活，紧紧追随着人们的情感方式。

首先打开 iReader 之后会看到一个非常逼真的书架，在这个书架上，我们可以看到用户下载或者购买的电子书都罗列其中（如图 2-8 所示）。选择其中一本，则界面犹如有一只手从书架上缓缓取下书，然后仔细打开书，进行阅读。

在阅读界面，我们更是看到了 iReader 的人性化、情感化设计和制作。首先，书的背景是羊皮卷模式，非常贴近自然原始的生态，尤其是在翻页的时候，更像是用户在手捧一本真实的书，翻开每一页都有纸页碰撞的真实声音（如图 2–9 所示），当然用户也可以自行设计背景和字体大小等细节（如图 2–10 所示）。

用户还可以开启护眼模式，让阅读更加舒适（如图 2–11 所示）。如果你觉得手机屏幕较小，则还可以开启横屏模式，实现超大宽屏阅读（如图 2–12 所示）。

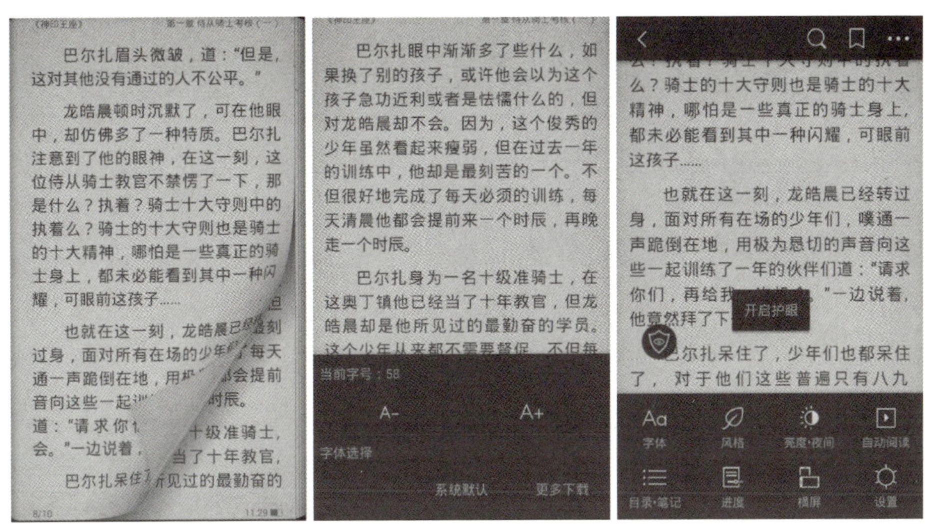

图 2–9　逼真的翻页界面　　图 2–10　调整字体　　图 2–11　开启护眼界面

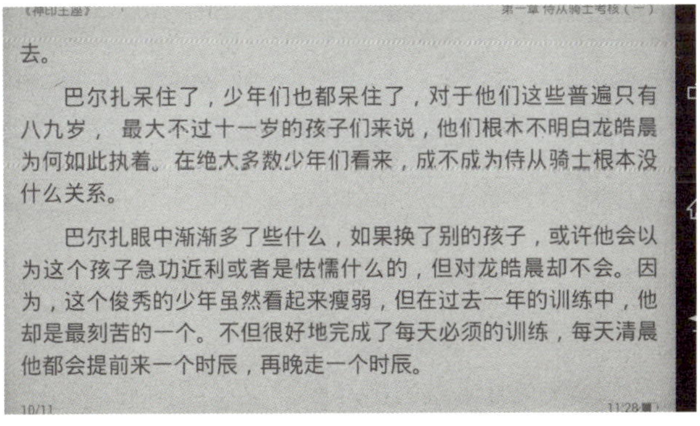

图 2–12　开启横屏阅读界面

iReader 通过这种情感人性化的界面打动了用户，成为万千用户的选择。仅在 360 手机助手 App 应用市场中，该 App 的下载量就达到了 7000 多万次（如

图 2-13 所示），可见 iReader 受欢迎的程度。

掌阅 iReader 官
7.2分
安全无毒

掌阅iReader是一款专注于手机阅读领域的经典小说、电子书阅读软件。支持EBK3/TXT/UMD/EPUB/CHM/PDF全主流阅读格式。功能...

升 级
下载：7526万次
大小：5.69MB

图 2-13 iReader 的下载量

App 营销解析

掌阅 iReaderApp 的界面设计告诉我们，在智能设备发展的今天，人们对 App 的需求不仅仅局限在功能上，还在于界面的制作和设计感。掌阅 iReader 用一种回归自然、回归原始读书生活姿态的界面打开了用户下载和使用的通道，成为了电子书 App 中的“领头羊”。

现在的我们，活得越来越虚拟化，我们会用微信、QQ 等建立自己的朋友圈，分享自己的生活点滴，去与人交流，习惯于在网络中找寻真实感，习惯在玻璃屏幕中寻找真实世界的存在感。

最初，人们对产品的需求只是能用就好，所以在设计产品时，人们的理念是“形式追随功能”，一切都只是为功能服务。但是随着时代的变迁，人们对那种真实的交流感、触动感的要求越来越高，所以，对形式的追求变成了对情感的需求。所以，现在的产品设计演变成了“形式追随情感”。当所有的产品都在追求能够满足用户对功能的需求时，那款能够与用户产生情感上共鸣的产品，往往最能引起用户的注意。也许只是一个能够勾起童年回忆的转圈画面，或是一种熟悉的操作方式，就能够轻松打动用户的心。那么在实际制作和设计过程中怎样才能做到让 App 的界面形式追随情感呢？

（1）制作界面需要从生活体验中寻找灵感

App 想要在制作上赢得用户的肯定和认可，就需要在设计一款 App 界面时，离开电子世界一段时间，深入到现实生活中寻求灵感因素。比如可以体验一下生活中某类人群需要哪些帮助，需要哪些新鲜感等。只有在生活中体验到不同的感觉，在设计 App 界面时，才能符合用户心理需求。

例如“女生防身手电筒”是一个高安全指数的手电筒 App，尤其是女生在使用时，再也不用担心走夜路。因为设计师在制作这款 App 时，就是针对女生走夜路容易出现的危险状况而设计的。于是在界面中我们会看到一个强大手电筒的开启模式（如图 2–14 所示）。只要轻轻一点开关，强光手电筒就可以开启。而且还根据女生安全需求，制作了警车灯照明界面；用户点击之后，即可会出现一个显眼的警车，警灯持续转动，能够给歹徒造成恐惧感（如图 2–15 所示）。当然，在界面中，设计师还制作了一键直拨 110 的设计；用户在遭遇危险时，可以一键报警，快速自保。

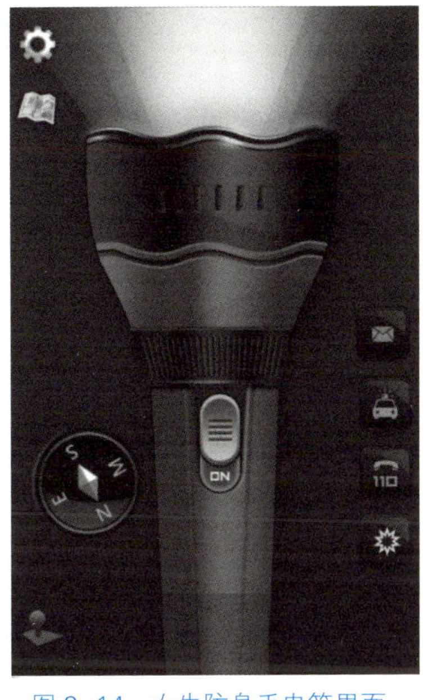

图 2–14　女生防身手电筒界面

图 2–15　警车灯界面

这个手电筒 App 的强大逼真界面，不但让人回归生活，而且还紧紧追随用户的心理需求和情感需求，所以这款手电筒被数百万用户纷纷下载使用。

（2）结合企业自身特点，制作出回归原始自然的界面

掌阅 iReader 的界面其实就是根据电子书企业自身的阅读特点，制作符合用户情感需求的逼真原始阅读界面，激发用户使用。所以，企业在对 App 界面制作时，一定要结合企业自身的优势和特点，制作一个不一样的原始界面。

搜狗客户端是一个手机搜索的 App，一经推出，就受到了几百万人的喜爱和下载。之所以搜狗会如此受欢迎，源自搜狗 App 的界面有一种简单、自然回归搜索引擎最初形态的模样。用户打开之后，首先会看到一个如同电

脑搜索引擎一样的原始界面，画面简单大气，各种功能搜索一目了然（如图 2-16 所示）。

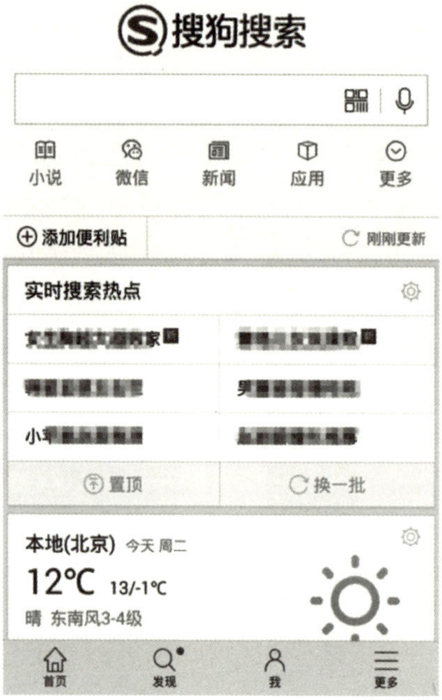

图 2-16　搜狗搜索界面

App 营销密钥

想要制作一个在界面上非常抓人眼球的 App，需要制作者和设计师在闲暇时间多摆脱枯燥的电子产品和数据，走入大自然，体验生活，或者回忆过去外出旅行的点滴。这样才能制作出触动用户心灵和情感的 App 界面，引发用户共鸣。

3．注重感觉，设计多样化的手势操作

喜欢高科技电子数码产品的用户都明白，S X Lion 的 Multi-Touch 手势改变了用户与 Mac 之间的互动方式，用户只需要在 Mac 上任意轻点、滚动、轻扫或双指开合，就完全能够流畅自然地掌控屏幕上的一切操作。而苹果电

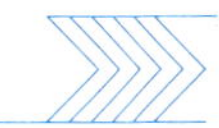

子产品系统 IOS5 也增加了多个手势操作，让设备在使用上更加人性化。

随着苹果打开了智能设备的这种手势操作之后，各种智能手机、平板电脑等也纷纷开始在手势制作中加入新元素。而 App 的发展更是将这种手势操作发挥到了极致。触摸屏幕，更多快捷个性的手势操作也成为 App 设计制作的一种发展趋势。

课程格子是一个专门为大学生设计和制作的课程管理 App。学生可以下载在手机上，添加课程表，时刻管理自己的学习生活。用户还可以结识新朋友、倾吐心情记录日记等。

而这款应用在制作的页面和手势操作上也很符合年轻大学生富有活力、小清新的感觉。设计师在设计这款 App 时，正是抓住了学生的心理，注重操作的感觉，尤其是一些手势操作。

例如我们打开这款 App，会看到添加课程的功能。用户只要点击下方的“+”，则立刻会出现一个原型操作，点击“添课”，然后轻触屏幕上的课程“添加”即可成功（如图 2-17、图 2-18、图 2-19 所示）。

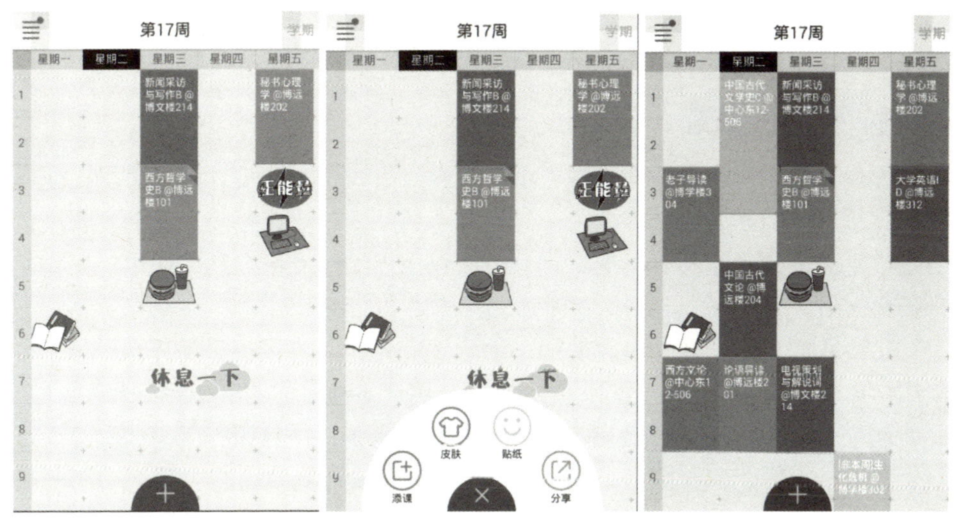

图 2-17　点击“+”　　图 2-18　出现圆形操作界面　　图 2-19　添加课程

学生还可以点击每一个课程，即可以 3D 操作模式观看课程表内容，以及下一个课程（如图 2-20 所示）。此外，这款 App 还为学生制作了“贴纸应用”，用户可以再添加贴纸，在课程下面用户可以用手指轻点“贴纸”中的任何内容，比如读书、吃饭、玩电脑等卡通趣味贴纸来提醒自己在某一时刻该做什么（如图 2-21、图 2-22 所示）。

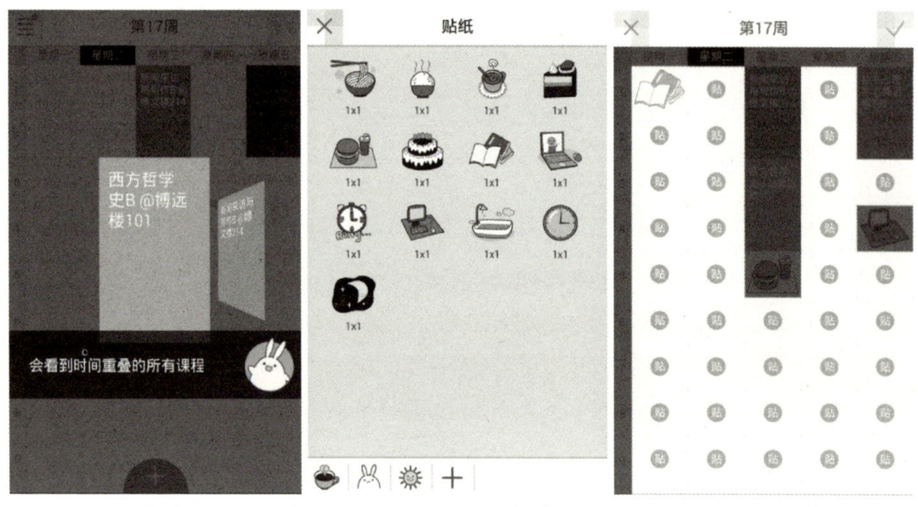

图 2-20　3D 操作观看课程表　　图 2-21　添加贴纸　　图 2-22　添加贴纸操作

这种酷感的手势操作非常符合学生年轻思想的要求。也正是因为这种带酷感、方便快捷的手势操作才赢得了几百万学生的信赖和支持。而且这款软件也赢得了国外留学生的喜爱，他们纷纷被这种多样化、趣味性的手势操作所征服。

App 营销解析

课程格子无论在设计还是制作上，都专门为大学生而设计。手势操作便捷快速，是学生们喜爱的原因之一。另外，卡通贴纸，快速贴满自己的日程表，也是学生的最爱。这些有趣的方式，使课程格子整体流畅顺利，让用户操作起来畅通无阻。

这给我们很多企业一个启发：在设计 App 时，应该多注重手势操作性，要给用户体现出新奇个性的感觉。只有这样，用户才能对你的 App 爱不释手。

如今 App 多种多样，层出不穷，如果你不能在某一领域有所突破和给人以新奇，那么很可能就会被万千 App 所埋没。手势操作则恰恰是少数 App 不曾想到的一个领域。很多企业在设计和制作 App 时往往注重功能样数、使用范围、涉及人群等，很少有 App 会在手势操作、触屏连接这方面下功夫。其实，只要在任一领域内做到突破，都可以成为用户青睐的对象。而在手势操作方面，则需要企业开发者和设计者除了要在技术上攻关之外，还需要在设计灵感和寻求感觉上遵循一些方法。

（1）打破“触屏打开”局限，加入“翻开”“划开”等操作

在大部分的 App 应用功能中，都只是用户点击某一个区域，或者轻轻触屏，就可以打开一个功能、网页。但是这种方式非常老套乏味，对用户体验感而言

毫无新鲜感。所以在这时，企业就应该开动脑筋勇于打破这种“触屏打开”的模式，加入一些其他的元素操作，比如划开、翻开等方式。

同仁堂是老字号中药店，在新形势的营销发展下，同仁堂也开发了 App。同仁堂毕竟是老字号，知名品牌，在 App 的页面手势操作中也与其他 App 应用截然不同。在同仁堂 App 的操作中，非常注重用户感觉，在打开某一功能中，并非是原始的“触屏打开”，而是“翻开药牌”手势操作（如图 2-23 所示）。

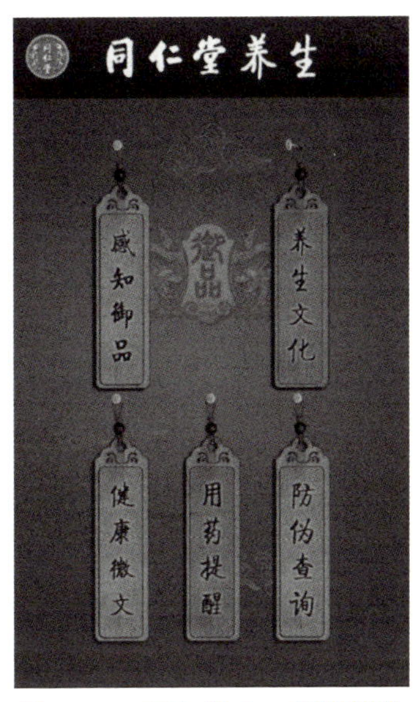

图 2-23　同仁堂 App 翻牌操作

用户操作起来非常顺心，而且也很有新意。这对用户来说，无形之中就是一个黏性，让用户可以对企业 App 产生好感。

（2）通过摇晃手机来实现手势操作

手势操作只是人机交互的一种方式，随着移动设备各种感应系统的完善，更多形式的手势操作也被引入到 App 的制作中。比如在苹果 iPad 平板电脑中的一款叫 Magic Reader 的 App 就非常神奇。用户可以通过摇头的方式来实现翻页功能，彻底解放了双手。当然，这种方式过于“劳累”，用户可能会晕头转向。

微信是一款被几亿人所应用的社交 App。微信的手势操作页面也很独特，微信有一个“摇一摇”功能，用户通过摇动手机的手势来摇出同一时间也在摇手机的用户（如图 2-24 所示）。用户可以添加对方为好友，进行社交聊天。

这种“摇一摇”也被很多商家 App 所应用，比如京东商城 App，就推出了“疯神摇”大奖活动。用户通过摇手机，可以摇出代金券或者当日促销产品（如图 2-25 所示）。

图 2–24　微信摇一摇

图 2–25　京东摇大奖活动

通过摇晃手机的全新操作手势，从很大程度上吸引了用户参与，这就为 App 增添了很多人气，也能吸引新客户关注。

App 营销密钥

在制作 App 手势操作时，虽然可以通过添加一些特殊的个性方式来吸引用户关注和下载，但是企业一定要注意，不能将这些手势操作过分复杂化，这样很容易引起用户使用不明确、难以操作，导致用户舍弃你的 App。所以，简单易操作，却又不乏新奇个性才是成功的 App 手势操作模式。

4. 敢于创新，突破传统界面架构模式

打开你手机上的 App，你会发现，大多数的 App 的界面架构模式和布局都是九宫格、折叠列表、底部导航等方式。这些布局模式虽然可以让你的产品能够罗列清晰，让用户快速找到，但是时间久了，不免也让用户感觉缺少新意。有些用户很可能因为企业老套、毫无新意的页面布局而舍弃 App。

因此，企业务必要遵循创新模式，在 App 制作时，一定要突破传统，敢于

创造，发挥想象，给用户带去一个非常酷炫、个性的界面布局和架构模式。比如下面这个 App，在页面布局方面，就显得创意百出。

Path 对很多用户来说都是一个非常可靠的私密性的社交 App。使用这款 App，用户似乎可以回归自然，与自己最重要的朋友、家人一起紧密联系。而且在 Path 中也没有任何广告打扰，成为万千用户的选择。最重要的是，Path 的整个设计和页面制作都非常精美，使用方便。

使用过 Path 的人都会明白，这不仅仅是一个社交 App，更是一个敢于创新、突破传统的社交软件。它对传统界面架构模式的创新突破，成为了用户对它挚爱的一个很大原因。Path 没有使用底部 Tab 导航的模式，而是采用了一种非常创新的不规则页面架构模式。

比如我们想要发布一条动态，则不需要跟其他的社交软件一样，点击下方或者上方某个发布工具，而只需要在 Path 中点击左下方的加号，就会弹出 6 个不同选项的按钮，包括照相机、音乐等。这些按钮随意弹出，并且以弧形半圆的排布方式呈现，给用户造成一种不规则的动态惊喜（如图 2–26 所示），这个方式深得用户的喜爱。

而且 Path 还采用了滑动三屏幕之间切换的界面模式，只要用手指轻轻左右滑动，就可以随意切换主菜单、新鲜事和好友列表（如图 2–27 所示）。这些方式都在很大程度上打破了传统的界面架构模式，创新也使 Path 显得更加精致优秀。

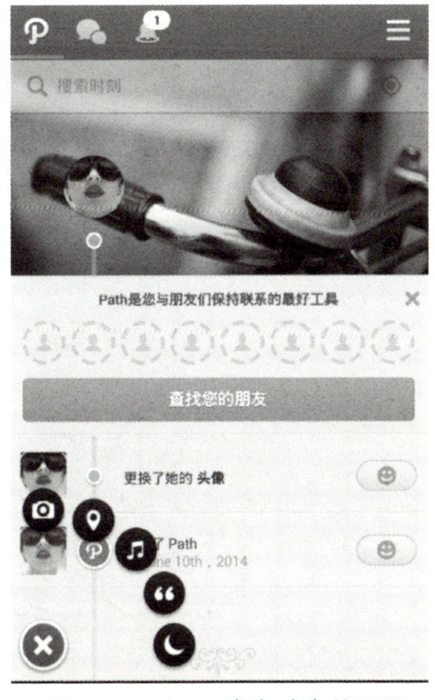

图 2–26　Path 发布动态的界面

图 2–27　滑动切换页面布局

App 营销解析

Path 在制作设计方面，抛弃了规规矩矩的地段 Tab 导航、左右点击等布局方式，而通过创新，添加了不规则的弧形界面。通过弹出的动感画面，给用户造成一种意外的惊喜。而且左下方的小加号，还可以被隐藏，丝毫不影响用户视觉。这不但体现出了 Path 用户至上的精神，更体现出了注重细节的制作方式。

通过突破传统界面架构和布局赢得了大批粉丝的追爱，Path 的成功也给我们很多企业一些启发：如果在制作 App 时，还一味地按照老套的、规规矩矩的界面架构方式来布局，那么很容易给用户造成视觉疲劳，从而放弃使用你的 App。

当然，想要突破传统，敢于创新，也并非是想怎么做就怎么做，还需要以市场考察为前提，迎合用户口味，超乎用户想象。下面我们来介绍几种有效的创新方法。

（1）制作出让用户乐于参与的娱乐性页面架构

怎样才能让用户乐于参与你的独特性的界面布局和架构模式呢？首先就要创新，单纯的点击、长按屏幕似乎已经不能满足用户的胃口。这时候就需要企业制作出一种创新的方式。比如改变点击、长按屏幕的方式，选择电灯拉绳方式，让用户参与“拉绳”，“拉”出界面。

7 天连锁酒店在 App 中的界面布局和架构就非常创新。在首页，用户会首先看到一个电灯拉绳模样的小圆环，用户只要轻触并且往下拉，则会“拉”下一个广告牌。而轻轻往上一拉，则又会将产品广告牌拉上去（如图 2-28、图 2-29 所示）。

图 2-28　7 天连锁酒店 App 的“拉绳”页面布局

图 2-29　“拉绳”展示产品广告

这种方式，不但吸引用户参与“拉绳”，而且还能反反复复地让用户看到 7 天酒店的广告，无形之中对 7 天酒店的营销形成了一种促进和推动作用，对企业来说，可谓是一举两得。

所以，企业应该努力发挥想象，在制作时，一定要让页面布局显得格外有创意，让用户乐意参与，才能将产品推广出去。

（2）突破静态，打造动态创新布局

静态的界面布局似乎是企业 App 一贯的选择，无论是哪种类型的 App，在产品展示、界面布局上，几乎都需要用户翻页观看，然后进行阅读选择。其实这对用户来说有些俗套。有关专家调查发现，用户对 App 最大的需求是便利，其次是感觉上的刺激。而静态的 App 界面架构和布局，是不可能刺激到用户心灵的。

这就需要企业突破静态，在制作 App 时，大胆突破，打造一种动态的全新产品和功能页面局部。这样能强烈吸引用户使用。比如健身宝典 App，就采用了动态细分的画面，来为用户展示出一个全新的创新页面布局（如图 2–30 所示）。

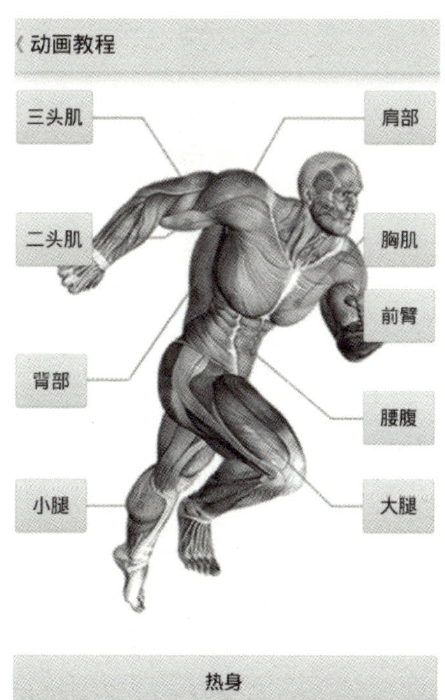

图 2–30　健身宝典中的动画界面布局

从健身宝典 App 页面布局中，用户不但可以形象地看到身体肌肉的组织分部，还能直观地看到健身带来的健康体型，刺激用户使用该 App 进行健身。

App 营销密钥

无论企业采用哪种创新模式来架构界面布局，都不应给用户造成一种找不到方向的感觉。企业务必要将创新的“总开关”展示清楚，比如某个加号、某个三角形等符号，让用户顺利体验创新。否则，古怪且难以理解的创新则会引起用户的反感。

5. 改变方式，将用户信息可视化

随着移动互联网的快速发展，App 的形式也变得多种多样，而信息可视化则是最热门的。我们经常会在 line、微信、Path、微博等社交软件中会看到有很多小应用，这些小应用可以将用户信息以一种可视化的图形和方式展现出来，甚至还会记录用户的行为和日常活动。也正是这些可视化的、公开的信息，赢得了用户的喜爱。

这说明，企业在制作 App 时，应该改变原来完全隐私的形式，将用户的信息公开和可视化，让用户与用户之间能够在你的 App 上成为知己好友。有了这种可视化的信息和状态之后，与用户牵连的众多用户自然也就能够在很大程度上对企业的 App 产生好感。

《红秀》是一本时尚杂志，主要对时尚街拍和明星潮人动态有很好的把握和关注。为了能够更好地宣传和营销《红秀》，该杂志还推出了红秀会 App。这是一个时尚街拍与交友社区创造结合的移动应用。

用户在智能设备上下载之后，可以建立自己的时尚社交圈，结识新的时尚好友，探寻潮流文化。而红秀会也在 App 的制作上展现了时尚潮流的特点，并且敢于改变方式，将用户的信息大胆地公开可视，让所有在红秀会上的用户，都能看到你。

用户登录红秀会之后，可以快速注册，并且选择设置自己的信息，然后就可以在红秀会的潮人圈中寻找自己感兴趣的潮人、时尚达人（如图 2-31 所示）。点击其中一个，可以观看对方发布的动态和照片，还能看到对方的详细信息，包括对方的名字、年龄、性别以及加入红秀会的时间，甚至还能看到对方与你的距离。如果你对该用户感兴趣，那么就可以加关注，或者发私信给对方，达成某种纽带联系（如图 2-32 所示）。

图 2–31　潮人圈中寻找关注

图 2–32　点击对方信息，完全公开

用户也可以选择底端的“照相机”来发布动态，发布成功之后，你的动态和信息也将会在潮人圈的首页中完全被公开和可视化，与你有相同兴趣的人也会主动找到你，与你成为好朋友，一起探寻时尚话题（如图 2–33、图 2–34 所示）。

图 2–33　发布公开信息

图 2–34　信息发布后他人也会看到

红秀会的这种信息可视化制作，让下载和使用该App的人都能被某种时尚或者照片联系起来，这就很容易形成一种粉丝团，对红秀会App来说是一种非常良好的发展趋势。

App营销解析

红秀会在潮人圈的用户信息可视化做法，其实就是将用户的信息以公开形式开放和表现出来，以此来形成某种扩展。这些组织方式就如同一根树干，用户的更多信息可以在这棵树干上生长、流动……从而形成一个强大的团体，这个团体的力量越大，那么就越能推动App前进和发展。

因此，企业在制作App时，不妨要努力改变一下，为用户提供一个公开的、可视化的信息展现渠道，让用户更多地使用你的App。其实微信、微博App也是同样的道理，用户通过一个图片、信息头像，点击就可以看到对方的更多信息，从而产生兴趣，添加关注，形成一个朋友圈子。这不但对企业App来说，是一种创新的改变方式，对用户来说，更是一个完全公开、毫无秘密，并且充满魔力的社交圈子。当然，不只是专注于社交的App，才能制作成为微信、微博等这样信息可视化的形式，其他性质的App，比如杂志，如《红秀》；娱乐性App；电商新型购物App，如蘑菇街等，这些App在制作时，都可以改变原有方式，将用户信息可视化。

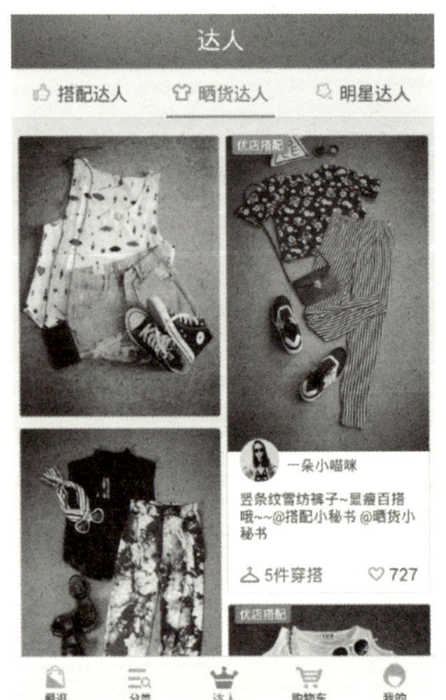

图2-35　蘑菇街中的达人可视化信息

（1）在App中建立一个社交应用

对于一些购物类型、娱乐性质的App，在制作App时，企业可以建立一个社交应用板块，让用户积极参与进来，与关注该App的用户形成一种必然联系，这对企业的App来说将形成一种巨大的推动作用。

比如蘑菇街这款时尚搭配App，其中就有一个“达人”板块，用户可以在这里创建属于自己的搭配信息，也可以晒出自己的商品和搭配图片。有喜欢的用户会关注你，你的信息也将会被他人看到。如果你的集赞越来越多，那么你的信息和达人篇章也将越靠前，被大家所熟悉（如图2-35所示）。甚至你还能因此而在蘑菇街爆红，成为“时尚菇凉”，蘑菇街的红人。

这种方式能够在很大程度上鼓励用户参与进来，这样一来，用户越来越多，蘑菇街的 App 自然也就越来越红。

（2）制作 App 时，多采用一些奖励方式，激励用户参与

在制作 App 时，有些企业虽然添加了社交应用，但是用户参与得却很少，原因在于企业没有拿出一些诚意和奖励来刺激用户参与。所以，企业为了 App 以及产品的营销，应该拿出一些诚意，尤其是物质上的奖品来鼓励用户参与信息公开。

红秀会 App 在首页中就加入了奖励形式——“晒自拍，赢好礼”。只要用户下载并且安装红秀会 App，然后晒出自拍照，就有机会赢取好礼，更有机会登上《红秀》杂志和网站（如图 2-36 所示）。这次活动的制作，带动了红秀会 App 中大多数用户的参与，当然他们都是为了“好礼”，或者“登杂志”而来。试想一下，如果红秀会并没有在该活动制作时，体现出晒自拍就有好礼，或者登杂志的奖励，那么还会有几个人来晒自拍照，将信息可视化呢？

图 2-36　红秀会晒图赢好礼活动

App 营销密钥

企业在制作 App 时，可以为用户在发布信息或者晒出图片的选项中，添加“公开”一项，让用户有自主选择公开或者不公开的权利，这样才能真正体现出企业在制作 App 时的人性化。

6. 心灵回归，让一切都至简至纯

企业想要让 App 能够好用，更好、更广地推销产品，于是就要不断地往里面塞东西，这似乎也已经成为了企业制作 App 的一个惯性。但是结果如何呢？

往往这类企业的 App 惨不忍睹，为什么呢？企业难道应该为此抱怨吗？其实其最大的失误在于 App 的设计师和制作者没有真正体会到 App 对用户的意义。制作者应该在一大堆的限制条件下找到一个全新的创新解决方案。而最有效的方案就是让 App 变得至简至纯，这样才能让用户使用起来心灵回归，简单操作，一目了然，产生良好印象。

《风尚志》是国内时尚周刊的先行者，也是中国第一本时尚周刊。该杂志在时尚、美容、男士方面深度剖析，给读者树立了一个明确的时尚风向标。随着移动互联网和营销的发展，《风尚志》也推出了移动应用 App。

风尚志 App 虽然是一个时尚类型的应用软件，但是在制作中却并没有体现出太多复杂多元的设计。打开风尚志 App，会看到井然有序的排列方式，每一个板块对应着简单的两个字，比如“风尚”“文娱”，简单的两个字就包含了该区域的一切信息，用户只要点击进去，即可获得该区域所有包含的时尚信息。比如点击“风尚”进入之后，会看到关于风尚的一切信息（如图 2-37、图 2-38 所示）。

图 2-37 风尚志首页

图 2-38 “风尚”内容

每一个风尚信息，都用一句简单的话语来涵盖，具有代表性的图片和简约的文字便能让用户一下子触动心灵，从而点击观看细节（如图 2–39 所示）。

图 2–39　“风尚”内容中包含的细节

在整个风尚志的 App 中，我们似乎看不到太多繁杂的设计，也看不到冗长的文字标题。这一切的简约风格造就了风尚志 App 至简至纯的特点，让人们在使用时有一种心灵回归的感觉，因此该 App 在同类杂志传媒界中拥有很高的人气。

App 营销解析

风尚志 App 至简至纯的制作，带给我们一个重要的启发：在制作 App 时，不能总想着将所有的功能和应用都添加进去，尤其是在界面上，否则给用户产生一种繁杂感。企业在制作 App 时，应该尽量让 App 回归心灵简约本色，让一切都简单起来。

但是，简约并不代表真正的简单。企业在制作时，需要遵循一定的方法和技巧，才能让你的 App 既简约又不失内涵。

（1）每一个步骤都应该和用户的某个目标需求相对应

一个 App 中所包含的内容和信息往往是海量的，如果你在制作时，想要一股脑儿地全部堆积出来，那么恐怕在后期的排版中，即便再厉害的高手也理不清楚头绪。因此，这就要求企业在制作 App 时，进行信息加工、拆分信息，并以用户的需求和目标来拆分。

比如信息类型的 App，企业应该为特别的需求而设计展示信息的范围。每一个步骤都要帮助用户做出某种判断，让用户找到他最渴望得到的信息。

再如工具类型的 App，就要将任务分拆为工作流，每一个步骤都应该是为用户达成某个目的而设计的。这个步骤里面该放什么，那个步骤里面该放什么，都应该清楚简单地归置。例如南方航空 App，在首页中我们会看到罗列着简单的几个分类步骤，每一个步骤都能为用户达成某个目标，所以这种制作非常明确简单（如图 2–40 所示）。

（2）一个元素承载多种功能和应用

在使用 App 的时候，用户的需求往往是不断改变的。每一项操作，都会有一个不同的意图，这也就暗示企业在制作 App 时，应该要寻求灵活性。制作者要捕捉到用户的这种心理变化，尽可能地去调整和展示 App 中的元素。

最有效的方法就是，制作时让一个元素承载多个功能和应用。制作者可以重新审视所有的元素，将之拆分成碎片，观察运用哪个比较合适。如在风尚志 App 中，我们点击“品位”时，会出现多个选择，这些选择中总有一个是用户需求的（如图 2–41 所示）。而在表面上，风尚志的每个元素都显得是那么的简约、大气。

图 2–40　南方航空 App 首页

图 2–41　“品位”中的内容

（3）文字标题和简述要简约、大气

一个 App 在信息量激增时，企业就需要在制作 App 时特别注意对其中的文字加以简化，这样能让用户快速体会到企业所要表达或者隐含的信息量。在文字标题上，最好要用两个概括性的词语；而在简述上，要用简练的短句表示。

如在携程旅行 App 的首页中，我们会看到携程的简约界面。其中两字词语的标题占据多数，用户一眼即可明了其中的含义（如图 2–42 所示）。而且从整体上，携程的界面也正因为有了这些简约的文字概述，才变得如此简约、大气。

（4）背景图片不宜复杂多变，应保持回归原始

很多企业在 App 的制作上，为了寻求更多的个性化，于是将背景图片设置得非常复杂，色彩斑斓，然而这样却很容易让用户产生眼花缭乱的感觉。

其实，对一般的 App 来说，无需将背景图片设置得多么绚丽多彩，只要保持回归原始即可。尤其是购物、工具、查询类的 App，眼花缭乱的背景图以及企业的推送，会让用户产生视觉疲劳，而且也显得 App 不够简约、大气。

在这一点上，国美在线做得很好。国美在线 App 的背景图片是纯白色的，配上企业的各种推送和信息展示，整个界面显得简单而又不失紧凑，让用户非常喜爱（如图 2–43 所示）。

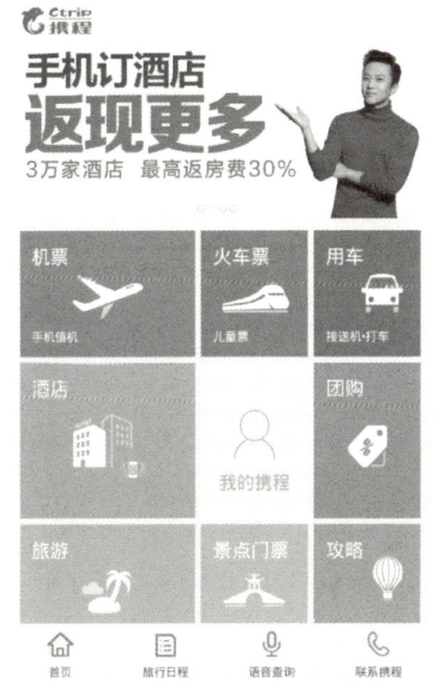

图 2–42　携程首页的简约文字展示

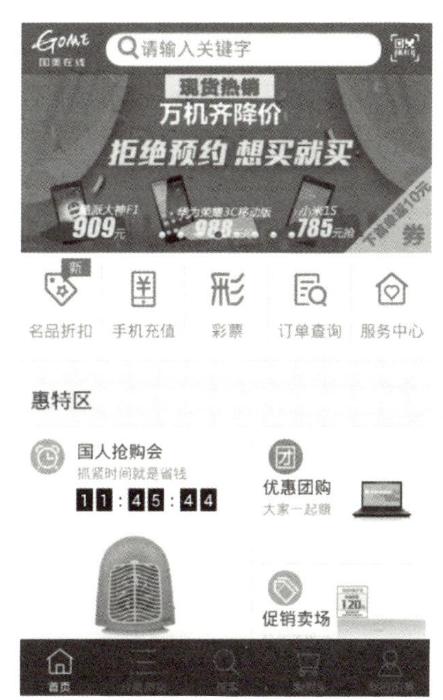

图 2–43　国美在线 App 的简约白色背景图

App 营销密钥

制作 App 时，让 App 外在显得简单、大气，但这并不代表内部信息也应十分简单。企业应该把握好外简内优的原则，而不是要设计制作一款华而不实的繁杂应用。

7. 一键直达，为用户节省使用时间

在 App 的设计和制作中，企业或许有时候觉得信息量才是最重要的，或者觉得功能才是重要的。其实在 App 的使用过程中，用户的体验才最重要。这应当思考如何让用户在你的 App 中快速找到他想要的东西，如何让用户点击一下就可以得到想要的内容。

而这就需要企业在制作和设计 App 时，应该要注重“一键直达”，对一个功能的内嵌要直接快速，不要带用户绕弯子。

土巴兔是中国第一装修门户，在这里有装修设计师、装修公司和商家参与互动，可以说这是一个迎合多数用户需求，并且真正为业主轻松搞定装修的好参谋平台。随着众多 App 进入到用户手中，土巴兔也开创了 App，进行移动互联网的新营销。

图 2-44 土巴兔中点击“找公司”

虽然在各大 App 应用市场中，有关装修的 App 并不太多，但是土巴兔却并没有因此而在制作上放松脚步。土巴兔的 App 制作风格不但简约、大气，而且还有一个非常关键的优点：一键直达。

在设计时，土巴兔的 App 设计师提前考究了用户的使用需求，他们认为用户很反感那种点开一个选项，然后再继续点击子选项……点击好几步，才能查看到想要获得的内容。

而在土巴兔 App 中的选项中，用户只要点击，就可以快速进入想要得到的信息中，无需其他繁琐的步骤。比如我们点击“找公司”，土巴兔则立刻为我们送上众多装修公司的信息和电话，用户可以随意选择（如图 2-44 所

示）。再如我们点击“图库”，则有数千张高清装修大图扑面而来（如图 2-45、图 2-46 所示），令用户非常惊喜。

图 2-45　“找图”选项

图 2-46　高清图片随即放送

正是通过这种一键直达的设计和制作，土巴兔 App 才会受到众多移动用户的喜爱，而且这种设计也在很大程度上为用户节省了操作时间。

App 营销解析

一个企业想要利用 App 来推销产品、推广品牌，那么就不要忽视了用户的体验。土巴兔如果不注重用户需求，而在设计时，每一个选项中包括很多操作步骤，则很容易引起用户质疑，对该 App 甚至本品牌产生差的口碑。

事实表明，快速、便利的 App 操作是用户最喜爱的，他们很难去接受一个操作起来缓慢、不能一键直达的 App。如果你的 App 能够抓住这一点，巧妙制作，那么就一定会先声夺人，引起用户高关注度。

在制作一款 App 时，设计师往往会遇到很多看似很小，但却很容易被忽视的问题，比如在界面中加入大量的操作说明、帮助等。其实这些细节的问题很可能会撩拨用户耐心，让用户对你的产品产生差评。一键直达则能让用户痛快地操作，不会产生任何恶劣印象。当然，按照这个原则制作 App 时也还需要注意一些小问题。

（1）选项不能没有点击效果

一般 App 的点击选项中，往往会隐含着三种状态，即不可点击、可点击、聚焦。

如果你的选项此时正处于一种不可点击的状态，那么用户点击时，就不会产生效果，因此用户也会为此很烦躁，从而对企业产生恶劣印象。

所以，企业在制作设计 App 时，在选项中不能没有点击效果。如果你的选项因为特殊原因处于一种不可用状态，那么一定要记得在制作时，删掉该选项，否则很可能会给用户造成误导。

（2）菜单层次不要太深

在 App 的设计中，某些选项菜单往往会包括好几个层次，有多个子选项和菜单。其实这种方式对用户的体验来说并不好。用户最喜欢的是一键直达，不喜欢多个层次的菜单操作。因此，企业在设计 App 时，一定要筛检自己的选项和子菜单，对一些没有太大用处或者无所谓的菜单删除。在选项中，企业只需要保留那些对用户非常关键且有用的选项菜单即可。一般来讲，每个选项最好能单独操作，形成一键直达。而如果企业的内容过多，则最多一个选项可有二级菜单，不可产生太多的子菜单，否则很难让用户找到想要搜索的内容，而且用户使用之后，返回也会很麻烦。

图 2-47 行者 App 点击“广场”

行者 App，在设计中也体现出了一键直达的原则。用户点击“广场”即可发现小伙伴们的信息和行踪，然后就可以留言评论，无须点击“广场”之后还要继续点击其他子菜单（如图 2-47 所示）。

（3）直观操作，让用户每次点击都有意义

在那些优秀的 App 中，我们都能看出它们有一个共同点：直观操作，每次点击都是有意义的。在 App 中，用户操作的结果是一目了然的，甚至即看即点，而那些不够直观且不能快速点击的操作，不但会浪费用户的时间，而且还会造成用户使用疲劳。所以，企业在设计 App 时，要注意每一个指令的操作都必须要有意义。

App 营销密钥

一键直达、不必点击多个子菜单，虽然可以让用户能够感受到企业的人性化设计，但是企业还需要特别注意，不应该将过多的内容嵌入在同一个选项中，否则用户点击时，会出现缓慢等待状态。

8. 排版细化，根据设备屏幕特性优化 App

很多企业在设计和制作 App 时，往往会忽视一个最容易忽视的问题：移动屏幕大小不同。用户使用的移动设备、智能手机千姿百态，有些手机屏幕大、宽，有些屏幕窄，显示小……如何才能使 App 排版更完善，让用户都能在自己的移动屏幕上合理地看到企业 App 的内容，这是一个技术问题，同时也是一个态度问题。

企业安排好 App 的内容之后，就需要排版策划，而这时，企业需要根据设备屏幕的大致特点来细分和优化 App 内容。比如下面这个企业，就很好地解决了排版问题。

梦芭莎，一个电商购物网站，在 App 的设计中，逐渐以更加人性化的操作和流畅的界面著称。

很多电商网站或者同行企业的 App，往往在整体布局上采用上下拉或者底端 TOP 导航模式。这对很多大屏幕手机而言，使用起来非常便利，但是对一些小屏幕的手机而言，往往在显示上就显得不那么充分，尤其是首页产品的展示，信息很容易被遮挡。

而梦芭莎的 App 却不存在这种问题，因为梦芭莎在排版设计上不但采用上下拉和底端 TOP 导航模式，更采用了左右滑屏模式，让再小的手机屏幕也能完全看到企业的展示信息（如图 2-48 所示）。

图 2-48　梦芭莎左右滑屏展示信息

左右滑屏，会看到梦芭莎的更多产品信息，这解决了小屏幕手机、设备不能在同一个页面中完全展示信息的问题。

而在底端，用户也可以点击某些选项来查看产品的其他信息。比如点击“分类”会详细地看到梦芭莎的各种产品展示（如图 2-49 所示）。这也弥补了许多小屏幕手机无法查看代表图的问题。

另外，在产品展示中，梦芭莎采取了两个图片并列的排版方式，这就让那些小屏幕手机用户也能在屏幕显示区域内看到完整的图片（如图 2-50 所示）。有些企业的 App 将三个以上的图片一起并列放在界面中，很多小屏幕手机就无法完整地看到展示内容。

图 2-49　分类信息

图 2-50　两个产品图并列展示

总之，梦芭莎的这种人性化排版，正是细化了屏幕组合，让再小的设备屏幕也能完全看到企业产品的展示。

App 营销解析

梦芭莎 App 的设计和制作非常完美地将产品展示出来，而且也让不同类型的移动设备都能完好地看到产品。这体现出了梦芭莎 App 开发人员在排版上的人性化设计，也体现出了开发人员比较注意移动平台的特性，能够根据设备性能和显示方式来制作 App。

显然，这是非常重要的一点。多数企业在制作 App 时，很难注意到这一点，因此企业还需要多一份细心和观察能力。在具体操作时，还需要注意以下几点。

（1）最重要的信息要排放在设备屏幕最顶端，以方便用户查看

我们从那些优秀的 App 中，都能看到一点：信息排列由上而下，而且最重要的信息往往会被放置在最顶端。因为用户最大的习惯就是由上而下地观看屏幕，所以企业务必在排版时，将最重要、最新的变更等信息放置在屏幕的顶部。这时候用户在观看时，也就能一眼看到并且点击。

如梦芭莎就在顶端设置了一个动态移动广告位，梦芭莎的最新消息、促销等都会在这里展示。如 2014 年 6 月中旬父亲节到来之际，梦芭莎在顶端及时展示了“以父爱之名，送出未曾说出的爱，千万现金券免费领”活动，用户点击，就可以领取现金券（如图 2–51、图 2–52 所示）。

图 2–51　梦芭莎顶端重要信息

图 2–52　父亲节促销信息展示

如果这个信息被排版者放在后方，用户就很可能无法看到或者很容易错过，因此梦芭莎的促销也将大打折扣。

（2）采用左右滑动，增加各种设备的可读性

为了能够让更多屏幕大小不同的设备都能看到企业的产品，企业在制作 App 时，需要设置一种左右滑动屏幕方式，让用户可以随意切换屏幕，查看下一页中不同的产品信息。如此一来，在同一界面中展示的产品面积就有很大发

挥空间，小屏幕用户也就能完全看到。否则多个产品挤在一个界面中，小屏幕用户就无法清晰、全面地看到产品。

正品折扣 App 在这一点与梦芭莎有异曲同工之妙，采用了左右滑动排版方式，将更多的产品信息分为三个页面展示，让用户都能看到完整的产品信息（如图 2-53、图 2-54 所示）。

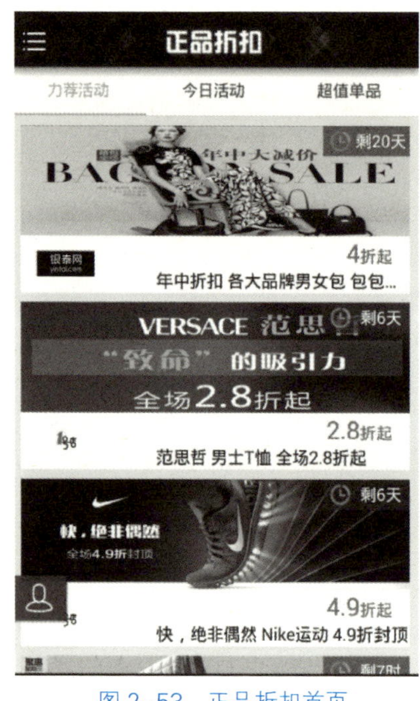

图 2-53　正品折扣首页

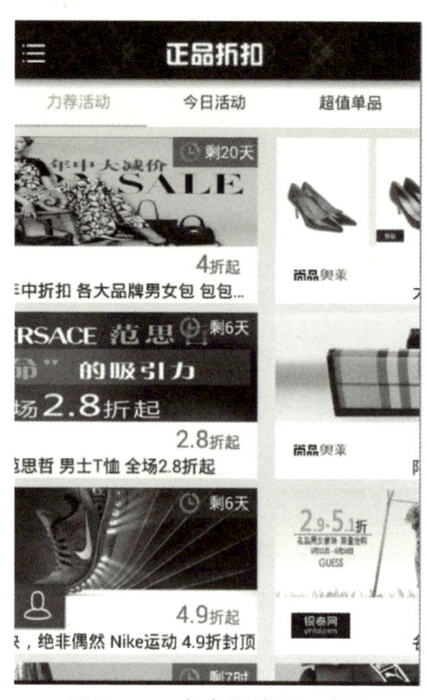

图 2-54　左右滑动展示产品

（3）必要时设置横屏模式

在设计 App 时，大多数企业不会想到设置横屏开辟模式。由于横屏模式下，纵向空间就变得非常宝贵，包括导航栏、标签栏都需要被压扁，所以横屏模式也一定要考虑仅是竖屏模式的简单拉伸，或者重新设计。当然，如果企业的应用不适合在横屏模式下操作，那么也可以屏蔽横屏模式。而对那些播放器、地图、工具等的 App 来说，横屏模式非常有必要开启。

App 营销密钥

作为一个 App 的开发者和设计师来说，在排版方面如何赢得不同类型用户的认可是最有意义的事情。所以设计师应该多从用户心理需求出发，想到各种各样的手机屏幕的大小和性能问题，在这些特性之上优化 App，这样才能赢得客户喜爱。

第 3 章　有的放矢，选对类型才能做出成效

通过众多成功的 App 案例可以看出，不同的 App 类型，客户的需求是不一样的。那些成功的 App 都很注重 App 的核心要素：用户体验和心理需求。抓住这个核心要素，根据企业自身的特点、优势来选择恰当的类型，比如注重产品信息、虚拟化、休闲娱乐、话题类型、定制服务等，才能做好 App。本章告诉你如何才能选对符合企业属性和优势的 App 类型，让企业的 App 营销有的放矢，做出成效。

1. 提供详尽信息，立体展示产品

企业开发 App 是为了什么？毫无疑问，是将自己的产品更多地展现给用户，让用户更加方便地在移动设备上购买。那么想要让用户移动手指，购买你的产品，需要的不只是你将产品放在 App 上，还需要你在 App 上提供一个详细的“展位”。

众所周知，一个企业如果有实体店，那么往往会聘请专业的陈列师，将产品更好地摆放在橱窗前，让用户全方位看到产品的优势；如果一个企业没有实体店，而是依靠 PC 端来营销，那么企业也需要将产品尽可能地罗列在电脑网页上,按照各种分类方式将产品完全展示给用户,这样用户才能更好地选购产品。而用 App 营销，同样如此。企业必须要为用户在智能手机、iPad 等移动设备上提供详尽的产品信息，最好还需要以立体方式来展示产品，例如下面我们要说到的这个 App。

索尼商城是索尼电器开发的一款 App 应用，多数索尼的粉丝会在各大 App 平台上下载并安装这个应用，以此来更方便地挑选产品。拇指购物，是索尼商城 App 的重要原则。

图 3-1　索尼商城 App 中的产品分类

用户在智能手机上打开索尼商城之后，首先会看到索尼电子类的各种产品信息以及分类类目（如图 3-1 所示）。在这个产品类别中，用户可以看到个人电脑、平板电脑、电视机、数码相机等热门索尼产品。

用户可以选择一个类别进入，挑选自己喜欢的产品。比如“个人电脑”，我们会发现在这个类别中，索尼商城提供了多种多样的个人笔记本电脑。用户可以按照系列来挑选。选中一款之后，立刻会跳转到一个非常炫丽的产品展示页面（如图 3-2 所示）。而且更为值得注意的是，索尼商城运用了立体方式来展示商品。高清图片，以及产品详细规格参数、产品卖点、特点以及在线价格等一一浮现。用户可以在手机全屏下，观看产品高清图，通过查看产品规格，了解该产品的详细信息和数据（如图 3-3、图 3-4、图 3-5 所示）。如果用户感觉这款产品不错，就可以立刻拨打索尼商城提供的电话进行预订，或者在线选购。

图 3-2　个人电脑展示页面

图 3-3　电脑产品展示

图 3-4　电脑高清图片展示

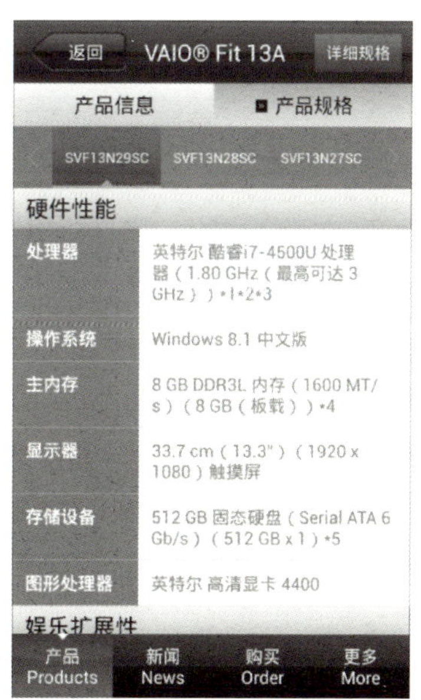

图 3-5　产品规格数据

索尼商城还有一个更为人性化的功能：产品导购。如果用户不知道如何从万千商品中筛选自己喜欢的产品，那么索尼商城会为用户提供简单的导购环节。只要用户根据产品导购中指示的步骤来一一做出选择，就可以轻松选出自己所想要的产品（如图 3–6 所示）。

在索尼商城 App 中，用户还可以点击“新闻”来观看索尼的最新产品和主打热销产品，了解索尼的更多最新资讯（如图 3–7 所示）。

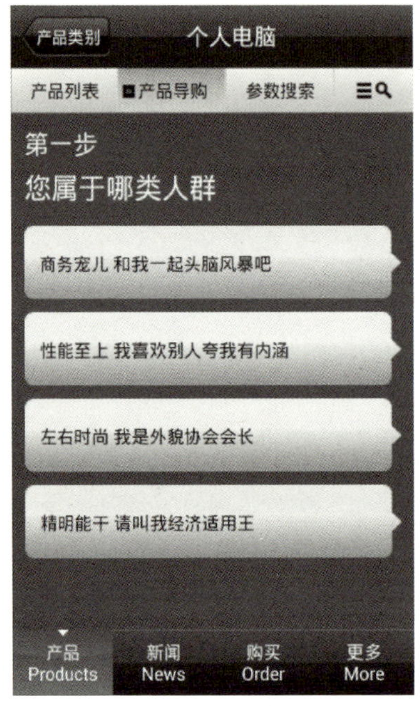

图 3–6 产品导购环节

图 3–7 新闻中的索尼产品推广

App 营销解析

索尼商城 App 在电子产品中虽然算不上是最高端、最热门的 App 应用，但是索尼商城却在产品展示方面发挥出了全面、详细等最大优势，将索尼的每一款产品都很完整、立体地展示给用户。索尼方面的营销专家曾认为，用户在移动互联网中选购某款产品时，最大的信任来源之一就是企业产品的细节和外形特色。因此，索尼抓住了人们的这种心理需求，为用户在 App 上充分展示了产品的高性能。

这也给很多做精细化产品的企业一个启发：要想在 App 中赢得营销战果，就需要为手机等移动设备用户提供更全面的产品展示。营销的基础就是产品，你的产品如果深入用户内心，让用户一眼就迷恋，那么你的价格、你的配送方式等其他环节，都自然而然地会被用户所接受。所以，提供详细产品信息和图片才是 App 营销的基础。

那么如何才能更好地在 App 上展现自己的产品呢？我们根据索尼商城的成功案例以及其企业的做法，从中总结出了几点重要的方法。

（1）产品图片清晰、规格参数详细

无论企业是电子产品，还是化妆品、食品，甚至某种服务，在 App 上，都离不开图片和参数。高清图片是某些企业在 App 中一贯应用的方式，比如索尼商城，高清的画面能让用户更能享受到产品带来的质感，进一步刺激用户消费。所以，企业在 App 中展示产品时，需要突出产品的清晰度，最好使用高清品质的画面。其次，就是展示产品规格参数。如果你的产品画面展示得很好，而没有清晰明确的规格参数，那么用户无法确定你的产品是不是他所需要的，因此，用户就不会购买，甚至还会对企业产生怀疑，这对企业的 App 营销将会是一个不小的损失。

在这方面，携程旅行 App 就做得很好。比如用户想要在携程寻找酒店，则根据条件，携程会立刻为用户发送众多的酒店选择。其中每个酒店的图片都是非常清楚明晰的，用户甚至可以有置身其中的感受（如图 3-8 所示）。此外，携程还会为用户送上最精确的酒店设置、条件状况、地理位置、交通等数据信息，让用户准确定位，更好地选择合适的酒店（如图 3-9 所示）。

图 3-8　携程酒店高清图片

图 3-9　携程酒店详细信息

（2）最大程度地展示产品的优势和特点

在产品展示和详情信息罗列方面，企业还需要注意一点，虽然信息要全面，图片要清晰，但也要扬长避短，要尽最大可能地展示产品的优势和特点，让用户充满期待并喜欢。

比如梦芭莎 App 中的产品展示，在各方面信息详细的情况下，梦芭莎会为用户尽可能地展示自己的优势。比如在一款衬衫的产品介绍中，梦芭莎就大大地突出了该产品的面料和款式优势，放大这些优点，用精练的文字和优美的图片体现产品的特点（如图 3-10、图 3-11 所示）。这能够在很大程度上让用户的脑海中充满该产品的所有优势，甚至还会阻碍用户去思考该产品的不足。

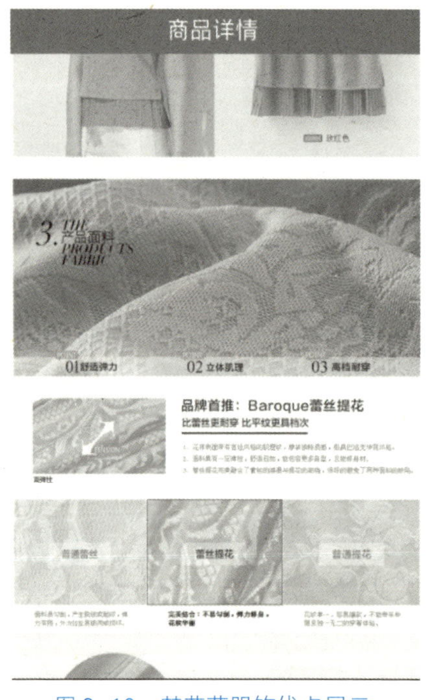

图 3-10　梦芭莎服饰优点展示

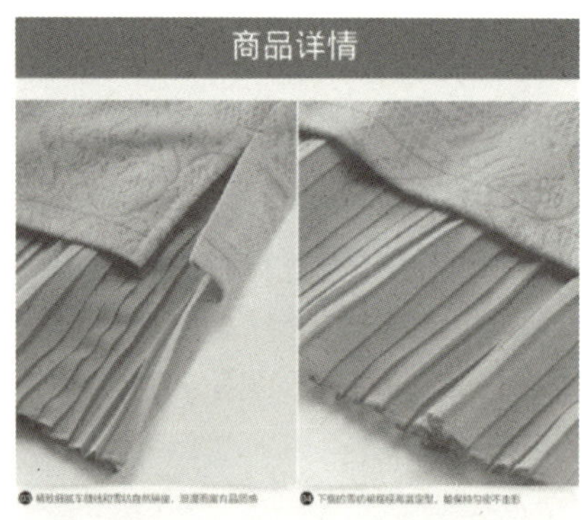

图 3-11　梦芭莎服饰优点展示

App 营销密钥

拇指购物是企业未来移动营销的一大重要方式，用户越来越多地借助移动设备来消费，所以企业不能总是依靠过去单纯的“好口碑”或者“影响力”来推销产品。企业必须要懂得外在的表现形式，通过产品的立体展示和详细介绍来给用户打造一个全面的新体验平台，这样才能完全抓住用户的心。

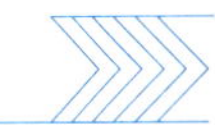

2. 虚拟产品体验，帮助用户决策

有些企业在App中展示的产品，虽然琳琅满目，但是却让用户“挑花了眼”，难以抉择，到最后，用户很可能哪个也没有选择，空手而归。这种现象在App营销中也时常发生。当企业产生这种状况时，往往很难应对，因为企业不可能去操控用户的心。

但是，有些企业却能够让用户快速做出消费选择。最大的原因是企业在App中有独特的展示，为用户送去了个性化的体验。其中最有代表性的体验就是虚拟产品体验。企业根据智能手机和移动设备的便携、易操控优势，推出了产品虚拟体验，让用户借助手机或者移动设备更好地操控产品，提升感官上的刺激，让用户身临其境，刺激消费。例如，奥迪汽车公司就推出了这样一个好玩的App体验。

新奥迪A4L是奥迪汽车公司针对这款汽车开发推出的一款App，当然，除了能够全方面展现新奥迪A4L的独特魅力外，该App还有一个更为独特的功能：虚拟体验，精准驾驶。

用户打开App之后，便可以看到“启动新奥迪A4L精准之旅”的界面（如图3-12所示）。用户需要提前登录新奥迪A4L体验网站，获取一组密钥，然后凭借密钥，在手机App上体验这次虚拟旅程，实现驾驭体验，双屏互动（如图3-13、图3-14所示）。

图3-12 新奥迪A4L App首页

图 3-13　手机横屏驶入密钥开启虚拟驾驶

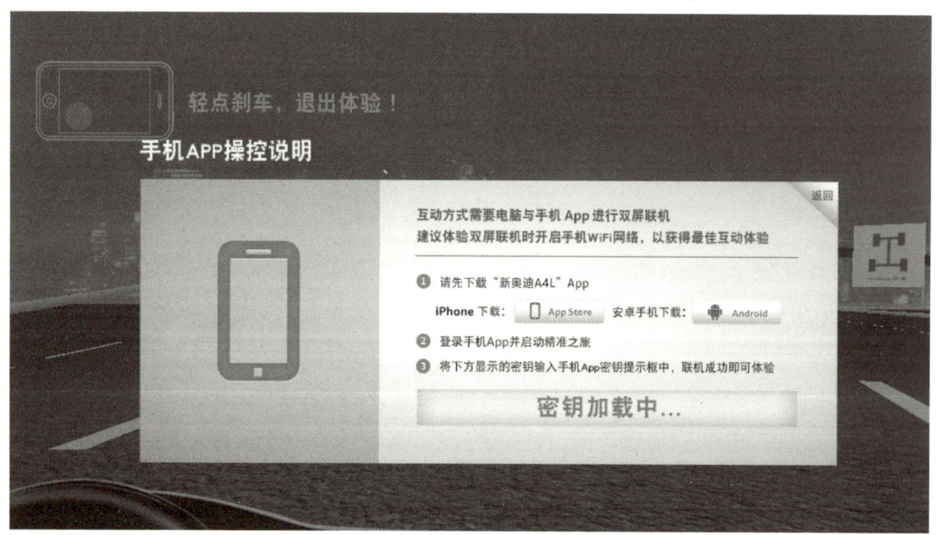

图 3-14　在新奥迪 A4L 官网中获取密钥

用户开启手机横屏，根据提示来操控各个部位，如刹车、油门等，然后顺利实现这场奥迪精准之旅。绚丽的画面仿佛让用户置身其中，刺激的速度和快速拐弯等设计，让用户全新体验新奥迪 A4L 的完美驾控之道（如图 3-15 所示）。这一系列的操控，都能全方位地向用户展示出新奥迪 A4L 的魅力和优势。

图 3-15　体验全新奥迪精准之旅

用户在体验过这次精准之旅之后，会立刻被新奥迪 A4L 具有的这种魅力所征服，于是那些还在犹豫要不要选购新奥迪 A4L 的用户，自然就会快速做出消费决定。

App 营销解析

新奥迪 A4L 最具特色和吸引力的 App 营销模式莫过于这种虚拟式的体验营销，企业在对奥迪汽车的设计、展示、试用等每个环节，都让消费者感受到了无微不至的关心。

奥迪在 2013 年推出这种新应用，不但突破了传统意义上的“理性消费”定义，更让用户在感官上得到了前所未有的体验。当然，这种方式也毫无疑问地将新奥迪 A4L 的各种性能和全新驱动四轮系统发挥得淋漓尽致。

透过快速拐弯仍然稳重的优势，以及动态转向系统通过调整动向的传送比，完美地展示了新奥迪的绝佳表现，让用户在感观上可以享受不同的即时乐趣和完美精准的驾驭体验。用户有了这种虚拟体验之后，自然就能够快速做出消费决策。

在 App 中，很多产品无法体现出自己的特色和个性化，因而用户光凭看和听，是不能完全感受的。因此只有让消费者在购买时得到体验，参与到产品的性能和情感创作中，才能更好地体验到产品的独特魅力，进而与该品牌保持一种亲密关系。所以，企业务必要根据产品特点，选择这种营销类型，才能有的放矢。然而，在具体操作时，企业还应该遵循进行虚拟体验时应该具备的几种方法。

（1）将企业产品加入现实中，实现完美体验

企业可以在 App 中加入个性化虚拟体验，将虚拟产品加入用户的现实生活，让用户进行近乎完美的对比体验，增强其购买决心。

比如宜家家居就曾在 App 中推出了虚拟计划。用户打开 App 之后，从商品

中挑选自己喜欢的产品图片，然后打开手机摄像头，拍摄现实场景，那么用户就能看到虚拟的产品进入现实场景中。用户在这个过程中，仿佛看到了产品摆放在身边的实际效果。这种体验比用户去样板房看场景更加真实和随意，也能在最大程度上帮助用户做出购买决定。

事实证明，这种方式对某些企业来说是非常不错的 App 营销选择，尤其是像宜家这种家居企业。再如一些服装搭配企业，也可以采取这种方式来激发用户的体验感受。

（2）让用户在手机上“随心所欲”地操作，进行产品归属感体验

新奥迪 A4L 的做法就在很大程度上吸引了用户的眼球。用户在手机上，打开 App 就可以如同坐在奥迪汽车的驾驶室里，手握方向盘，实现全新的虚拟操作。虽然这种操作是虚拟的，但是用户的感受却并不虚拟，反倒十分真实，从而在很大程度上激发用户选择奥迪。

“发型设计美业家园” App 是美业家园开发的一款发型设计工具，可以为用户在线免费设计几千种发型。而在该 App 中，最值得参考的是它的虚拟操作和发型试戴，用户可以将好玩的一些发型放在自己的照片或者其他照片上，实现虚拟体验发型设计，让用户自己可以对自己的发型做主（如图 3-16、图 3-17 所示）。

图 3-16　发型设计 App 虚拟体验之一

图 3-17　发型设计 App 虚拟体验之二

虚拟产品体验需要很好的创意，才能吸引人们使用。因此，企业需要在虚拟体验方面加入仿真成分。如果用户在体验时，感觉不到真实感，那么企业的这种虚拟体验将会大打折扣。此外，企业还需要对市场进行深入调查，深度挖掘用户在选择产品时阻碍他们快速选择的心理因素，从而才能对症下药，设置出更完美的虚拟体验。

3. 完善定制服务，促成个性消费

可能很多年轻人都听说过耐克鞋业推出的 NIKEiD 专属定制。用户可以根据自己的性别、喜好分类以及主题来定制自己独一无二的运动鞋（如图 3–18 所示）。这种方式在很大程度上激发了客户自主设计和购买的欲望，提高用户对耐克的好感。

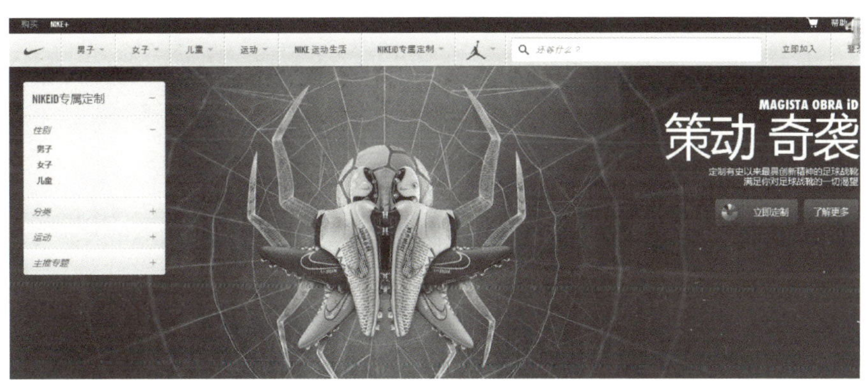

图 3–18　耐克官网中的定制服务

事实表明，这种定制服务，让耐克的营销取得了很大进步，也成为耐克的经典定制特色，为很多同行提供了借鉴和参考。

随着移动互联网的发展，人们更多地选择用移动设备来上网，那么在 App 上，是不是也能实现这种定制服务，让用户促成个性化消费呢？答案无疑是肯定的。而且如果我们留心观察，就会发现很多企业都已经在自己的 App 中加入并且完善了这种定制服务，例如安利企业推出的安利皇后厨房 App。

安利皇后厨房是基于安利在推广厨房用品的基础之上开发的一款个性化定

制菜品 App 应用。在这里，用户不会感觉到企业赤裸裸的推销，也不会看到枯燥无味的产品罗列。取而代之的是企业向用户推出的定制化菜谱，用户在一边学习做菜的同时，一边可以实现自己的厨房锅具定制。

用户进入安利皇后厨房之后，会先选择自己的身份，如普通消费者、销售代表、经销商、优惠客户等。一般用户选择“普通消费者”之后，便可进入安利皇后厨房。首先看到的是安利皇后厨房为用户推荐的各种菜品推送（如图 3–19 所示）。用户可以选择其中一个进入观看该菜品的具体做法步骤。当然，在这个过程中，用户还可以看到安利为用户推荐的针对该款菜品最适合运用的锅具（如图 3–20 所示）。

图 3–19　安利皇后厨房首页

图 3–20　安利锅具推荐

如果你觉得安利的做法很“酷”，那么接下来的定制环节，也许会让用户更加尖叫。用户进入“定制”之后，会看到有单个菜式以及套餐推荐。每个环节中，都为用户准备了各种口味和烹饪主题，甚至还有烹饪时间的定制选择。比如我们选择“套餐推荐”中的“健康素食”“三道菜”“30 ~ 59 分钟”（如图 3–21 所示）。那么安利皇后厨房会立刻为我们推出独特的定制菜品“群丝汤”“蒸酿节瓜”“酱焖牛肉”（如图 3–22 所示）。如果用户不喜欢，还可以摇晃手机，来切换更合适的定制菜品。

图 3-21　定制菜式选择

图 3-22　定制菜式推送

用户定制好菜品之后，就可以按照安利皇后厨房推送的做菜步骤来一步步完成菜品制作。其中，安利还会为用户推送最适合做这几道菜的锅具。用户点击，还会看到这款锅具的具体特征、产品信息，以及省时、省料等优势（如图 3-23、图 3-24 所示）。

2 层叠煮食 缤纷佳肴

安利皇后锅具凭借优异的整体设计，可实现独特的层叠煮食法：借着小锅叠大锅的方式，只需一具炉火，热力就能从最下方的锅具一直传送到最上端的锅具，一次完成焖煮、水蒸、温热等各种烹制法烹饪菜肴，便捷更节能！

图 3-23　安利锅具介绍

返回　安利皇后厨房

安利皇后®锅具六大优势

3 优异材质 坚固安全

安利皇后锅具采用18/8不锈钢材质（含有18%~20%的铬及8%~10%的镍）结合多种金属的多层式结构（三层式结构及七层式结构），坚固安全，具有防锈、防凹陷、避免磨损及脏污的效能，又兼备多种金属的优点，仅需中小火即可完成烹煮，适用于大多数炉具。

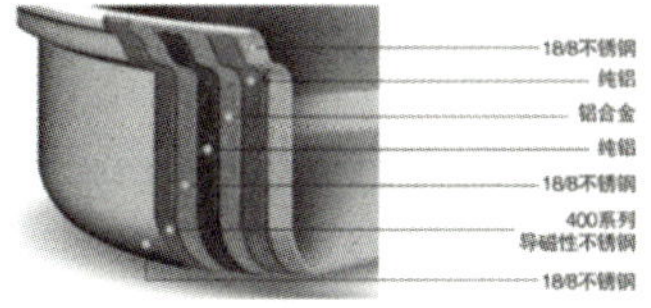

七层式结构

图 3-24　安利锅具特点

可以说，安利皇后厨房这款 App，不但向用户很好地推销了安利锅具，还让用户实现了定制化的菜品制作，让用户按照自己的独特喜好和口味来选择合适的菜品和恰当锅具，促成了用户的个性化消费。

App 营销解析

安利皇后厨房 App 的这种做法主要是向用户表达一个明确的观点：在忙碌的生活中，用户每天都在为烹饪什么菜品而感到头痛，因此安利皇后厨房针对每个用户当天的口味、主题来为用户定制独特的菜品。而在这个过程中，用户更能够针对定制菜品看到安利的定制锅具。有了完美锅具，再加上定制菜品，“家庭主妇”就不必再为每天的烹饪而感到头疼。

安利皇后厨房这款时尚又便捷的 App，让纸质的菜谱突然失去了吸引力，不但突破传统，更是添加了定制服务功能和定制锅具推荐，引发了用户的追捧，让每个用户都能根据自己的要求找到最适合自己的美食，让用户成为一道道美食的烹饪达人。

安利皇后厨房 App 的“幕后操作”原理也非常简单，就是通过移动互联网搜集用户的众多数据，来为用户提供个性化的产品和服务。在这种 App 中，用户需要的只是输入或者按照要求选择自己的爱好、口味、主题，然后将这些数据传输给 App 系统，企业便能快速为用户提供定制的独特服务，促成用户的个性化消费。

显然，这种方式更能促进企业产品的热销，加快提升企业品牌知名度。而具体的方式却也不乏创意，有新意的定制服务，才能吸引用户关注。

（1）让用户在 App 中能够搭配并展示自己的个性化产品

企业想要在 App 中取得营销佳绩，必须要百分之百地为用户考虑。站在用户角度上思考问题，才能让用户满意。完善定制服务，需要根据用户的要求进行，才能促成个性消费。因此，企业必须要让用户在 App 中能够完全搭配并展示属于自己的个性化产品。例如，餐饮店也可以在 App 中加入自己 DIY 产品的方式；达美乐比萨就曾在 App 中增加了“比萨英雄”环节，用户可以自己选择食材、面饼来在手机 App 中自制比萨，然后达美乐就会为用户送上亲自动手制作的比萨。

再如服装企业可以在 App 中加入“搭配购物”环节，让用户按照条件来定制自己的套装。在这方面穿衣助手 App 就做得很好。在穿衣助手的“主题”板块中，用户可以在这里自己搭配服饰，企业还会根据第二日当地的天气、温度来为用户送上最合适的搭配服饰（如图 3-25、图 3-26 所示）。

图 3-25　穿衣助手中的“发现”

图 3-26　“明天穿什么”定制搭配

穿衣助手更为用户送上了“搭配购”，用户根据想要表现的效果来选择恰当的搭配服饰一起购买。用户不但省时省力，而且还能定制属于自己的搭配风格（如图 3-27、图 3-28 所示）。

图 3-27　根据用户条件来定制搭配风格

图 3-28　“搭配购”定制穿衣风格环节

（2）建立用户数据库，为用户提供后续定制服务

在 App 营销中，企业需要根据用户访问 App 的条件、搜索结果等来做好营销调查。而且建立用户数据库也是企业 App 精准营销的基础。因为很多用户不会满足于一种产品或者某一种定制的需求，他们还有更多的需求。所以企业建立了用户数据库之后，就能够通过分析数据获知用户的喜好和品位，根据这些，今后可以更好地为用户提供后续定制服务。

App 营销密钥

企业在 App 营销中，虽然需要完善定制服务，但这其中的一个难点却在于生产机制与用户的定制要求是否匹配。同一件产品具有多种属性，用户的需求也不同。因此，企业在运营 App 时，必须要确定产品的生产是否能满足用户众多口味。

4. 延伸其他服务，培育长久关系

企业在运营 App 营销时，尽管可以将自家产品、服务填满 App，但有时候还是有很多用户不会满意。这主要在于企业将目光放得太短浅了，没有顾及与用户的长久关系。事实上，想要让用户持久关注企业 App，就需要企业在 App 中增加或者延伸其他的服务，这样才能有助于培育与用户的长久关系。

这类企业可以在 App 中为用户提供一些资深产品或者服务以外的服务，主要是为用户生活提供一些便利，从而维持与客户的长久关系。比如一号店的 App。

众所周知，一号店是最大的网上超市，专营一些快消品、食品、服饰、家电等。一号店在 PC 网络端的成功也促进了移动互联网下一号店的再次崛起。

一号店较早就建立了自己的 App，但是最早在 App 上，一号店只是单纯地卖网站内的一些产品，比如食品、快消品、保健品等。而随着移动互联网的迅速发展，智能手机、移动设备被人们广泛使用，一号店也加大了在 App 方面的运营。最主要的特色表现在于，一号店在 App 中延伸了其他有意思的服务，进一步加强了用户的黏性。

这种其他服务包括手机充值、团购、名品店铺、一号厨房等功能服务。这些服务的产生，让原来一号店的粉丝们又都重新归来。下面我们来一一介绍一号店的这些增值服务：名品入驻，让粉丝在一号店能购买到众多大牌折扣产品（如图 3-29 所示）；一号团，则能让用户在一号店的 App 中用最低的价钱团购到最新潮的产品（如图 3–30 所示）；手机充值，用户可以用低于市场的价格来为手机快速充值，实现“不停机”计划（如图 3–31 所示）；在一号厨房中，用户更可以学习到许多另类、个性、酷炫的调酒、菜品做法，按照步骤，用户可以成为完美大厨（如图 3–32、图 3–33 所示）。

图 3–29　一号店 App 品牌店铺

图 3–30　一号团

图 3–31　一号店手机充值服务

图 3-32　一号厨房　　图 3-33　一号厨房步骤

一号店自从延伸了这些服务和功能之后，便有更多的客户下载使用一号店的 App。而一号店的品牌知名度也逐渐上升，成为同类企业中的“领头羊”。

App 营销解析

一号店通过延伸各种功能，进一步方便了人们的生活、工作，因此一号店受到了人们的喜爱。而不难看出，一个 App 可以承载的东西是非常多的，只要企业有心，根据用户心理需求来设置 App，就一定能够与用户保持一种长久关系。

通过一号店延伸的这些个性化的服务，我们可以看出，只有那些牵引用户生活习惯的服务和功能，才能真正打动用户。如果一号店延伸的是一些与日常生活毫不相关的功能，比如投资、金融、制造……可想而知，用户是不可能会持续关注一号店的。如果用户想要获得这些功能，完全可以关注专业的金融 App、投资 App。所以，企业在延伸其他功能时，还需要注意选择恰当的服务内容。

企业究竟如何在 App 中添加准确定位的其他服务呢？这其中的有效方法是什么呢？

（1）为用户延伸周到、贴近日常生活需求的服务

首先，企业在 App 中延伸某些服务时，并不是为了产品的销售，而是为了培养企业与用户之间长久的亲密关系。因此在提供这些额外服务时，需要思考用户在使用某种产品过程中遇到的不便之处，或者需要改善的地方。

其次，切入点一定要灵活，贴近生活。企业不要延伸一些与用户生活无关或者很遥远的服务。企业可以从多个角度出发，考虑用户在使用某种服务时会产生的需求。总之就是要抓住用户日常生活需求来延伸恰当的服务。比如盛名时刻表，这是一个查询列车车次的 App 软件。本来这只是一款针对火车的查询工具，但是为了能够更好地与用户达成长久关系，该 App 延伸了机票查询、预订功能。用户可以直接预订机票，方便出行（如图 3–34、图 3–35 所示）。

图 3–34 盛名时刻表列车信息查询

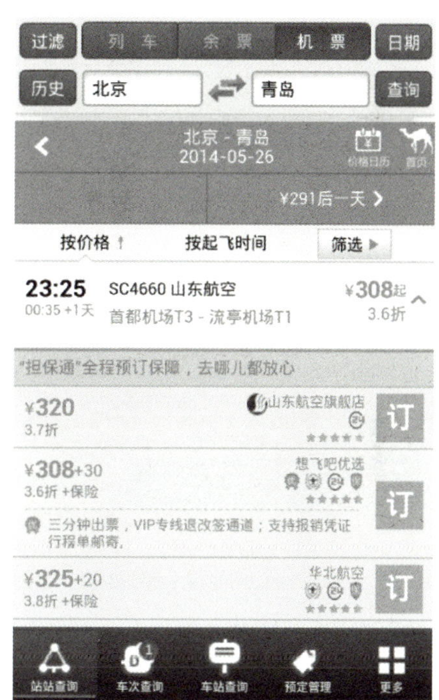

图 3–35 机票查询并预订服务

（2）延伸的功能要时尚、紧随主流并不断更新

有些企业在 App 中延伸的功能很多是老套且过时的服务，比如查询、发送图片给朋友等。殊不知，这些方式早已被微信、line 等现代化的通信工具所代替。因此，企业在 App 中延伸的功能要时尚一些，这样才能紧紧黏住客户。

比如 line 这个来自日本的聊天工具 App，随着韩国影视剧的热播，它也逐渐被中国用户所熟知并运用。而 line 为了“黏住”粉丝，与粉丝保持长久关系，

会定期更新和延伸一些最新的免费贴图表情功能（如图 3-36、图 3-37 所示）。这些表情贴图大多是韩国最新潮的一些贴图，用户只需要下载便可使用。也正因此，line 深受人们的喜爱。

图 3-36　line 中的贴图商店服务

图 3-37　line 更新最新潮的表情贴图

App 营销密钥

无论企业具备何种延伸功能，都有一个重要目的：让用户下载并使用你的 App。企业在打算延伸那些增值服务时，首选就需要在 App 的推广和宣传方面做好功课。

5. 休闲娱乐游戏，满足娱乐需求

企业想要在 App 中实现成功营销，虽然需要为用户全面展示自己的产品信息，甚至用虚拟的产品体验来刺激用户消费，但这样的 App 毕竟千篇一律，如果想要让用户对你的 App 格外关注，还需要企业选对自己的独特类型，比如可

以将 App 打造成一个结合休闲娱乐游戏的应用，让用户在消费时，还可以满足其娱乐需求。

正如经济学中所讲，如果一家公司能够推陈出新，那么这家公司自然就能鹤立鸡群。如今在 App 营销中，同行企业之间纷纷建立 App，怎样让用户对你情有独钟呢？下面我们来看这个企业的 App。

国美在线是国美家电在网络上的一个购物中心，随着 App 的发展，国美在线也如京东、苏宁易购一样，开启了 App 模式。当然，从整体上来看，这些都是电商的 App 营销模式，但从细节上，国美在线却似乎更有的放矢，因为国美在线选择了与众不同的类型——娱乐游戏，充分满足用户的娱乐需求。

首先国美在线不只设置了彩票中心和手机充值业务，更是为用户提供了一个“服务中心”（如图 3–38 所示）。用户点击进入之后就可以看到关于国美的各方面细节信息，比如国美的公告通知、国美实体店门店查询、客服电话等。其中有一个“游戏中心”似乎格外吸引人的眼球（如图 3–39 所示）。

用户打开“游戏中心”，就会看到国美为用户推送的几款热门游戏，如水浒英雄、悟空去哪儿、大掌门等（如图 3–40 所示）。用户可以点击预览游戏画面，感受 3D 模式。如果用户觉得满意，那么就可以点击“下载”安装这个游戏（如图 3–41 所示）。

图 3–38　国美在线 App 界面

图 3–39　“服务中心”

图 3-40　游戏选择

图 3-41　游戏预览

据调查，自从国美在线 App 升级配备了游戏中心之后，国美在线在各大 App 发布平台上的下载量逐渐增加。甚至很多年轻用户就是奔着这几款热门的游戏而去，在某发布平台上，从很多网友的评论中就可以看出，他们是多么喜欢国美在线 App 的游戏模式（如图 3-42 所示）。

铁豆芽：更新后有游戏可以玩，不错~支持一下
2014-05-05 09:20:26

好评

杨亚云：充话费便宜，家用电器好，信赖国美电器
2014-05-04 22:35:51

图 3-42　在某 App 发布平台上用户对国美在线的好评

用户在国美在线 App 中“逛街”累的时候，还可以参与其中玩会儿游戏。这对用户来说是一种难得的“福利”。也正因如此，国美在线 App 获得了巨大成功，

成为同行中 App 营销的典范。

最初，国美在线的 App 也没有游戏，和普通的电商 App 一样，设有产品展示、配送信息、在线支付……尽管这些基本设施一应俱全，但仍然不能引发用户的高度关注。原因在于电商网站的 App 太多，各种产品无论在质量还是在价格上，都不相上下，因此选择国美在线的人就少了许多。但自从国美在线将游戏上线之后，的确赢得了不少人气。

精彩热门的游戏让很多国美粉丝们有了新的兴趣点，他们在尝试了这些新改变之后，自然也会不知不觉地向身边的好友推荐。所以经营 App 不但要用心，更要用脑，选择好类型，才能让你的 App 有的放矢，吸引更多用户。

而休闲娱乐类型则正是符合了当下人们的消费观念。如今，人们在手机上逛 App，不再如同去实体店一样，亲自体验，各种乐趣丰富多彩，手机逛 App 最大优势就是方便快捷。所以国美在线就从怎样让消费者摆脱枯燥无味的 App 购物出发，增设了游戏板块，让用户在购物时，还能玩一玩游戏。

国美的这种 App 选择恰恰给我们一个新的认知：App 还需要从用户购物的心理出发，尽可能去满足用户的娱乐需求。做到这一点，需要注意下面几种有效的方式。

（1）在游戏中加入积分，激发用户玩游戏，刺激消费

企业在 App 中虽然可以加入游戏环节，满足用户娱乐需求，但更需要以营销为目的。企业可以在游戏当中，加入送积分活动，让用户在玩游戏的同时，还可以闯关获得积分，刺激用户消费。

茵曼是一个年轻的服装原创品牌，以清新独特、个性优雅的风格俘获了大批少女的心。而为了在营销中更进一层，于是茵曼选择在 App 中加入游戏元素，引导用户来玩游戏，同时在游戏中加入了送积分活动。

茵曼在 App 中的游戏是“大家一起来找茬”，用户登录茵曼的 App 之后，即可在“游戏中心”中找到“找茬”游戏（如图 3-43、图 3-44 所示）。用户每找对一处，就可以获得 5 分积分，积分越多越好，当积分达到一定程度时，还可以在消费时抵消一定的费用。这种方式受到大批用户的青睐，人们在玩找茬，获得娱乐需求的同时，还可以获得茵曼的购物积分，一举两得，用户乐此不疲（如图 3-45、图 3-46 所示）。

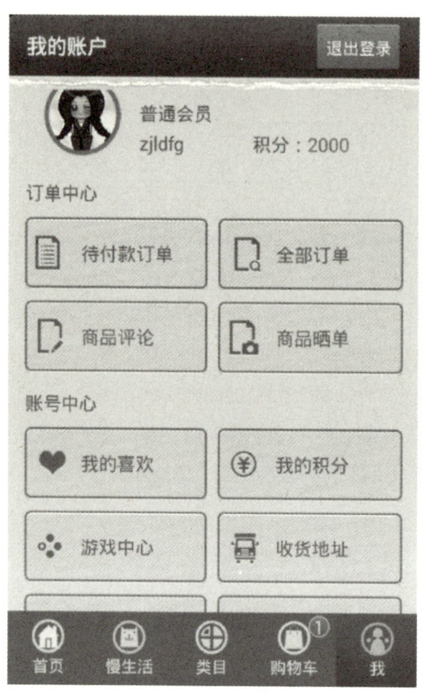

图 3-43 茵曼个人登录中心

图 3-44 游戏中心中“来找茬”

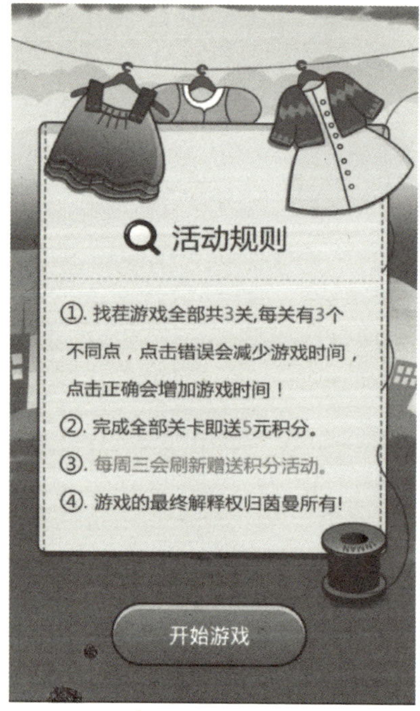

图 3-45 茵曼找茬游戏活动规则

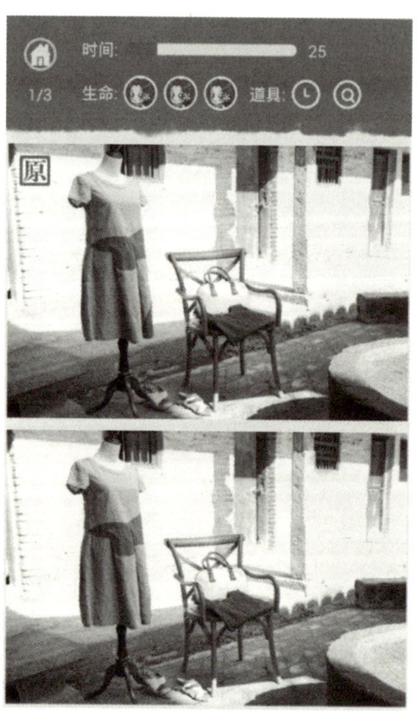

图 3-46 游戏内容

（2）游戏要么简单，要么热门而有吸引力，能充分带动用户下载企业的App

与茵曼相比，国美在线在App中设立的游戏比较大型，大都是网络比较流行的热门3D游戏，劲爆立体的画面让用户在玩游戏时有一个舒适的好心情。所以，用户在国美在线的App中能够感受到手机购物带来的不一样的感觉。

当然茵曼的游戏也有可圈可点的地方。茵曼App的找茬游戏是茵曼自行开发的，不但有茵曼的标志，还有茵曼风格的延续。更重要的是茵曼的找茬游戏简单易玩，用户入门快速，玩起来非常顺手，是打发时间的好帮手。因此，这两款游戏都能吸引人们去下载企业的App。

因此，我们认为，企业要想让用户多下载你的App，搭载的游戏也一定要简单、热门，具有吸引力。

App营销密钥

企业在App中搭载游戏环节，虽然能够吸引更多用户下载App，关注企业，但是企业不要忘记自己的主要使命和目的：营销。因此，像茵曼那样可以在游戏中加入一些积分活动是非常不错的选择。

6. 给予社交服务，协助情感传递

越来越多的企业在App中加入一些不同的元素，选择不同的类型来经营App。而这也反映出企业越来越注重人们的生活需求和购物心理。因此，很多企业都热衷选择LBS和社交领域。当然，这里我们说的社交领域不完全是那种纯粹的社交App，如新浪微博、微信、陌陌等，而主要是一些营销企业在App中选择社交服务模式的营销。

企业在展示产品、罗列店铺时，完全可以加入某种特殊的社交服务，让用户与企业、用户与用户之间可以进行情感传递，这不但可以活跃App的气氛，提高App人气，还能够激发更多用户关注。比如蘑菇街App的做法。

蘑菇街是一个大型的以时尚搭配为主题的全新购物网站，在这里蘑菇街为用户推出了各种物美价廉、时尚新潮的服饰。在App中，蘑菇街更是发挥了App营销的特色和优势：提供了社交服务，让用户可以传递情感。

用户可以选择用QQ号或者新浪微博账户来登录蘑菇街的App。登录之后，不但可以查看蘑菇街的推送产品、团购商品，还可以进行微博之间的互动和社交传递。

在“达人”选项中，用户可以看到很多晒单的用户（如图 3-47 所示）。他们穿着自己在蘑菇街购买的产品，搭配出时尚清新的感觉。在照片下方，用户可以进行评论、点赞、分享。这种社交性质的服务，不但让用户传递出了自己的想法，还表达出了自己的情感（如图 3-48 所示）。

图 3-47　蘑菇街中“达人”板块

图 3-48　用户评论晒图

而作为蘑菇街来说，在 App 上开拓这种社交性质的服务，能够更好地激发用户在购物时的高涨心理。可能原本用户不打算购买这件产品，但是因为看到购物达人贴出的搭配图片，以及各位用户的评论和点赞，用户就可能会动心，进而参与购买。

在蘑菇街中，还有一个社交服务更让用户放心，那就是与产品客服的沟通无障碍。如果用户选择了一件产品之后，就能够立刻进入该店铺，用户可以选择“联系卖家”来与卖家实时社交在线沟通（如图 3-49、图 3-50 所示）。

交流中，卖家通常都会用一些比较客气、舒适的话语来与用户交流，不会出现任何强硬、爱答不理的感觉。这让用户可以充分感受与卖家的情感交流，从而刺激用户购物。

图 3-49　蘑菇街“联系卖家”

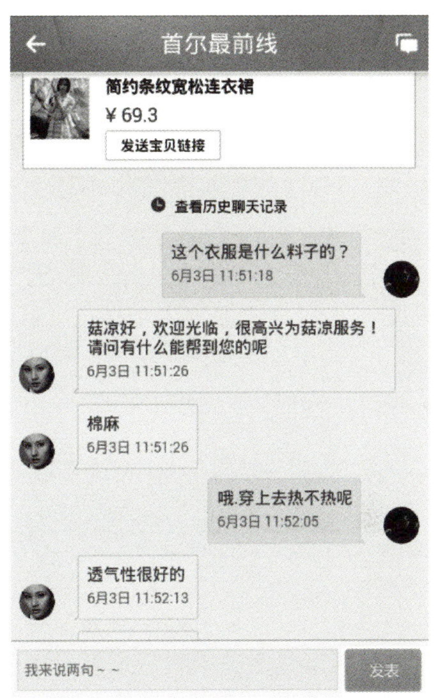

图 3-50　与卖家情感沟通

App 营销解析

蘑菇街的这种社交服务，让用户进一步依赖企业，增强用户黏性。在 App 营销的大趋势中，很多企业往往不太注重情感上的交流，所以就很难激发用户的购买心理。而蘑菇街正是看透了这一点，于是在 App 中加入社交服务。用户不但可以在晒图区发表个人的观点，还能够针对产品分享不同的意见。

这种开放式的社交服务，能够让用户公开透明地看到蘑菇街产品的质量、款式、用户评价，也更能刺激用户去购买。此外在与卖家的沟通方面，蘑菇街也更强调社交的力量，开通了快速的社交通道，让用户可以与卖家进行无障碍沟通，在情感上的这种交流能够激发用户对店铺的好感。

毫无疑问，蘑菇街选择了社交服务的 App 营销模式，从营销结果来看，这种选择非常吸引用户。

企业在 App 营销时，也可以向蘑菇街学习，给予 App 一种社交服务功能。

（1）在 App 中加入明显社交环节，让用户方便沟通

在很多企业的 App 中，我们经常会看到一些可以让用户发表自己观点，或

者找朋友交流的工具。一般情况下，这些社交功能服务都隐藏在 App 个人中心或者设置中，用户可以快速找到这些社交服务。

社交服务可以为用户提供一些情感上的沟通和交流，让用户更多地了解企业的相关内容、产品信息，从而进一步激发用户消费心理。所以，从某种程度上来说，加入社交服务，是提高企业形象，增强用户依赖心理的一种方式。因此，企业要尽可能地在 App 中加入这种社交环节。比如掌中英语 App，用户就可以在学习英文的同时，通过“更多”来找到“社交生活”，点燃学习正能量，激发用户继续使用这个 App（如图 3–51、图 3–52 所示）。

图 3–51　掌中英语 App

图 3–52　掌中英语的“社交生活”

（2）给用户一个各抒己见的地方，增强企业 App 人气

任何一个 App，企业都想要增强人气，吸引更多人下载使用，这就需要企业在 App 中给用户一个各抒己见的地方，用户可以随心所欲地说话、沟通、回复，这样的 App，人气才会旺盛，下载量和使用率才会升高。

时光网是一个可以在线购票的电影 App，但该企业不只是为用户提供购票、最新电影预告，还给用户提供一个可以吐槽的社交区域。点开一个电影信息，用户可以在购票的同时，随心所欲地对该电影做出评价和回复（如图 3–53、图 3–54 所示）。

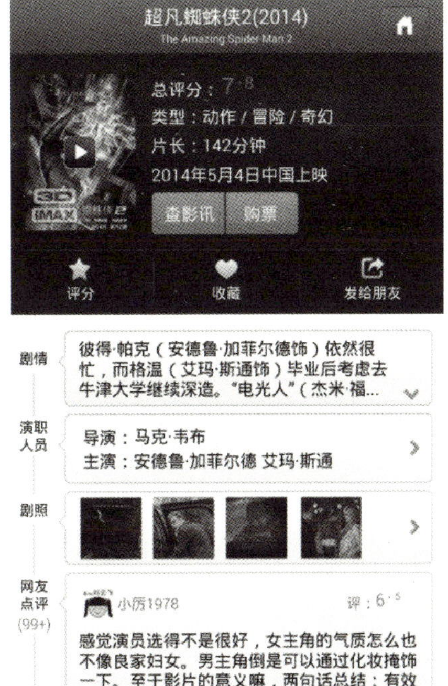

图 3-53　时光网评论区

图 3-54　时光网电影评论区

用户想说什么都可以，无论是对电影的好评还是差评，都可以各抒己见，让不同的用户看到，大家一起议论、沟通，无形之中就将这个 App“捧”火了。

App 营销密钥

企业既然想要在 App 中设置社交服务功能，就不能“掩盖”事实，将用户不好的说法“藏”起来。企业需要做到开放透明，才能真正吸引用户。

7. 用户有奖竞逐，满足心理成就

想要让企业的 App 焕发出独特魅力，吸引更多用户使用，就要搞些创意，让用户黏上你的 App。微营销专家一致认为，没有什么比给用户发奖品更能吸引消费者的了。所以，App 营销中，也需要制造适当的活动，引发用户有奖竞逐、参与抽奖，以此来满足自己的心理成就感。

用户在心理上有了成就感，那么自然就会对该 App 产生好感，甚至还会加大购买力度。如此一来，企业就能通过微小的付出，而换回用户持续购物、良好口碑和有效宣传的效果。企业需要在适当的时候放点“血”，搞搞活动。

上街吧是一个可以让用户自己搭配、自己设计服装造型的移动 App。该 App 不但为用户推送各种各样的美装折扣商品，更为用户提供强大、简易操作的搭配工具，使每一个喜欢时尚的美女都能像一个时装模特一样来展现魅力。

上街吧也被很多用户称为是穿衣搭配 App 界内的航母，目前有百万女性正在使用。用户在这里不但能够获得自信，更能走在时尚前沿，成为潮流女王。

而上街吧招揽客户的一大秘诀也十分奢华。上街吧用丰厚的大奖来吸引用户。上街吧在 2014 年端午节时，就推出过抽奖活动，用户参与即可获得一个抽奖号码，到规定日期，用户可以凭借这个号码来领取奖品（如图 3–55 所示）。

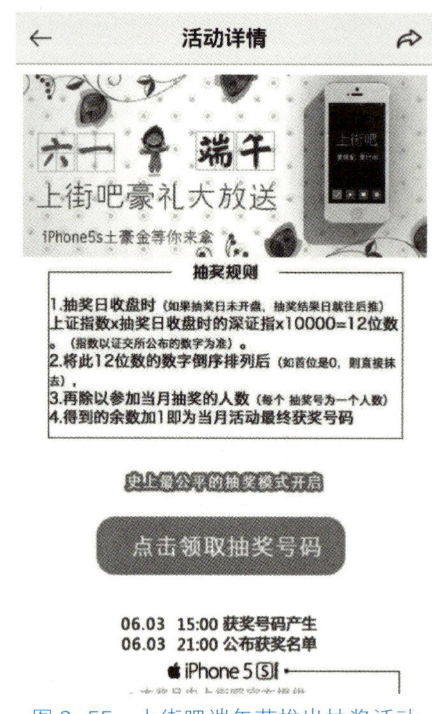

图 3–55　上街吧端午节推出抽奖活动

当然，这种方式并不算新奇，上街吧还有更妙的。2014 年 5 月，上街吧推出了征集搭配大赛冠军。上街吧要从众多搭配大赛的选手中选出一位冠军，参与爱琴海浪漫之旅（如图 3–56、图 3–57 所示）。具体方式为：用户在发布一条搭配之后的一个月时间内，如果被粉丝点赞数量最多，即可成为搭配当月之星（如图 3–58、图 3–59 所示）。

图 3-56　上街吧爱琴海浪漫之旅活动

图 3-57　活动详情

图 3-58　众多选手参与搭配

图 3-59　创建和发布一个新搭配

获得冠军的用户将会与上街吧的 CEO 帅哥或者美女一起乘坐国际豪华航班或者游艇去爱琴海旅行 10 天。

相信如此豪华浪漫的爱琴海之旅，或多或少都能牵动每一个用户的心。有了这种奖励，用户就更加努力地发起搭配，参与这次竞逐。可以相信，最终那位获得大赛冠军的用户一定会在心理上有所满足。当然这次活动也能激发用户对上街吧 App 的下载量。毫无疑问，上街吧的做法非常有吸引力。

App 营销解析

上街吧作为一个非常时尚的 App，本身就特别有吸引力。而在这个基础上，企业再加入一种神秘的浪漫之旅大奖，显然更加完美。用户在享受搭配乐趣的同时，还能有机会角逐搭配冠军。获得冠军的那位用户一定会为此感到十分有成就感。

上街吧做到了在精神和物质上都满足用户需求的目的，让用户无法不爱上这款搭配神器。也正因如此，激发我们每一个做 App 的企业，是不是应该反省一下自己到底有没有关注过用户成就心理。

当然了，在 App 中加入有奖竞逐模式，并非上街吧的这种单一方式，还可以是其他的方式。

（1）抽奖免费大放送，激发用户参与心理

很多 App 在运营中，为了更好地吸引用户，往往会投放一些奖品，虽然奖品有时候不算很华丽，但是用户获取方式却非常吸引人：免费。用户只需要下载 App，并且登录即可参与抽奖，抽中与否就看用户的运气。虽然这个获奖的概率很小，但仍然每次活动，都会有成千上万用户参与，这就能提升用户下载 App 的数量，为企业的 App 成功营销打下基础。

如聚划算 App，就会定期举办一些免费抽奖活动，其活动所赠送的奖品大都是当下最流行的数码电子产品，如 iPhone 手机、iPad 平板电脑、索尼相机等（如图 3-60、图 3-61 所示），每次活动都会吸引上十万用户参与。当然，对抽到奖的用户来说，这是一种幸运，更是对该 App 的一种信赖和满足。

因此，企业可以定期推出一些抽奖放送活动，不但能够激发用户参与心理，还能让用户更好地去宣传该 App。

（2）有奖问答，答得越多，奖品越丰盛，进一步激发成就感

企业还可以在 App 中开设有奖问答的活动，让用户积极参与进来答题，谁完成的任务多，积分越高，谁就能获得更好的奖品。百度知道是一个为用户解决问题、疑问的 App，在这里企业为了能够更好地激发用户参与回答问题，推出了“财富商城”板块，用户答题可以赚取财富，并且可以兑换大奖（如图 3-62

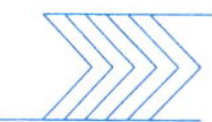

所示）。

例如，用户可以通过答题获得财富值，当达到一定财富值时，即可兑换低价手机充值，还可以兑换一些实体物品（如图 3-63 所示）。

图 3-60　聚划算推出免费抽奖活动

图 3-61　聚划算推出免费抽奖赢 iPad 活动

图 3-62　百度知道“财富商城”

图 3-63　百度知道答题有奖

App营销密钥

用发放奖品的形式，能在很大程度上刺激用户参与App的答题活动，同时也能满足用户的心理成就感，对企业的App营销也有百利而无一害。但不管是抽奖免费赢取大奖，还是有奖问答活动，企业都需要做到诚实守信，有些企业为了增加人气或者恶性营销，往往会以此来吸引用户，然后骗取用户邮费。针对这种情况，企业务必做到表里如一，真正打动用户。

8. 走高品质路线，实现用户品位

你的产品是什么品位，那么你的消费者就是什么品位。这是世界管理大师彼得·德鲁克的一句名言。然而，随着网络，尤其是移动互联网的发展，人们追求高品质的需求越来越急切，而也正因为有了移动智能设备，人们追求高品质生活的路子就变得更加快速和简单。这时候，企业如果想要推出App，并且希望赢得用户下载和使用，也应该选择一种高品质的路线类型，这样才能实现用户的品位需求。

如何走高品质路线，需要企业在App营销类型上下点功夫，是界面漂亮一点，还是服务高端一些，这需要企业勇于抓住用户的心理品位。

《伊周》是面向全国发行，且发行量最大的女性潮流周刊，2012年华丽改版变身之后，也推出了电子杂志。在电子杂志的发行上，《伊周》推出了基于IOS系统平台的App。每周二电子杂志将会在App上与纸刊同步发行。

有人认为该App只是一款电子杂志，没有什么特别的地方。但是如果真正下载并且使用过的用户会发现，这是一款非常酷炫，而且高品质的App，完全实现了用户的高品位需求。下面我们来看一下《伊周》App在iPad的高品质路线。

首先，在App首页，我们会看到高清且占屏很大的杂志封面。在左侧的服务栏中为用户推出了各种各样灵活多变的服务，包括去书架下载或者订阅书刊、进入微博评论分享、进入《伊周》俱乐部、扫描二维码等（如图3-64所示）。

图 3-64　iPad 上《伊周》App 杂志

其次，在书架中，我们看到《伊周》每期杂志的分布，而且有部分期刊可以免费下载观看。比如我们下载 2014 年 6 月 17 号刊，下载完之后，就可以点击阅读（如图 3-65 所示）。

图 3-65　《伊周》下载页面

在阅读界面中，《伊周》完全为用户呈现了高品质的画面、酷炫的色彩，从目录到每一页的细节，在 iPad 中，都能完美呈现（如图 3-66、图 3-67 所示）。用户还可以在阅读杂志时，同步分享到微博、相册等工具中（如图 3-68 所示）。

图 3-66　高清全屏观看杂志

图 3-67　杂志目录选项观看

图 3-68　边看杂志边分享到微博等社交圈

最后，在《伊周》的 App 中，用户还可以看到更高端的内容。比如点击有视频符号的内容，即可观看视频播放；点击有音频符号的内容，可以欣赏更多图片……这些高端的设置和按钮，为用户送上了更高品位的服务。如在名人对话板块中，我们看到有一个视频符号，点击即可快速观看视频播放（如图 3-69、图 3-70 所示）。这种方式为普通的电子杂志注入了更多的高品质元素。

图 3-69　杂志中出现视频点击符号

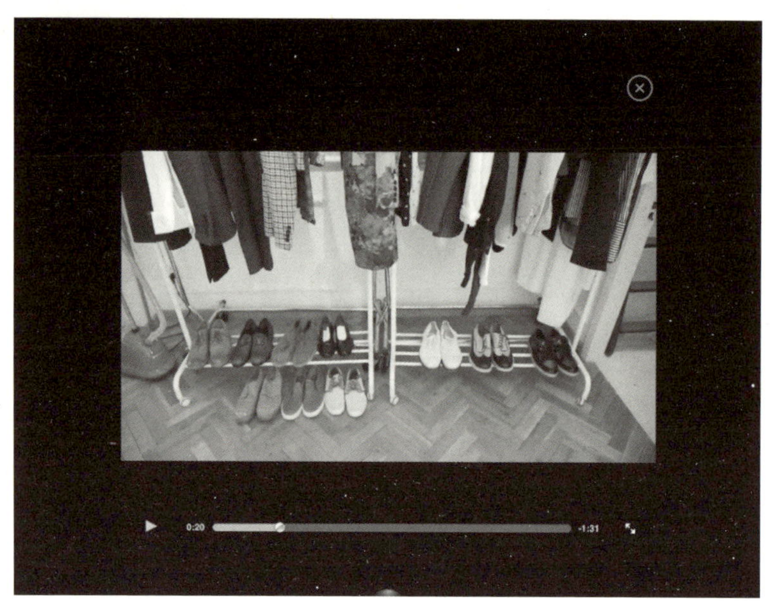

图 3-70　点击视频，观看播放

App 营销解析

《伊周》App 的做法完全满足了用户对高品质阅读的需求。首先，互动功能完善，用户可以边看杂志，边将之分享到微博、微信等社区。其次，App 便于操作，用户一点一划，最摩登的浏览方式映入眼帘，惊喜之中不断有高品质内容出现。再次，精致的画面搭配和色彩渲染，让各种潮流和时尚信息尽在指尖呈现。最后，视频、音频的直线插入，让用户可以观看最新潮的立体电子杂志，尽享时尚风尚。

《伊周》的这种做法让这款针对 iPad 版设计的全新 App 掀起一阵风靡时尚潮流，年轻一族、时尚男女纷纷下载《伊周》App，从而《伊周》的影响力不断提升，其 App 营销结果也就非常成功。

《伊周》App 的成功告诉我们，想要让一款 App 深入人心，赢得既定客户的喜欢，还需要走高品质路线，为用户实现高品质服务，才能完全引爆用户消费。

（1）在 App 功能完善的情况下，还需要增加时尚外衣

有些企业可能会在 App 营销时，陷入纠结之中：企业的 App 内容很完善、功能也齐全，该有的都有，但为什么就是不能吸引用户，营销效果为什么会很差呢？

很简单，这类企业往往忽视了一个问题：包装。没错，问题就出现在你的 App 不够时尚，无法吸引年轻人。如今中国拥有智能手机的人群中，有一半多

是年轻人，而下载 App 使用的用户更是以年轻人居多。年轻人的特点就是有活力、时尚、高端。所以，企业在进行 App 营销时，一定要选择合适的时尚外在包装。具体的做法包括，App 图标要时尚清新；App 内容要学习苹果 IOS 平台上的一些 App；功能中加入最新元素，如视频、音频、导航等。

有了这些准备之后，你的 App 类型瞬间就会华丽转型，由一个很“土”的 App，变为一个高端 App。

如 Weekend 这个食谱 App，就与其他的食谱不同。该 App 从画面到质感，从做法到计时，各个方面都凸显出时尚、大气的特点。尤其是计时器的功能，让很多人开始喜欢做饭竞赛，享受其中的高端乐趣（如图 3–71 所示）。

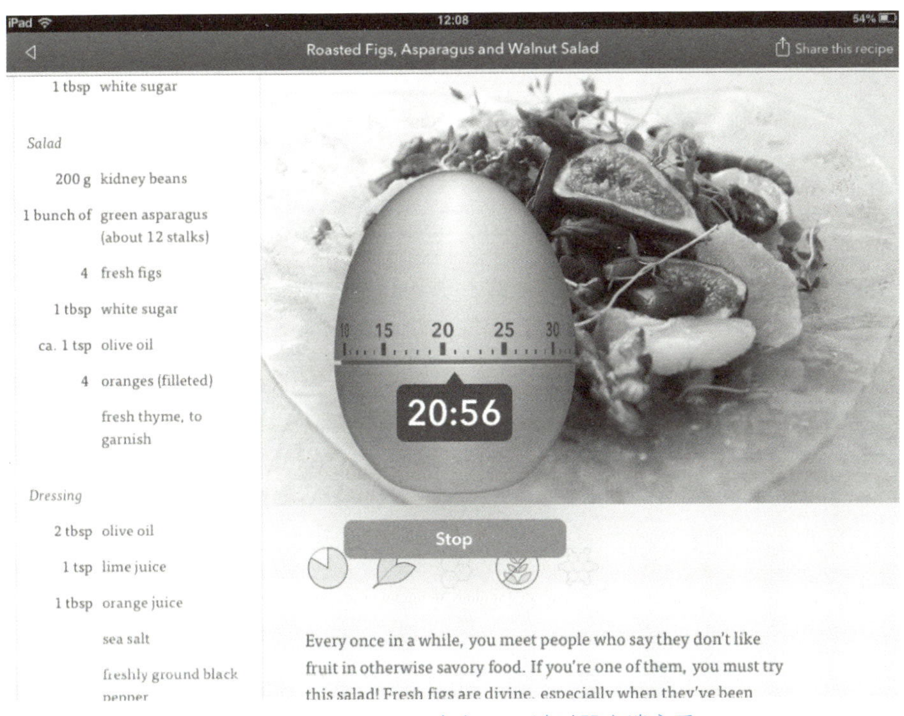

图 3–71　Weekend 官方 App 计时器高端享受

（2）结合当下最新潮信息，及时更新 App 功能

企业不要以为推出一款 App 之后，就可以完全放松戒备，事实上随着生活的变化、智能设备的更新，很多新潮时尚的东西随时都在变。如果你想让你的 App 成为年轻人手机中的常驻应用，就需结合这些最新信息，及时更新 App 的内容和功能。

拉手团购在 App 中就懂得及时更新新潮的信息，让用户在团购时，还能享受到高品质的时尚感。如 2014 年巴西世界杯来临时，拉手团购在 App 首页滚动推出足球激情，世界杯“HI 翻天”的活动，推出了大量高端进口啤酒、美食，吸引了很多高品质人员来团购（如图 3–72 所示）。

图 3–72　拉手团购 App 推出新潮团购

App 营销密钥

无论企业在 App 选择类型中如何注入时尚元素、高端品质，都应该提前了解和观察消费者的需求和追求。只有基于这一点，才能真正选对自己的高品质 App 路线。

9. 开辟新型体验，产品娱乐一体

在传统的广告和互联网、移动互联网为一体的时代，企业完全可以和用户建立一个良性的闭环，在这里彼此之间可以互动和相互了解。这恰恰是未来营销的一个最理想的状态，也是移动互联网发展的一个最大价值点。App 的产生，就成为了这一重要桥梁，成为未来营销的趋势性新工具。

如何让你的 App 成功、完美地“拴住”用户，让用户无法离开，就需要企

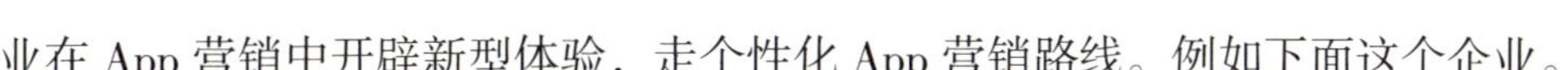

业在 App 营销中开辟新型体验，走个性化 App 营销路线。例如下面这个企业。

西门子是世界上最大的电器公司之一，历经百年依然兴盛不衰。而其中的一个重要的秘诀就是西门子很注重在新型营销方面的发展，比如 App 营销。西门子并没有像很多品牌一样，建立一个购物、工具类 App，让用户可以通过 App 查看西门子的信息、购买物品。西门子剑走偏锋，走了一条非常娱乐化但却又充满创新的体验类型，于是西门子时尚厨房这个 App 诞生了。

西门子时尚厨房主要的发行平台是苹果 IOS 的 App 商店，而且由于其操作和使用需求，iPad 是西门子时尚厨房重点推广的一个设备。以往厨房给人们的印象是油烟缭绕、热气腾腾，但是西门子却给出了另一个场景：烤箱里有美味的烤饼、蒸炉中挂着喷香的三文鱼……

用户下载之后，在 iPad 上打开西门子时尚厨房，首先会看到企业为用户推荐的几道菜谱。旁边的服务栏中有六大主要板块：推荐菜谱、视频饕餮、定制食谱、时令美食、产品介绍、品牌直营店（如图 3–73 所示）。

图 3–73　西门子时尚厨房 App 首页

比如我们点击视频，可以通过视频来一边查看，一边学习制作方法（如图 3–74 所示）。所有的美食视频都能直接播放，用户还可以自由拖动。而且每一个视频都有一个非常时尚、温暖的名字。用户在观看时，可以体验到爱的味道。

图 3–74　西门子时尚厨房视频观看做菜

在定制食谱中，用户还可以根据用餐人数、烹饪时间、季节等各种条件来搜索合适的美食（如图 3–75 所示）。

图 3–75　定制食谱

在产品介绍中，用户更是可以直观、立体地观看西门子厨房电器的各个细节，企业为用户作 360 度呈现，让用户可以完美地观看电器（如图 3–76 所示）。

图 3-76　产品介绍

在品牌直营店板块中，用户可以通过搜索不同城市来观看西门子电器实体店所在的位置、电话、订购热线等，用户还可以通过查看地图来准确定位西门子电器实体店所在的详细位置（如图 3-77 所示）。

图 3-77　直营店信息

通过这种立体娱乐与情感美食的新型结合，西门子时尚厨房在 iPad 客户端

中受到了极大的好评，而西门子电器也因此而火热地融入用户日常生活中。

App 营销解析

西门子时尚厨房是一款精美且时尚的应用，从推荐食谱到视频、定制菜谱等一系列的服务，都成为用户品味厨房生活的伴侣。而再加上 iPad 的便捷性，用户可以放在厨房里时刻查看。

毫无疑问，西门子时尚厨房 App 走的是新型体验路线，同时也走在了潮流科技的前沿。西门子时尚厨房用美食故事来将“吃”以一种全新的印象印在用户脑中，并且在这个过程中还将产品和菜谱完美地结合在了一起，更凸显了这款产品的新潮时代感。

而更为重要的一点，我们分析发现，西门子时尚厨房是以菜谱引出产品，并且灌入情感、话题、视频等因素来引导消费者的，这就无形之中打消了用户的心理戒备。因为很多企业产品的 App，一打开就是推广产品，让用户消费。西门子时尚厨房则用“吃”引出产品，不知不觉中，让用户陷入企业的“消费旋涡”。

所以，企业在进行 App 营销时，要全面学习西门子时尚厨房的做法，多多开辟新型体验，将产品和娱乐融为一体。

（1）找到企业产品与用户之间的纽带，利用纽带为切入点

西门子时尚厨房 App 之所以能够无形之中让用户与企业之间产生互动和沟通，成为亲密的朋友，主要是因为西门子企业在开发这款 App 时，充分意识到了西门子产品与用户之间的纽带是什么。所以，厨房和美食就成为了西门子时尚厨房打开用户消费的切入点。而且从事实来看，这种做法也非常有效。

因此，任何一个企业在进行 App 营销之前，都应该努力找到产品与用户之间的纽带，然后将这个纽带作为 App 的切入点。

海信智控空调 App 也是一个非常好的例子。该 App 是海信企业推出的一个针对海信变频空调推广的应用。用户可以使用手机来操控变频空调，包括温度、湿度、风速、模式等各种参数，让用户可以完全无忧地驾驭空调，享受生活（如图 3-78 所示）。

图 3-78　海信智控空调 App

海信智控空调的成功就是来源于海信看透了空调对用户健康的重要性，所以从这一点出发，开辟新型智能操控体验，以智控为切入点，打开了用户消费的缺口。

（2）一切以用户为中心，将品牌融入生活，无形之中带动用户消费

在 App 营销过程中，企业往往会陷入一个误区：只是在 App 中加入买卖功能，而不去体会用户的担忧和所需，最终 App 成为了摆设。因此，企业在 App 营销时，不需要直接向用户推销产品。企业可以一切以用户为中心，发现用户在生活中的所需、所求、所缺，然后将产品融入用户生活中，在无形之中带动他们自主消费。

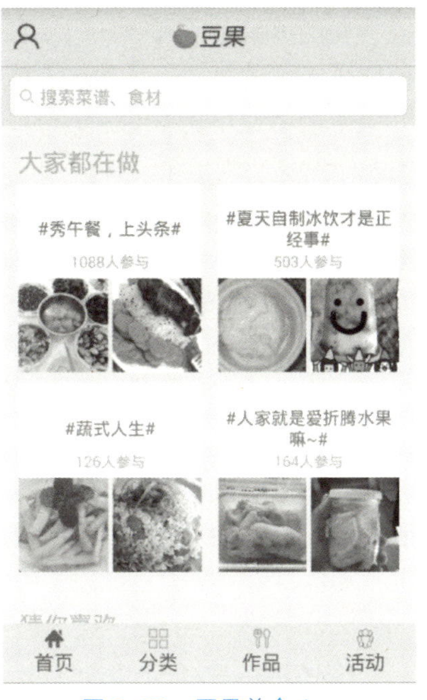

图 3-79　豆果美食 App

豆果美食看上去是一个菜谱 App，其实这不只是菜谱，它还是一个可以找到了解自己、在乎自己的好伙伴的应用。而且 App 还能记录你的烹饪喜好、口感品位，为你推荐合适的菜肴。就这样，豆果美食依靠强大的关心力，将豆果美食的概念一步步融入了用户生活的点滴中（如图 3-79 所示）。

App 营销密钥

企业在 App 营销时，千万不能随波逐流，一定要根据企业自身的特点和优势来灵活处变，做出让用户满意的 App。另外，企业还要记住，你越是关心用户，用户就会越感激你。

10．抛出吸引话题，激发用户参与

在 App 的营销中，话题也可以作为一种营销手段来利用。麦当劳曾经用一句“不吃素，是一种人生态度”来打开用户参与购买汉堡的渠道。这给 App 营销者一个重要启发：话题很重要。

尽管如此，不是什么话题都能往外抛的，一旦抛出不好的话题，不但不会

让用户参与，还会令用户反感。所以，企业在选择 App 营销类型时，要注重抛出一个有吸引力的话题。

屈臣氏是一个大型日用品零售店，在新时代营销方式频出时，屈臣氏也积极加入 App 的行列，并且还依靠自身独特的优势做出了一番较好的成绩。

最值得屈臣氏 App 骄傲的一个环节恐怕属话题了。可能是因为屈臣氏在 App 操作幕后聘请了一部分“文学家”来探讨出了很有影响力和吸引力的话题标题，也可能是因为屈臣氏本身就非常注重话题为王这一点，所以，屈臣氏在 App 上总是能够以话题为王而带动用户消费。

比如在 2014 年 6 月巴西世界杯期间，屈臣氏就借助世界杯的话题，在 App 顶端的滚动广告条中打出了“自信，你就是冠军”的标题（如图 3–80 所示）。

用户看到这句话之后，一定很想知道，如此激励的话题背后的商品到底是什么。于是点击进去，发现在这个话题下的产品，全都围绕男士产品展开。有剃须刀、控油洁面乳、男士沐浴乳等产品（如图 3–81 所示）。这些产品都能为男士塑造自信的妆容、形象，所以非常吸引男士用户选购。

图 3–80　屈臣氏 App 话题引爆

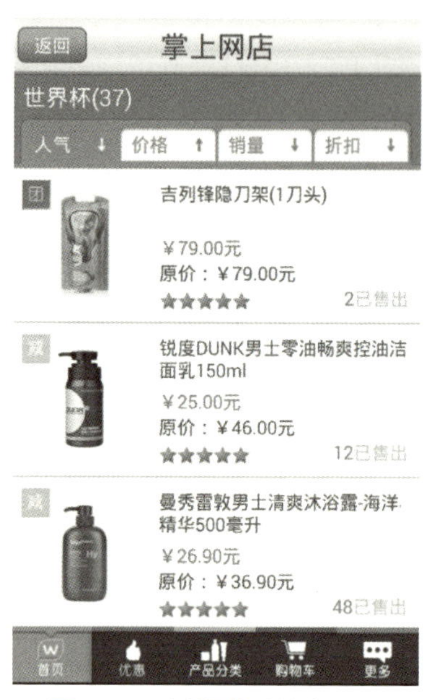

图 3–81　话题背后的产品

屈臣氏的话题不只表现在这种强劲的雄风方面，在另一个话题中，屈臣氏 App 又表现出了文艺清新的话题类型。“10 全 10 美”话题是屈臣氏在 App 中推出的另一个购物板块。在这里，屈臣氏送上的标题是“我要的，就是最好的”，如此文艺清新风格的标题也吸引了很多用户的关注和参与（如图 3-82 所示）。

图 3-82　“10 全 10 美”文艺风格话题

App 营销解析

屈臣氏 App 通过精致和充满吸引力的话题吸引了大批用户的关注和参与，让屈臣氏在 App 营销方面掀起了一阵购物热潮。这充分说明一个好的话题对用户来说是多么有吸引力。屈臣氏的负责人曾表露过，屈臣氏之所以会开启 App 模式，并不是以此来卖出多少产品，而重在积累客户群。

话题魅力恰恰能够从精神上来吸引用户，能够让用户自发性地产生参与的心理。因此，企业在选择 App 营销类型时，要特别注重话题的力量。但是想要营造一个好的话题，也并不是随口就能说得出的，还需要一定的技巧。

（1）结合流行事件、网络用语来推出魅力话题

一个话题能否有吸引力，其实很大程度上与文采、词语无关，更重要的是要有传播性、有震撼力。往往流行事件、网络热词都能成为魅力话题的来源。企业可以借助这些内容来展开话题。屈臣氏就借助了 2014 年巴西世界杯来推出男士产品，因此有了“自信，你就是冠军”的话题。

美丽说 App 也经常借助网络流行词语、话题来推出 App 热门搜索。比如 2014 年很流行的“男神、女神”让众多年轻人开始羡慕某某男神、女神，甚至想要成为某某心目中的女神。于是美丽说就借助“女神”网络流行词汇来推出了一个为“一秒轻松做女神”的话题。吸引了批量小伙伴的参与（如图 3-83 所示）。而借助这种趋势，美丽说甚至还推出“女神节”购物大优惠活动，更是吸引了很多小伙伴的参与。

图 3-83　美丽说“女神”话题

（2）语言要犀利，直接击中用户内心

企业 App 想要通过话题、标题来赢得用户的参与和支持，就需要寻找刺激用户内心的语

句。这也需要企业在语言组织上有一个技巧。比如语言要犀利一些，直接击中用户的心脏；再如语句要简短有力，避免拖拖拉拉，讲不清楚。

掌握了这两个技巧之后，企业在 App 话题营销中就能够站住站稳，而且还能够在第一印象和视觉上吸引用户，引导用户点击参与。

美团网 App 在 2014 年 11 月推出了“1 元能吃肯德基香辣鸡腿堡”的话题，引人注目。换做平常，1 元钱买汉堡是根本不可能的事情，但是如今，在美团网却是可能的（如图 3–84 所示）。此外，美团网还有更厉害的杀手锏——“评价有奖”（如图 3–85 所示）。用户只要在美团网购买东西，凭借评价，就有机会获得 iPhone6 手机以及免单机会（如图 3–86 所示）。这句“写评价也能赢 iPhone6”的话语，不但犀利直接，而且非常有诱惑力，激发用户参与的热情。

图 3–84　美团网“1 元吃汉堡”话题

图 3–85　美团网“评价有奖”

图 3–86　“写评价赢大奖”话题

App 营销密钥

话题为王，虽然可以激发用户参与，但是企业一定要注意，如果利用话题来吸引用户，就需要企业时刻关注热点新闻、网络事件，从而才能及时更换话题，第一时间吸引眼球。

第 4 章　多方探寻，全面拓宽 App 推广渠道

企业开发设计了一款精美的 App 之后，接下来的问题就是推广 App：如何让用户看到你的 App、了解你的 App、下载你的 App。那么，如何让用户看到你的 App？媒体、企业的官方网站、App 应用商店、软文营销、视频营销、线下活动等多种推广方式都可以使你的 App 出现在用户的视野中、手机上……本章为你揭秘多种推广渠道，让你的 App 推广效果超乎想象。

1. 借力打力，在 App 应用商店中巧打曝光度

早在 2012 年，就有一些机构和组织对智能手机移动终端的使用做过调查，数据显示：2012 年中国智能手机用户中，有接近 50% 的人手机中的常用 App 为 7~10 款。而美国一家手机研究网络通过调查发现，2014 年全球将有接近 23 亿人使用移动智能手机，而且至少每月都会使用手机上网。

根据这个势头，我们不难发现，人们对 App 的需求越来越多，由最初安装一些社交 App 开始，到安装各大金融类型 App 进行手机理财；安装菜谱 App，随时学习烹饪；安装交通旅行 App，出游手机搞定……越来越多应用的 App 相继问世。而如何才能让企业的 App 成为用户常用 App 呢？这就牵扯到 App 的推广问题。首先，我们认为需要从用户下载 App 的源头开始，也就是从 App 应用商店和市场下手，借力打力，企业应当将 App 尽可能地展现在 App 应用市场或商店中，增加曝光度，让用户看到并且下载。下面我们以优酷视频 App 来看一看，它是如何在 App 商店和市场中获得曝光度的。

优酷是中国较早的一家视频网站，随着 App 的发展，优酷 App 也成为人们手机中的必备软件。优酷的下载量可以说惊人。中国 IT 研究中心 CNIT-Research 在 2014 年 3 月做过一个详细调查，发现在视频类型的 App 中，优酷 App 的下载量为 54907 万次，为行业第一。爱奇艺以及百度视频则排名第二和第三。

该组织调查的平台则主要来自几大 App 应用市场和商店：安卓市场、360 手机助手、豌豆荚、91 助手、应用宝以及 App Store 等（如图 4-1、图 4-2 所示）。

	百度手机助手	91 助手	安卓市场	豌豆荚	360 手机助手	应用宝
爱奇艺	5000	7058	11100	5107	10765	4000
优酷	10000	5096	12100	6891	15820	5000
搜狐	1000	4136	6700	2789	4917	2000
PPS 影音	5000	5614	4793	3818	8877	3000
PPTV	5000	5009	4752	2942	8994	2000
百度视频	10000	4219	7322	3091	6312	2000
土豆视频	1000	1389	3491	1319	2028	700
腾讯视频	1000	1107	1486	2114	2624	3000
乐视	1000	708	1275	1208	3819	600
微视	100	45	32.8	160	130	300

图 4-1　视频 App 在六大移动分发平台的下载量（单位：万次，截至 2014.2.28）

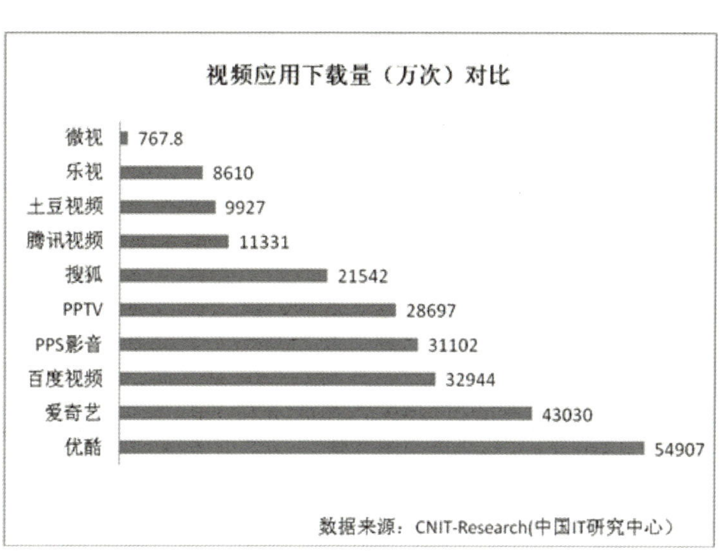

图 4–2　视频 App 在主要平台的下载总量对比（截至 2014.2.28）

优酷的下载量为什么会如此高呢？当然，这与优酷本身的内容、类型、质量是分不开的。但是从 App 的推广来看，优酷似乎也有其独特的方式：优酷在各大应用市场和商店中巧打曝光度，吸引人们下载。比如我们以苹果 iPad 的 App Store（应用商店）来看，打开 App Store 之后，点击“排行”会看到在免费排行中，优酷 HD 排行较靠前，用户一眼就能看到，点击即可下载（如图 4–3、图 4–4 所示）。

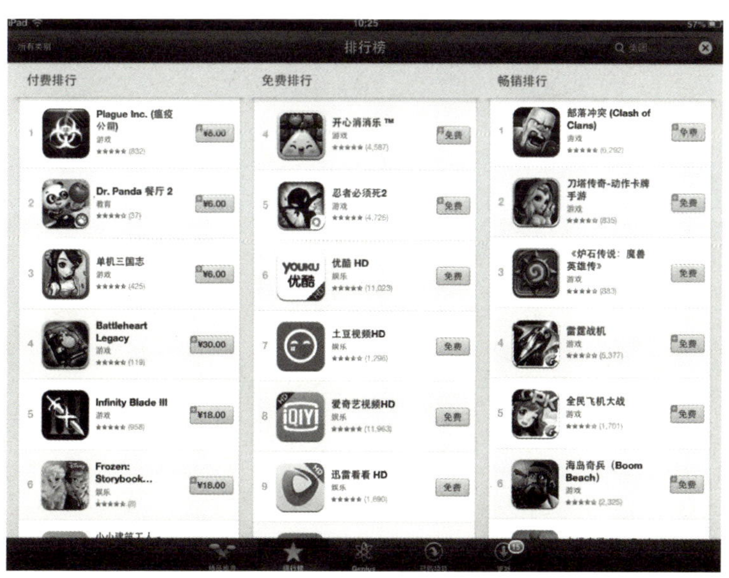

图 4–3　优酷 App 在 App Store 中的排行

图 4–4　下载优酷客户端

而在各大安卓系统的 App 应用市场中，优酷的排名、位置、曝光度就更加突出，比如我们以 360 手机助手（App 应用市场）为例，在“找软件”行列中，优酷 App 的曝光度也很高，并且以每周上百万次的安装次数排在第四位（如图 4–5 所示）。而输入“视频”搜索，优酷依然出现在第一位，其庞大的下载数量以及千万好评，很难让人不去下载（如图 4–6 所示）。

图 4–5　优酷 App 在 360 手机助手中的排行

图 4-6　在 360 手机助手中搜“视频”，优酷曝光度为第一

有了极高的曝光度之后，人们下载优酷视频 App 的次数就更多；用户下载量多，那么优酷自然就能在排行榜中靠前；排行榜靠前，人们就越去下载……就这样，优酷 App 形成了一个良性循环，在各大 App 商店和市场中成为常青树。

App 营销解析

优酷之所以能够取得如此高的下载量，在推广渠道中，其对 App 应用市场和商店注入的“心血”是不可忽视的。从排名到打榜，这些都需要一定的技巧。当一个 App 在应用市场和商店中的曝光率逐渐增强时，那么该 App 就会被越来越多的人所看到并下载。

目前在 App Store、360 手机助手、豌豆荚、应用宝等市场中有数以百万计的各种 App，这也让移动互联网的空间得到了无限拓展。很多人都想要让自己的 App 在市场或者商店中得到较高的曝光度，甚至希望自己开发的 App 能够一夜爆红。

下面我们就来看一看如何在 App 应用市场和商店中增强曝光度，如何让用户第一眼看到你，并且持续下载和使用。

（1）排名靠前需要企业 App 自身过关

很多人想要做到如同优酷 App 一样，在各大应用市场中排名靠前。其实这需要 App 自身的努力。比如在苹果的 App Store 中，影响 App 排名的因素包括两点：第一，单位时间内的下载量和评论数、评论星级、热词搜索覆盖度、卸载率、当天使用时间等。第二，一个 App 被搜索的关键词越多、权重越大，其排名就会越靠前。

影响安卓市场排名的因素为 3 个指标。指标 A，下载转安装的转换率；指标 B，App 评分；指标 C，App 安装的留存率。可依靠这 3 类指标和对应的权重来判断排名、搜索次数。当然，在推广方面，企业 App 还可以利用付费推广方式、口碑以及下载量等方式获得相关排名。

（2）在各大应用市场中做足 Banner 广告

Banner 广告其实就是网站的横幅广告，通常是出现在网站最上面的导航中的广告，有时候会以动态形式出现。企业可以将 App 投放在各大应用市场和商店中的 Banner 广告中。

各大手机应用市场和商店，每天都会有上百万手机用户登录浏览，特别是安卓系统的各大第三方应用市场。所以，企业想要推广 App，就应当抓住 App 市场和商店的 Banner 广告位。

具体的方式，企业可以购买相应的首屏、导航 Banner 广告，这样可以为 App 获得更大的曝光度，提升 App 的品牌和知名度。如在苹果 App Store 的“精品推荐”中，出现在 Banner 广告中的 App 推广就是依靠这种方式争取的（如图 4-7 所示）。又如在 360 手机助手的 Banner 广告中，也有类似的 App 推广方式（如图 4-8 所示）。

图 4-7　苹果 App Store 中 App Banner 广告

图 4-8　360 手机助手中亚马逊 App 的 Banner 广告推广

App 营销密钥

借力打力，虽然可以借助 App 应用市场和商店来推广 App，但是如果企业 App 内部的内容、质量、评价很差，那么所谓的曝光度也只是昙花一现，人们不可能长久使用。所以，企业在应用市场和商店中做推广之余，还应该更重视 App 内在的质量。

2. 线下预装，让自检产品成为手机原始配套应用

很多消费者在购买手机之后，会发现手机中会自带很多 App，这些 App 直接被预装在了新手机中，用户激活手机之后，即可使用。这是非常方便的一种方式，而对企业来说，是最直接也是最快的一种 App 推广方式。它能够在第一印象上让用户接受你，让用户第一时间选择使用你的 App。

当然，由于消费者对过多预装软件的厌烦，很多手机不再像以前一样加入过多的预装软件，但是通过自检的产品却能成为手机的配套应用。所以企业如果能让自检产品成为手机原始配套应用，那么对 App 来说，是一种极有力的推广方式。比如下面这个来自美国的搭车应用。

2014 年 5 月 30 日，美国运营商 AT&T 宣布一款为 Uber 的搭车共享软件将会出现在预装手机应用中。这个 Uber 几乎涵盖了整个美国主要市场，成为美国 60 多个城市和地区的手机搭车工具（如图 4-9 所示）。

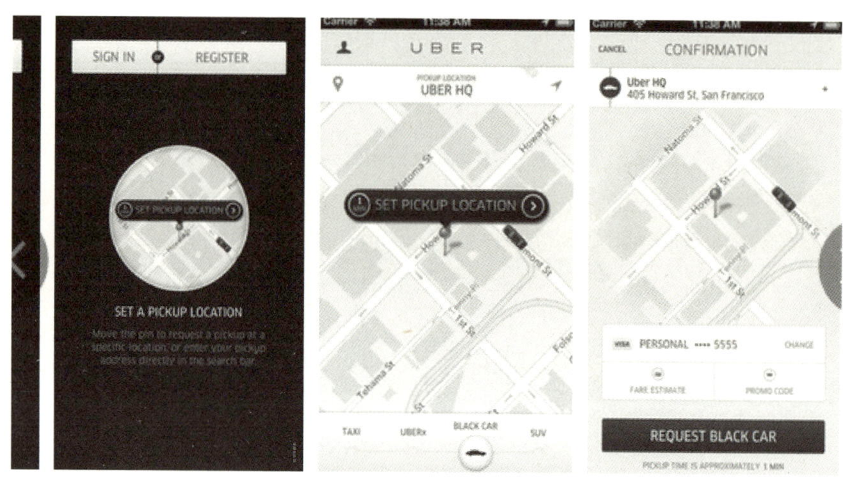

图 4-9　Uber 手机应用

Uber 这次实现手机预装，无疑是一种巨大的胜利，它可以依靠庞大的移动网络来提升用户体验，让用户享受到 Uber 带来的人性化体验。用户在指定手机中就会使用到 Uber。用户打开之后，接入 GPS 定位，就可以用这款应用来预约车辆。一辆豪华的私家轿车几分钟之后就会来到你的所在地，搭载你。用户无需提前预约或者去街上自行拦车。

这款搭车神器目前是中国手机应用市场中一款功能最人性化和奢华的搭车神器，但其搭车价格与其他打车软件相比也稍显昂贵，而且需要注册信用卡自动付款。

基于这些条件，Uber 在中国应用市场中的下载量并不大。所以 Uber 想要在 App 营销中推广到位，就只能借助线下预装，让自检产品成为手机制定配套应用。这样，Uber 的使用率才能在无形之中上升。

App 营销解析

Uber 的做法尽管很特别，而且也可能会引发部分手机用户的反感，但从 App 营销的推广渠道方面来说，是非常完美的。与手机品牌合作，让自检产品成为手机原始的配套应用，实现线下预装，让用户在第一选择上就认定 Uber。

这种 App 推广方式十分高效，甚至成为众多 App 羡慕的对象。当然，想要做到这一点，需要两方面：首先，要与手机商合作，达成协议，进行线下预装。其次，产品要自检。虽然不是任何一个 App 都能成功实现这种推广，但是从 App 推广方式来看，这不失为一种好方式。

企业的 App 通过自检之后，线下预装到手机中，如果不想让用户反感或者卸载，那么还需要注意 App 的类型、内容、使用、大小等细节。

（1）社交类型 App 最适合做线下预装

大部分智能手机或者平板电脑中，都会预装一些 QQ、新浪微博、人人网等 App。这说明社交类型的 App 最适合做线下预装。一来，这些 App 都是用户日常使用到的，所以预装之后，反倒为用户节省时间、精力。其次，这些社交 App 使用方便，操作简单，是用户手机中的常备软件，用户没有理由会反感。

例如新浪微博、腾讯 QQ、百度、图吧导航等，几乎每一款手机，激活之后，都会看到这几个醒目的图标。用户激活手机后，连上网立刻就能使用，无需其他的操作（如图 4-10 所示）。

图 4-10　QQ、微博等被预装到手机

（2）可单机娱乐的小游戏最受用户喜爱

在手机预装软件中，还有一类 App 非常受人们欢迎，那就是小型的单机游戏，例如斗地主、跑酷、连连看等。这些游戏不但可以联网玩，还能够在手机没有移动网络的情况下玩。这对用户来说非常有吸引力。其次，这些小游戏占据手机内存少，运行顺畅，用户使用时不会有等待、卡的感觉。

例如某斗地主游戏，用户在没有网络的情况下，可以点击“单机”进入游玩，体验人机对战，是用户在没有网络的情况下打发时间的绝佳利器（如图 4-11 所示）。因此这种类型的 App 也可以成为让人们欢迎的预装软件。

（3）杀毒软件、应用市场等 App 也是预装软件首选

用户激活手机，并且使用之后，自然就会有很多运行垃圾、病毒占据手机，这时候手机里必须有一个杀毒软件（苹果 iOS 系统无需杀毒软件），才能时刻保证手机清理垃圾、运行顺畅。因此诸如 360 手机卫士、百度手机卫士等杀毒软件也会被预装到手机。如此一来，用户就无需另行下载。

其次，手机品牌的自带应用市场 App 也会被预装在手机中，方便用户下载一些 App 及管理软件等。

图 4–11　单机斗地主游戏预装软件

App 营销密钥

企业如果想要通过线下预装来推广 App，需要考虑到用户对预装 App 的需求和看法，才能真正通过这种方式有效推广 App，否则盲目预装会遭到用户的反感。

3. 软文营销，借助网络媒介发布软文提高用户口碑

在 App 的推广渠道中，我们最不能忽视的就是网络媒介，如今是一个信息化时代，我们随便在网上发一条信息，可能都会引发轰动，尤其是一些名人、草根，他们的言论更是受到人们的时刻关注。同样的道理，如果你的 App 能够以更多软文形式出现在网络中，那么 App 的良好口碑和知名度也将会有所提升。

当然，很多人可能还不太明白软文营销的方式。简单来说，软文营销就是通过某种概念诉求，以摆事实的方式，让用户不知不觉地走进企业设定的“思维圈”。比如新闻、第三方评论、名人口碑、知名门户网站等。本质上来说，软文营销就是借助文字来表达对舆论的认可，从而达到企业品牌宣传和营销的目的。

而在 App 的推广中，软文营销逻辑就会更加简易，就是借助当下网络媒介来推广 App 的优良特点和优质内容，从而提高用户的口碑。下面我们通过一个

案例分析一下如何运用软文营销来推广 App。

《超级竞速》是一款来自大众官方发布的赛车竞速游戏，用户可以在该游戏中驾驭多款知名车来进行计时、障碍等比赛。2014 年 5 月，《超级竞速 2》全新更新。这款更具刺激的游戏 App 一经更新升级，就迅速赢得了各位用户、玩家的喜爱，人们纷纷下载 App，用移动设备进行酷玩。

但是《超级竞速 2》App 的推广却非常有意思，它采用了在网络媒介中发布软文的形式来不断提高其口碑。

打开腾讯数码网站中的“应用”，我们可以看到关于《超级竞速 2》的软文非常显眼（如图 4–12 所示）。

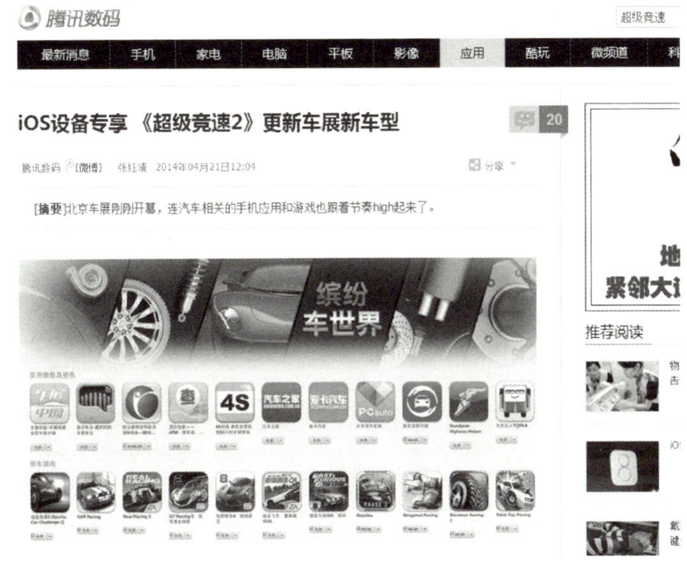

图 4–12　腾讯数码中的《超级竞速 2》App 的软文推广

一篇名为“iOS 设备专享《超级竞速 2》更新车展新车型”的文章引起了很多网友的热议和支持。在这篇文章中，作者将《超级竞速 2》的所有优势和更新之后的新车型等更多刺激噱头努力绽放出来，图文并茂，充分展现了这款 App 游戏带来的全新震撼体验和视觉感受，让每一个看到这篇文章的用户都会动心，更是让那些游戏玩家忍不住立刻下载酷玩一番（如图 4–13、图 4–14 所示）。

毫无疑问，这是该 App 企业的一种“阴谋”和目的。正是依靠这种软文推广的方式，获得了腾讯数码权威的认可，并能在很大程度上提高该 App 的下载量。

而在其他的网络媒介中，如中国第一大游戏门户网站电玩巴士中，《超级竞速 2》App 的软文也非常吸引玩家注意（如图 4–15 所示）。用户看了之后很难不对这款酷炫的游戏 App 产生好感。

关的应用、游戏和杂志。昨天赛车类游戏《超级竞速2》又发布更新，除新增中国赛道外，还更新了兰博基尼Huracán和全新大众尚酷R两款新车型，这两款车型都是在本次北京车展上刚刚展示的新上市车型。《超级竞速2》目前仅适用于iPad, iPhone, iPod Touch，并需要iOS7以上系统支持。

图 4-13 《超级竞速 2》软文中图文并茂

图 4-14 《超级竞速 2》iPad 下载页面

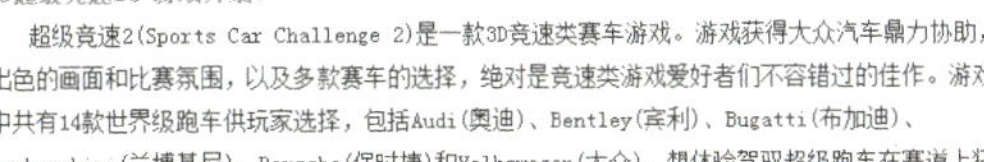

图 4-15　电玩巴士中《超级竞速 2》App 的软文推广

App 营销解析

任何一款 App，都可以被写成软文形式来发布到各大知名网络媒介中，如果你的软文内容非常吸引人，那么你的 App 也就能够获得人们的高度关注，人们关注得越多，那么你的软文就越容易置顶……

《超级竞速 2》通过撰写关于该 App 游戏的评测软文、功能特色、玩家感想等引发了很多玩家的关注，吸引了人们的眼球。而这也提醒运营 App 的企业，App 推广需要的不只是内在的优质内容，更需要多多推广出去，让各大权威媒介网站看到你 App 的优势，充分提高知名度和好口碑才是 App 营销的一大重点。

企业想要 App 软文推广有效，同样也需要一定的技巧。

（1）在权威网络媒介中发布软文

如果企业将 App 应用的软文推广写得非常优美，优势功能也突出得淋漓尽致，但如果找不到一个合适的突破口，那么就会很容易大浪淘沙般地被淹没，很难打出好口碑。因此，这就需要企业有必要在权威的网络媒介中发布软文。App 软文推广最好的“去处”有搜狐数码、腾讯数码、中关村在线等。如果你的软文很好，那么一旦在一家中发布，其他的网络媒介也很快会发现并且转载。

在搜狐数码安卓公社中，企业可以发布自己开发的 App，而普通用户也可以推荐自己使用过的 App（如图 4-16 所示）。如果一个 App 广受好评，使用率高，那么软文的回复、转载也会很高，由此 App 的良好口碑也就形成了。

图 4–16　搜狐数码安卓公社中的软文打榜

（2）软文名称标题中体现出 App 的优势

正如在上述我们提到的《超级竞速 2》App 中，这篇软文之所以会被很多人关注，就是因为作者在名称上做了文章，将标题中加入《超级竞速 2》的优势和更新后的不同。如果标题没有特色，那么很难吸引人们去关注软文，更谈不上下载 App 了。

在这里，我们认为最重要的技巧就是在标题中突出 App 的特点和优势，或者体现出“好评如潮”等字眼。如搜狐数码公社中，一篇为“神指手电筒，无广告、安全免费的手电筒”软文非常吸引人，“无广告、安全免费”是标题中的关键字眼，正是这些字眼才吸引了人们的关注和 App 下载（如图 4–17 所示）。

图 4–17　神指手电筒 App 在搜狐数码社区中的软文推广

App 营销密钥

虽然是软文推广，但是在文章中要尽可能出现使用过的截图图片，只有以图文并茂的方式，才能更加引发人们的兴趣。如果只是长篇文字性的空谈，恐怕很难打动用户。

4. 巧用网站，通过网络广告提升 App 知名度

很多网友在上网时，多多少少都会被广告吸引，因此网络广告对于流量具有很大的推动性，同时也能让企业的知名度大大提升。因此 App 的推广渠道中，网络广告必不可少。

在很多大型的门户网站或者知名网站中，打出一个 App 广告，对该企业将是一个非常巨大的转折。企业的知名度有可能就此打出去，企业的下载量也有可能因此而突飞猛进。下面我们以新浪体育的 App 为例，说一说网络广告的影响力。

新浪体育为用户提供最快、最全面、最权威的体育新闻和赛事报道，在 PC 端的使用程度日益高涨，而在 App 的下载量上，新浪体育也是佼佼者。当然，这离不开新浪体育 App 的推广。

首先，新浪体育 App 在 PC 新浪网页中巧打广告。打开新浪首页，会看到其中琳琅满目的内容，但是在最左边的一个区域中，我们可以看到大大的“新浪体育客户端，点击下载”字样（如图 4–18 所示）。用户点击之后便进入一个下载页面（如图 4–19 所示）。在这里，安卓客户端和苹果客户端都可以下载使用。

图 4–18　新浪体育 App 广告

图 4-19　进入新浪体育 App 下载页面

我们用 iPad 设备下载新浪体育 App（如图 4-20 所示），打开之后便能够快速使用新浪体育 App，观看赛事、了解最新体育新闻等信息（如图 4-21 所示）。

图 4-20　iPad 下载新浪体育客户端

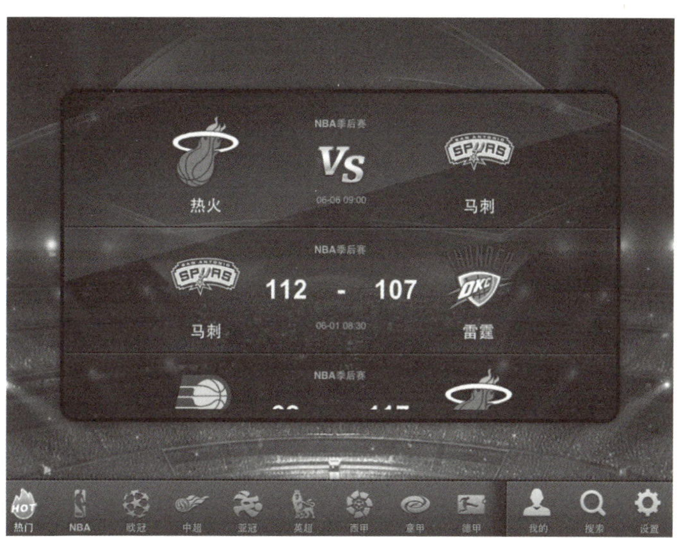

图 4-21　iPad 打开新浪体育界面

通过这种方式，新浪体育让众多新浪网友得到了“福利”：通过下载这个 App 来快速了解体育赛事。而新浪体育 App 还通过另一种网络广告形式来获得了更全面的推广——关键词搜索。

打开百度搜索引擎，输入“体育 App”等关键词，首先就会看到新浪体育的 App 下载界面以及各种关于新浪体育的页面（如图 4-22 所示）。这说明新浪体育充分意识到了网络广告的力量。通过巧打一系列广告，新浪体育的 App 知名度越来越高，成为了体育类型 App 的“领头羊”。

图 4-22　百度关键词搜索广告

App 营销解析

新浪体育 App 充分把握了用户的需求，在 PC 端新浪网页中加入醒目广告，通过这种方式获得网友的关注和下载。事实表明，这是一种非常有效的推广技巧。借助自己的网络媒介来推广，既有大量的基础用户、老粉丝，又节省了推广成本，实属妙招。

当然，对那些没有这么好的条件的 App 来说，想要借助网络进行广告推广，就需要做好万全准备：首先，与各大网站进行合作，尽量将 App 推广出现在网站醒目位置；其次，通过搜索引擎建立关键词搜索，让用户更多地了解企业 App。

当然，网络广告的方式不只包括这两点，还包括移动网络广告。可通过手机移动网络广告的形式，向广大移动网民推广你的 App。

无论是移动网络广告，还是电脑网页的网络广告，都需要遵循一定的技巧和方式，才能让你的企业 App 推广获得成功。

（1）网页广告推广中 App 要醒目清晰，才能不被用户忽视

很多企业往往将 App 在网页推广中表现得不够清晰，在设计推广页面上无法引起用户关注，因此这样就很容易被网民所忽视，而企业则花费了大量推广费用，得不偿失。在新浪体育 App 的推广中，我们看到的板块足够吸引人的眼球。点击之后，更是下载方便，扫描清晰。

再如豆瓣网站中“一刻”App 的推广，也遵循了这个技巧。在豆瓣网页的右方有一块区域，“一刻”那清晰 App 标志以及推广字眼能清晰地被人们看到（如图 4–23 所示），所以用户自然就会点击下载（如图 4–24 所示）。

事实上，除了在网络广告推广中 App 标志要清晰之外，还应该加注一些关于 App 优势、特点的词语。这样才更能引发人们的关注，让用户在下载之前有一个大概了解，不会产生令用户摸不着头脑的状况。

图 4–23　豆瓣网站中“一刻”App 推广

图 4-24　一刻 App 下载页面

（2）在手机同类网页中巧妙推广同类 App

有些 App 在移动网络中的推广非常不切实际，比如一个服装 App 竟然在一个建材网站中出现，或者一个保健产品 App 在一个电子产品网页中出现。这样一来就很容易被用户“抛弃”。用户既然去看某一个网站，说明该用户就想要从该类型的网站中获取同类信息。而如果你拿不搭界的 App 投放，则不但不会引发用户下载，还可能会让用户反感。

所以，企业务必要在一些同类移动网页中巧妙推广同类 App。例如，某用户在手机上打开百度搜索凉拌土豆丝的菜谱，当百度出现一个结果时，用户发现在下方巧妙地出现了“豆果美食”App 客户端的广告（如图 4-25 所示）。这也是一个菜谱 App，能够让用户更方便地查看菜谱，学做菜。于是用户在很大程度上就会点击下载，以方便使用。

图 4-25　豆果美食 App 在手机移动网页中巧打广告

App 营销密钥

使用网络广告来提升 App 知名度时，还应该特别注意，广告不宜频繁出现在用户观看网页的正中间，以免妨碍用户观看网页，影响用户心情。企业应该将 App 放在网页顶端、侧端或者底端。

5. 善用网络，通过互联网应用平台给你的用户以不同体验

很多企业开发出一款 App 之后，不知道该如何去推广，甚至还在为高额的推广费用而担忧。如今各大网络都有了应用开放平台，企业可以将自己的 App 应用申请加入，让更多的人看到。

在互联网应用平台中，开发者只需要通过这个平台来自助申请，即可接入相关应用，就可以轻松获得亿万流量。下面我们以迅雷为例，来看一看迅雷是如何在 360 应用开发平台中有效推广自己的 App 的。

迅雷是中国第一高清影视门户网站，凭借着下载领域的核心技术，以及在线播放、游戏等多种产品赢得了人们的喜爱。迅雷 App 和 HD 版的客户端也迅速占领了人们的手机和各种移动设备。

而迅雷 App 的推广方式之一就是在 360 应用平台上推广。首先，在 360 应用开放平台中，我们可以看到迅雷 HD 版成为 360 应用开放平台中的成功案例之一（如图 4–26 所示）。网友也可以在这个开放平台中下载迅雷应用。通过这种方式，迅雷获得了大批粉丝的支持（如图 4–27 所示）。

而在 360 移动应用开放平台中，迅雷手机客户端也非常成功。在 360 移动应用开放平台中，迅雷 App 自从被接入之后，其下载量就不断上升，成为同类 App 中的一匹黑马。截止到 2014 年 6 月，迅雷 App 在 360 移动应用平台上的下载量达到了 1426 万次（如图 4–28 所示）。

图 4–26 迅雷 HD 在 360 应用平台中

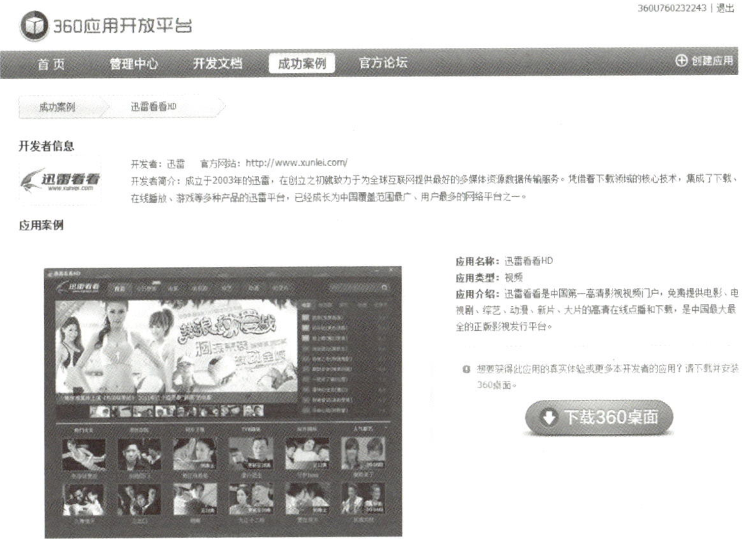

图 4-27　迅雷 HD 应用介绍

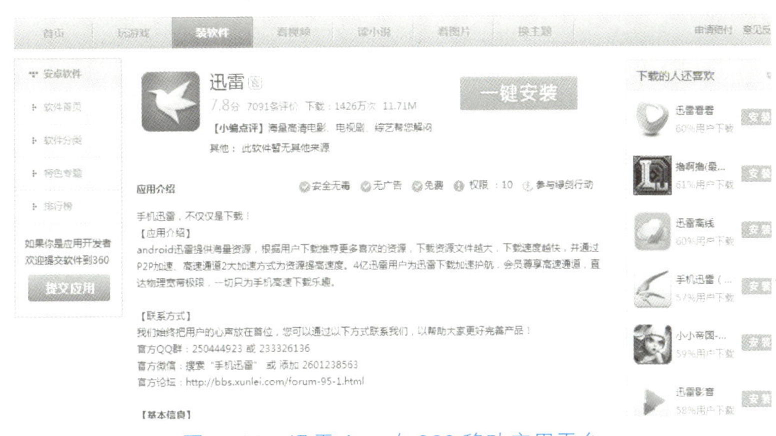

图 4-28　迅雷 App 在 360 移动应用平台

从这些数据可以看出，迅雷 App 在 360 开放平台中的推广还是非常顺利的。毕竟用 360 网页、手机助手的用户数以万计，因此一款 App 只要在这个应用开放平台中发布，那么就有可能会被亿万用户看到、下载。

App 营销解析

迅雷在 360 移动应用开放平台中的推广只不过是冰山一角，也是最简单、最基本的推广方式。然而，从结果来看，这种推广对企业的 App 发展来说的确是一种不可阻挡的力量。

因此，企业开发出一款 App 之后，就应该立刻在 360 等大型开放平台中发布。当然，不只是 360 开放平台，还包括类型多样的其他平台。用户在这些平台中只需要申请 App 接入，就可以实现推广。

面对国内繁杂的应用平台，企业必须要学会选择开放平台，尽可能地去那些知名度高、具有权威性的平台发布，比如腾讯开放平台、360 开放平台、百度开放平台、新浪开放平台、开心网开放平台、人人网开放平台等。这些开放平台有独特的优势和权威性，更有多个亿级流量产品在这里绽放。相对来说，这些应用开放平台比较成熟，能够充分提高企业 App 的知名度和品牌影响力，给用户带去不同的体验。下面我们来介绍一下企业具体该如何申请投放 App。

（1）填写认证申请信息，加入开放平台

我们以腾讯开放平台为例。用户点击“加入腾讯开放平台”之后，选择相应账号登录即可选择加入（如图 4–29 所示）。用户可以看到应用开发者注册填写信息表（如图 4–30 所示），用户根据 App 类型选择个人或者公司类型，根据提示完成填写，提交注册，等待审核。

一旦企业的 App 申请被通过，那么你的 App 就可以登录腾讯应用宝移动开放平台，亿万用户通过搜索、查找就可以找到企业 App，并且下载。

（2）申请成功之后，积极查看评论，改善产品体验

企业不要以为一个 App 被权威互联网开放平台接纳之后就可以高枕无忧了。其实不然，企业还应该不断在后台努力，改善应用功能，完善体验。比如企业可以通过查看用户评论和建议来改善产品功能，时刻为用户提供全新的 App 体验。这样，企业的 App 才能不断被更多用户下载并使用。

图 4–29　加入腾讯应用开放平台

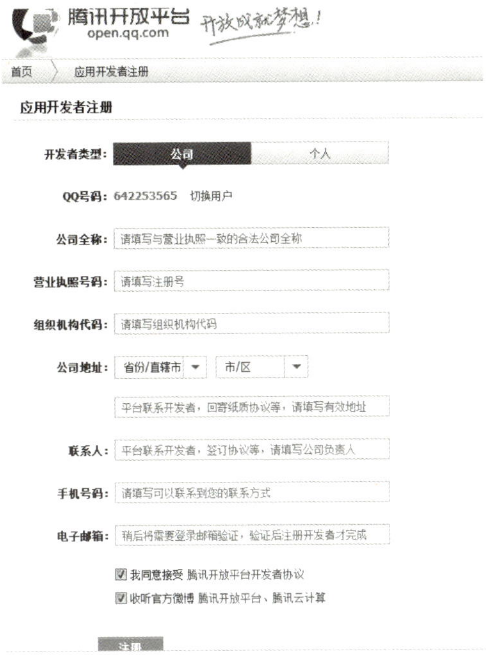

腾讯开放平台 open.qq.com 开放成就梦想！

首页 〉 应用开发者注册

应用开发者注册

开发者类型：公司　个人

QQ号码：642253565　切换用户

公司全称：请填写与营业执照一致的合法公司全称

营业执照号码：请填写注册号

组织机构代码：请填写组织机构代码

公司地址：省份/直辖市　市/区

平台联系开发者，回寄纸质协议等，请填写有效地址

联系人：平台联系开发者，签订协议等，请填写公司负责人

手机号码：请填写可以联系到您的联系方式

电子邮箱：稍后将需要登录邮箱验证，验证后注册开发者才完成

☑ 我同意接受 腾讯开放平台开发者协议

☑ 收听官方微博 腾讯开放平台、腾讯云计算

注册

图 4-30　按照提示完成申请信息

App 营销密钥

企业除了加入这些权威网络的开放平台外，还可以通过一定的付费推广在开放平台首页中打榜，让更多用户看到企业的 App。某些权威平台会根据开发者的需求推出很多“扶助”政策，企业开发者应当及时关注开放平台信息，做合理有效的推广。

6. 视频营销，病毒式传播使受众群记住你的品牌

我们经常会在各种视频网站中看到京东商城、唯品会、凡客诚品等 App 的广告。这些视频传达的信息绝非是普通文字和图片能够替代的。这就好比你接触一个人的方式，如果只是单纯地接触这个人的照片、信息介绍，印象自然不会深刻，而且容易忘记。而如果你与这个人面对面地接触过、对过话、办过事，那么你肯定会对这个人有深刻的印象。

因此，企业在 App 的推广中需要借助视频营销，来进行一种病毒式传播，

增加一段 App 的酷炫展示，这样就能够让消费者更容易接受你的品牌，从而会促使用户主动扫码，或者搜索你的 App 并下载。下面我们来看这样一个案例。

“女神的新衣”是 2014 年上海东方卫视与天猫等品牌联合打造的一款大型时装设计真人秀节目。该节目不但请到了当前知名的女明星作为设计师的女神搭挡，更是通过设计师现场的制作和对创意的理解，诠释了明星、设计师对时尚的理解，给很多观众带来了时尚与审美的双重体验和收获。

“女神的新衣”首期就获得了很高的收视率，而且在其中某一个网络视频播放中的点击量就高达 2100 万次。此外，在网络话题的阅读量方面也高达 5.4 亿人次，数据十分惊人。“女神的新衣”的热播，也让系列 App“明星衣橱”有了一个很好的宣传机会。明星衣橱借助这个节目与其一起合作，互相推动和发展。

明星衣橱是一款针对明星穿衣打扮、潮流街拍的购物 App（如图 4-31 所示）。用户可以在明星衣橱 App 中得到明星的穿衣经验、购买到与明星同款的服装，还能得到明星造型顾问的穿衣之道。而且企业每天还会为用户推送几千万件搭配法则，让普通用户也能实现明星的时尚范儿。

同时，在明星衣橱中，还可以参与话题，获得“女神的新衣”大奖，甚至还能获得购物优惠或免单（如图 4-32 所示）。

图 4-31　明星衣橱 App

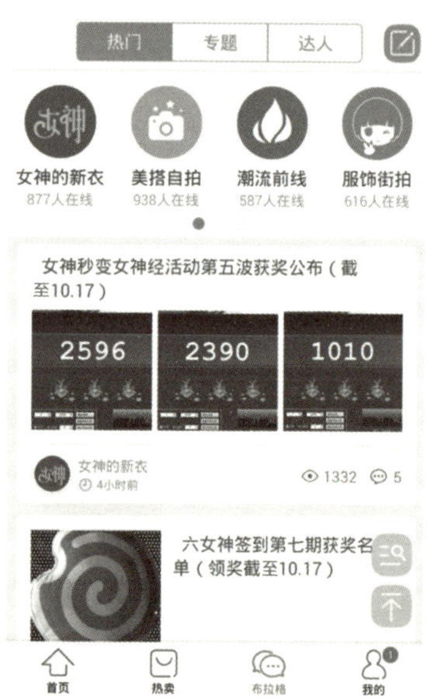

图 4-32　明星衣橱 App

当然，也许我们认为一款 App 推出后，即便内容再好，也需要有好的营销方式，才能家喻户晓。明星衣橱 App 在营销方面就十分注重视频营销。

首先，每周六用户通过电视、视频收看“女神的新衣”节目时，会发现主持人会在视频中不断地提到明星衣橱的广告。

其次，在土豆、优酷等大型视频网站中，明星衣橱也很好地被嫁接进来。用户通过网络观看“女神的新衣”或者其他节目时，在播放前的广告阶段，明星衣橱 App 以清新耀眼的广告模式出现，再加上有“女神的新衣”节目的韩国名模娜娜为其代言，更让很多用户禁不住打开手机下载明星衣橱（如图 4–33、图 4–34 所示）。

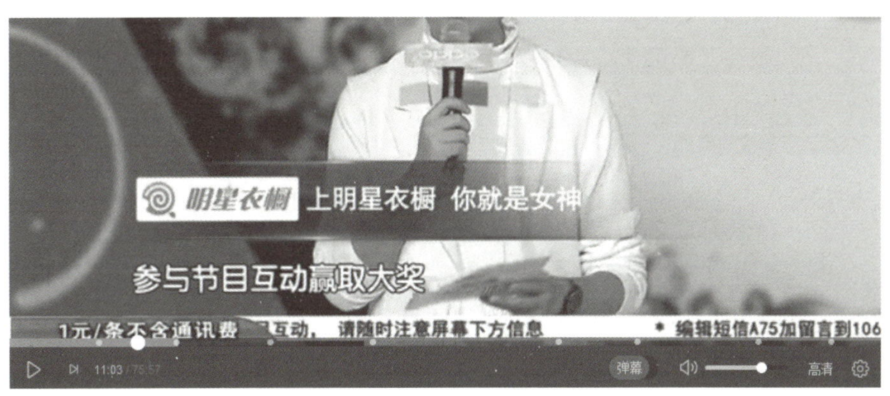

图 4–33　明星衣橱在节目中的宣传

图 4–34　明星衣橱在视频网站中的广告推广

最后，明星衣橱 App 还在“女神的新衣”播出的视频中，在左下方加入自己的 APP 二维码，并且提示用户下载 App 可以参与抽大奖等活动，不断吸引用户扫描下载明星衣橱（如图 4-35 所示）。

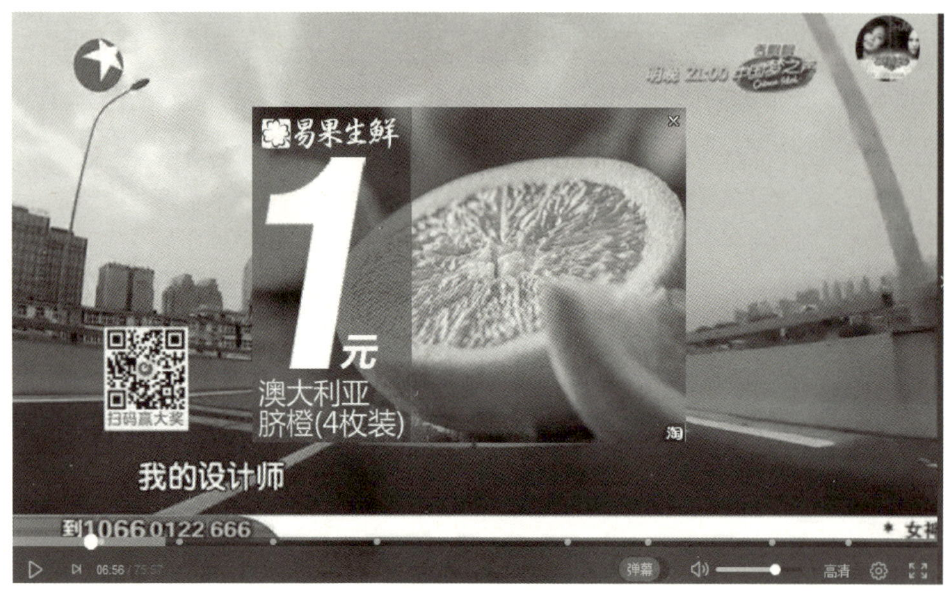

图 4-35　明星衣橱 App 二维码

通过热播真人秀以及在各大视频网站中的大力宣传，明星衣橱被更多的手机用户所熟知，其下载量也早已超过千万，成为时尚类 App 的佼佼者。

App 营销解析

在明星衣橱 App 的推广中，我们充分看到了该 App 所呈现出来的魅力及其对用户产生的良好的广告效应。事实上，在视频中插入 App 的动态广告，要比那些枯燥乏味的文字介绍要更适合用户口味。

试想一下，如果明星衣橱在推广 App 时，只是在视频中加入文字介绍，或者只是主持人说几句要下载安装 App 的话，那么这不足以吸引更多用户，更不可能让用户有切身的体验。而通过二维码、图片、动态画面以及下载这款 App 之后可以赢取大奖的形式，则可让用户身随心动，与这款 App 巧妙地融合在一起，而且还能增强用户视觉上的新鲜体验和刺激，让用户对明星衣橱这款 App 形成一个深刻的印象。

有了这些铺垫之后，用户怎么能不动心呢？动心之余，自然也就会动起手指快速下载这款 App 来体验，当然此时对明星衣橱来说，App 的推广也就取得了巨大成功。

因此，通过明星衣橱这个推广案例，我们可以看到，企业想要让用户对你的 App 加深印象，形成病毒传播，就需要进行如下合理适当的视频推广方法。

（1）视频广告中要体现出下载 App 之后的好处

在明星衣橱的这款 App 视频推广中，无论是主持人在介绍 App 时，还是当视频画面中出现明星衣橱 App 二维码时，我们都能看到“下载 App 获得大奖”的画面。显然，这就能让用户在感官上产生刺激，只需要动动手指，下载一个 App，就可能获得大奖，还能得到明星的穿衣经验，对任何一个用户而言，这都是非常向往的。

有了这样的心理需求，那么用户自然会拿出手机搜索下载，并且快速使用，加强了用户的黏性。因此，企业需要在视频中加入下载该 App 对用户的好处的宣传内容。比如某快餐联合宅急送发布了定外卖的 App，在各大视频中，都加入了广告。在宣传时，就推出了下载 App 免外送费的字样，让用户为之心动（如图 4-36 所示）。

图 4-36　下载 App 免外送费

（2）视频中画面要逼真，让用户形成切身体验

在视频推广 App 时，还应该注意画面要有真实感，让用户形成一种真实体验。比如奥迪 App 的广告就非常逼真。在视频中，主角手持智能手机，然后打开奥迪的 App，根据步骤一步一步地进行，让用户清楚地看到这是一款随心所动的 App（如图 4-37 所示）。

画面中的感觉犹如用户正在真实地体验，这充分地给用户造成一种心理上的逼真感，能够加强用户对企业的好感，加深印象，让用户下载并使用。

图 4-37　奥迪 App 视频推广

事实上，在视频中出现这种真实操作和逼真画面，要远远超过那些夸张、不真实的视频画面。因为 App 注重的就是实用，用户在视频中想要看到的也是实用。所以，企业务必要在实行视频推广时，增强画面逼真感。

（3）视频中可以加入 App 下载二维码，提示用户扫码即可下载

企业在用视频推广二维码时，还可以将下载 App 的二维码地址投放在广告中，让用户在体验到视频画面真实感之后，还可以快速拿起手机扫码下载并安装。有些企业在视频中虽然做得很好，但是由于用户观看视频过多，很容易忘记，所以 App 的下载量就不能保证。而在视频中加入下载 App 的二维码，则可以让用户快速安装，实现企业 App 的转化率。

比如肯德基在视频推广的末端，就会将下载 App 的二维码投放在画面中，用户看到之后可以很方便地直接下载安装（如图 4-38 所示）。再如欧舒适隐形眼镜在视频广告中也加入了二维码，可直接让用户扫码下载（如图 4-39 所示）。

肯德基APP
随时获取手机优惠券，轻松查找附近KFC并签到，更有最新产品和丰富活动！

手机扫描二维码下载

图 4-38　肯德基 App 二维码

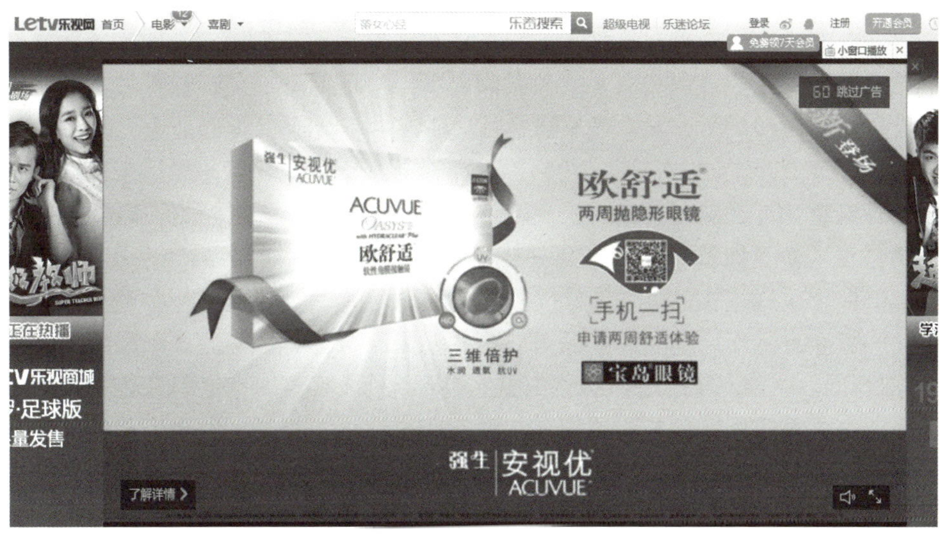

图 4-39　欧舒适隐形眼镜视频广告中的 App 二维码

App 营销密钥

虽然采用视频营销推广方式可以更能让用户记住企业的 App，也更容易形成病毒式传播，但是企业还应该记住一点：不要将视频广告拍摄和播放得时间过长，以免引发用户反感。企业只需要在视频中体现出 App 的主要优势、操作内容即可，不需要过多地增加或者延长播放时间。

7. 微博营销，借助微博产生互动增加用户黏性

随着移动互联网的不断发展，用户搜索信息的渠道越来越广，而微博作为最大的社交平台，一对多的互动沟通，其信息传播速度惊人。于是，很多微博营销也成为企业青睐的对象。尤其是 App 盛行以来，微博自然就成为了 App 推广的一个载体和通道。

App 在微博的推广常被人们所津津乐道，甚至很多企业都离不开这种最简单、效益最快的方式。因此，利用上亿博友们的力量，巧妙推广微博，借助微博的互动，增强用户黏性，这是企业推广 App 所必须把握的一种有效方式。

大麦网是中国最大的票务平台，也是华语地区知名的娱乐电子企划品牌。大麦网辐射了中国华北、华南地区，成为中国对 30 多个城市重大娱乐体育事件提供度假票务的系统和团队。而大麦网在微博上也非常红火，并且借助微博的高人气和粉丝，实现了大麦网 App 客户端的推广。

在大麦网的微博主页中，我们首先看到的就是左侧突出而醒目的大麦网微信二维码和 App 客户端二维码（如图 4–40 所示）。扫描一下手机客户端二维码，即可出现下载大麦网 App 的界面（如图 4–41 所示），用户下载之后，即可在 App 中快速获得明星演出信息，以及实现抢票的目的（如图 4–42 所示）。

图 4–40　大麦网微博主页

图 4–41　扫描 App 二维码下载界面

图 4–42　进入大麦 App

在微博中，大麦网也经常参与互动，在推广票务的同时，也推广了大麦网 App，增强了用户与大麦网 App 的黏性。例如，在大麦网佛山站的微博中，有一条关于著名歌星林峰在佛山开演唱会的信息（如图 4–43 所示），在这条微博中，大麦网与用户进行了有趣的互动，增强了用户对大麦网的“感情”和黏性。大麦网深知，只要用户对大麦网微博有黏性，那么就一定会对大麦网的 App 有黏性。而且在该海报的底端，大麦网还将其 App 二维码印刷其中，引发大麦网粉丝的火热下载（如图 4–44 所示）。

图 4–43　大麦网佛山站微博中关于林峰演唱会的信息推广

图 4–44　演唱会海报底端 App 二维码

App 营销解析

350 多万的粉丝俨然成为了大麦网 App 推广的一大渠道，虽然不能保证这 350 万粉丝都能在看到这个 App 二维码的情况下立刻下载，但是大麦网通过微博推广的方式，让这些粉丝都能了解大麦网的 App。此外，大麦网在微博中还很注重细节推广。通过与粉丝的友好互动进一步增加了粉丝对大麦网微博的兴趣和黏性，而这也无形之中带动了粉丝对大麦网 App 的好感和黏性。

通过这种互动性的推广，大麦网的 App 客户端下载量也逐渐上升，而这也成为了大麦网的一大推广经验。因此，企业不妨在推广 App 方面多多加强微博的推广，让粉丝成为你的“常客”。

（1）给你的 App 客户端注册一个微博账号

虽然企业可以在官方微博中加入 App 客户端二维码以及推广内容，但粉丝关注该微博的初衷并不是因为你的 App，而是来源于该品牌，所以很难保证粉丝都会下载 App。因此，企业需要借助微博这个媒介平台来为 App 客户端注册一个单独的微博账号。在这个账号中给粉丝呈现出关于客户端的所有内容和信息，保证粉丝百分之百地下载。

比如京东商城就为京东客户端开设了一个独立的微博账号：“移动京东”（如图 4-45 所示）。

图 4-45 移动京东微博

目前移动京东的微博粉丝已经接近 3 万。移动京东每次在微博中都会发送关于移动客户端的信息和内容，方便用户快速用手机客户端来购买商品。

这种方式可以让该微博聚集更多对京东 App 感兴趣的粉丝，他们百分之百为忠实客户，而且都会下载 App，无形之中也会为京东 App 带来某种口碑营销，激发更多用户来关注移动京东，下载 App。

（2）与微博粉丝保持互动，增强用户黏性

企业不要以为开设了微博，并聚集了大批粉丝之后，自己的 App 就可以得到广泛下载。其实不然，如果企业不能及时发送一些粉丝感兴趣的微博，不能与粉丝产生定期互动，那么很可能你的粉丝将会是僵尸粉，瞬间就会崩塌。

最好的方式就是，企业多与粉丝产生互动，比如可以在微博中发送一些征集粉丝生活图片、征集粉丝使用移动客户端购物截图参与抽奖等信息，或者与粉丝进行幽默风趣的互动。只有这样，才能让粉丝活跃起来，增强微博人气，有效推广 App。

例如微博账号手机凡客，在 2013 年发起了一个 App 用户参与凡客 6 周年活动的微博（如图 4-46 所示），在这条微博中，手机凡客不但与用户互动，而且通过这种活动方式吸引了更多粉丝下载凡客 App。

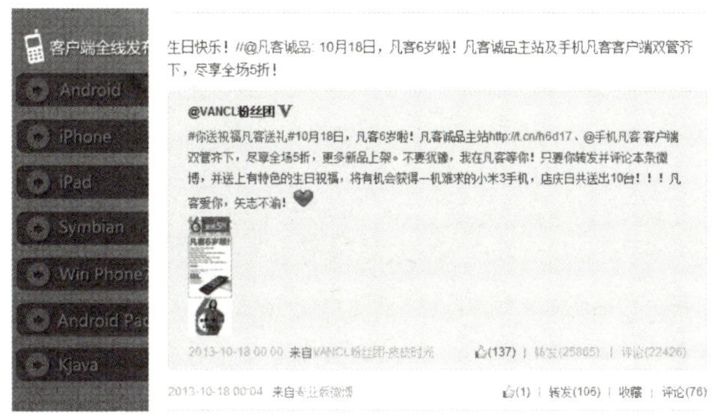

图 4-46　手机凡客发起 6 周年 App 购物活动

App 营销密钥

如果企业没有自己的独立品牌，或者品牌知名度不高，那么在微博推广 App 时，还应该灵活多变，借助明星、草根达人、热门大 V 的微博来有力地推广自己的 App 也是非常不错的方式。

8．海报推广，借助易拉宝横幅展架形成视觉灌输

海报推广是 App 的一种线下推广方式，企业不但要掌握线上的几种推广方

式，更应该注重线下 App 推广。海报推广包括易拉宝、横幅、宣传海报、展示架等方式。主要是企业可以将 App 的标志、图片、下载地址、二维码等印刷于其上，然后将这些横幅广告牌放在人流较多的地方，或者协助某些活动推出，吸引消费者来扫码下载 App。

有些企业却并不赞同这种推广方式，它们认为这种方式有降低企业档次之嫌，但事实上并非如此。这种推广方式被很多知名企业所运用，并取得了不错的成绩。

肯德基是知名快餐连锁店，在中国地区深受年轻人和小朋友的喜爱。为了能够更好地营销，肯德基不但开通了各种网上订餐方式，更是针对移动互联网的发展，开辟了移动客户端 App 订餐，并且配备宅急送，为用户快速送出用 App 所点餐品。

而在推广肯德基宅急送 App 时，肯德基也是花费了不少心思，不但在网络、电视中主打视频广告，更是在线下开展了一系列的推广活动。

比如我们去肯德基店面用餐时，会在餐桌或者宣传单中看到肯德基宅急送 App 的宣传（如图 4–47 所示）。用户只需要扫描一下，即可获得下载地址，从而下载使用。

而肯德基在海报推广方面也加入了新元素。在肯德基的某个店面中，用户一进门就会看到竖立的肯德基宅急送 App 简易易拉宝海报（如图 4–48 所示）。而且在这个海报中，最显眼的不只是 App 的下载二维码，更是“免外送费”这几个大字。毫无疑问，这种形式充分吊起了用户的胃口。用户下载之后，即可在家里拿起手机快速点餐，并且不需要付外送费。

图 4–47　肯德基宣传册上的 App

图 4–48　肯德基店面易拉宝推广 App

这种简便、免送费的宣传方式，的确吸引了消费者的注意。用户扫描下载之后，即可进入肯德基宅急送 App 页面（如图 4-49 所示）。选择登录之后，即可进行畅通无阻的点餐。选餐提交订单之后，肯德基宅急送还会为用户说明配送时间，让用户更加安心地等待美食到来（如图 4-50、图 4-51、图 5-52 所示）。

图 4-49　肯德基宅急送 App 首页

图 4-50　进入点餐

图 4-51　选择套餐

图 4-52　提交订单

这种线下方式从某种程度上来说，要比个别的线上推广更有效果，因为这能让用户真真实实地感受到企业的“诚意”，还能享受某些特别优惠。

App 营销解析

肯德基作为一个大型的快餐连锁店运用这种海报、易拉宝、宣传单的方式来推广 App，赢得了每一个顾客的青睐。易拉宝的摆放让用户即便是不想看到也不可能，久而久之，越来越多的人便开始关注肯德基宅急送这个 App。而当有些用户在使用过之后，更是对这款 App 无法不爱。方便的点餐流程，满 39 元免外送费的活动，随时使用优惠折扣的诱惑力，这些都让用户无法抵抗，从而也就会很依赖这款 App。

不只是肯德基，就连很多大型的知名品牌企业也一直在使用这种方式来推广 App。可见，线下海报、易拉宝等推广方式非常有效。然而，这种方式看上去很简单，但如果企业不注重推广的细节问题，那么再简单的方式也将无法实施。

（1）易拉宝展架要摆放在既不能阻碍用户又很显眼的地方

易拉宝推广其实就是一种展架、横幅等类型的推广。企业将需要展示的信息投放在上面，然后摆放在显眼的地方，引发用户驻足关注。有些企业认为，这很简单，只要制作一个易拉宝即可。但在推广 App 时，企业必须要注重易拉宝的摆放位置。

如果你的易拉宝摆放的位置阻挡了用户，那么用户不但不会关注你的 App，还会产生反感，对你的企业产生恶劣印象。因此，这需要企业将易拉宝广告摆放在既不阻碍用户，又很显眼的地方，比如楼梯拐角处、电梯墙等地。例如，山东泰安市新天街刘老根大舞台在推出节目之前，在各大商场、酒店等地方摆放了宣传该主办单位 App 的易拉宝展架（如图 4–53 所示）。该展架大都放在了楼梯口，大门左、右侧等位置，吸引了不少市民扫码下载。

（2）在地铁站等人流量大的地方竖立海报推广 App

企业制作好推广 App 的易拉宝或者海报之后，除了要摆放在显眼的地方之外，还应该考虑周边环境、人流量等问题。要尽可能地将推广媒体放在地铁站等人流量较大的地方。

苏宁易购习惯在线下推广 App，于是苏宁选中了北京地铁等人流量较大的区域。在地铁站内的圆形柱子、广告屏上投放苏宁易购 App 的下载二维码和地址。这很容易促使那些等车的用户拿出手机扫码下载（如图 4–54 所示）。

图 4-53　易拉宝推广 App 摆放位置

图 4-54　苏宁易购 App 在地铁站做推广

（3）海报中不能忽视文字的诱惑力，用深具诱惑力的文字促使消费者下载

在肯德基宅急送 App 的海报推广中，就很注重文字的力量。比如“免外送费”就是对用户最好的吸引。而如果企业只是单纯地将肯德基宅急送 App 的下载二维码放到海报中，而不加文字修饰和推广，那么很少会有人去扫描下载，甚至都不会有人注意到。

所以，在海报推广 App 时，一定不能忽视文字的诱惑力。可以在图片中加入“扫码下载 App 有好礼”“下载客户端更优惠”等语句，这些都能够从心理上激发用户去扫描下载。

App 营销密钥

在海报推广 App 时，值得企业注意的是，一旦 App 有最新活动和升级变化，要及时替换或者更新海报。只有这样，才能让用户看到最新的 App 内容。

9．线下活动，通过搞活动巧妙推广 App

企业有时候推出一款 App 时，需要尽快推广出去，让更多用户下载并使用，增加流量。但有时 App 的推广并不顺利，甚至有些艰难，尽管你在网络、微博、柜台、展示架等都做了推广，但依然少有人问津。其实，这时候你需要的不是着急，而是要灵活动脑，巧妙线下推广。

有些企业的营销人员很聪明，会借助企业搞活动来巧妙推广 App。这种方式不但让企业的活动得到了有效宣传，积累了大量客户，还会无形之中将 App 推广出去。

中国联通公司是一家大型通讯公司，随着移动互联网的发展，联通的业务量也越来越大，3G、4G 业务逐渐加大，用户购买的手机性能也越来越强大，于是联通根据用户的消费水平和上网习惯推出了多种沃套餐，尤其是 3G 业务。当然，联通还在另外一个方面马不停蹄地建设，那就是中国联通手机营业厅的 App。该 App 可以方便用户查询和办理业务。为了更好地推广该 App，联通做了一个明智的选择。先是推出了“超级套餐，就在沃 3G”业务，该活动的主题是先使用后付费，并且附带多种超级优惠套餐内容。联通在营业厅等各大门店都印刷了众多宣传册，时刻为用户送上最新的 3G 业务活动（如图 4–55 所示）。

图 4–55　联通活动宣传册中的 App 推广

在这个过程中，中国联通为了能够更好地推广手机营业厅的 App，特意借助这次“超级套餐，就在沃 3G”活动，在宣传册中印刷手机营业厅 App 的下载二维码。用户如果不方便去营业厅办理，还可以直接扫码安装这个 App，在手机上轻松办理业务，享受优惠活动和更大的方便。

用户扫描下载之后，进入手机营业厅，即可享受手机办理业务、查询的功能，不但方便，还能节省大量时间（如图 4-56、图 4-57 所示）。这很大程度上赢得了用户的支持，在活动期间，办理这项 3G 业务的用户，基本上会选择在手机上下载一个联通手机营业厅 App。

图 4-56 联通手机营业厅 App

图 4-57 联通手机营业厅 App

App 营销解析

中国联通推广手机营业厅 App 所运用的这种方式，就是通过搞活动来带动用户下载 App 的热潮。众所周知，用户在办理一项新的业务或者参加活动时，最需要的就是省时、省力、省钱。因此，联通手机营业厅 App 的出现，恰好就满足了用户的这个需求。用户在被 3G 业务所吸引的同时，更希望能够尽快方便地去办理活动。而联通恰到好处地附上了手机营业厅 App 的下载二维码，让用户为之尖叫。

所以，从这一点可以看出，企业需要把握好用户的心理需求，进而才能在推广 App 时恰到好处，达到无懈可击。当然，借助搞活动来推广 App 也需要巧妙的招数。

（1）借助新品上市，让用户下载 App 参与优惠抢购

当一个企业推出新产品时，恰恰也是带动该企业其他业务发展的一个最佳时机。因此这时适当地推出企业的 App，并且冠以“下载 App 优惠抢购”等字句，更能够带动用户下载的热潮。而且这种方式，还能让用户接触到企业 App 的各种功能和便利之处，从而对 App 产生好感和依赖，促成长久使用。所以，既能促销新产品，又能推广 App，对企业来说一举两得。

真功夫餐厅在新推出网上订餐这项活动时，就在店面中的餐桌、墙壁上展示了网上订餐的广告。当然，企业不忘在这个恰当的时机，将真功夫 App 的二维码放入其中，让用户可以享受 App 订餐优惠（如图 4-58 所示）。用户扫描下载之后，即可进入真功夫 App 中，享受超值促销点餐活动（如图 4-59 所示）。

图 4-58　真功夫餐厅内新推活动宣传

图 4-59　真功夫 App 享受超值促销

（2）搭载节假日的翅膀，巧推 App

节假日本就是消费者爱购物的时节，如果企业巧妙地抓住这个阶段，不但可以让产品热销，还能带动企业 App 的下载量。企业在节假日期间，可以根据节日主题推出特价活动或者神秘大奖等环节，吸引用户到实体店或网站购物。同时，还可以借助这个氛围来提高 App 的使用率。

阳光贝贝母婴品牌在 2014 年端午节就推出了扫码有好礼活动，而且更有意思的是该企业将二维码放在了店门前的台阶上，每个台阶上都有一个清晰的二

维码，吸引用户光顾时扫描（如图 4-60 所示）。

再如国美在线 App 在国美百货购物节期间，推出手机客户端专享优惠区域，吸引了大批用户参与优惠抢购促销产品（如图 4-61 所示）。

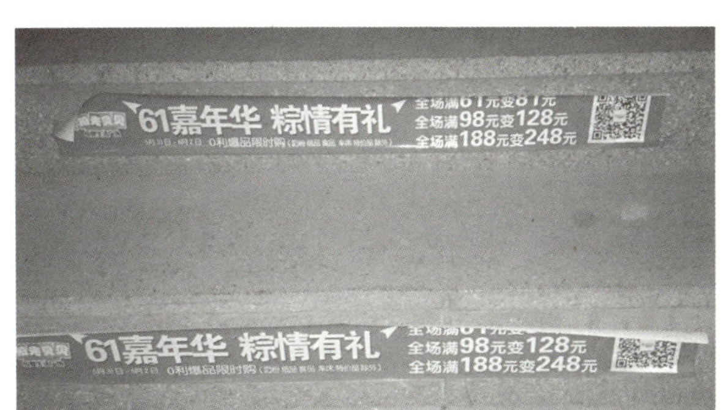

图 4-60 母婴店在端午节推出扫码优惠活动

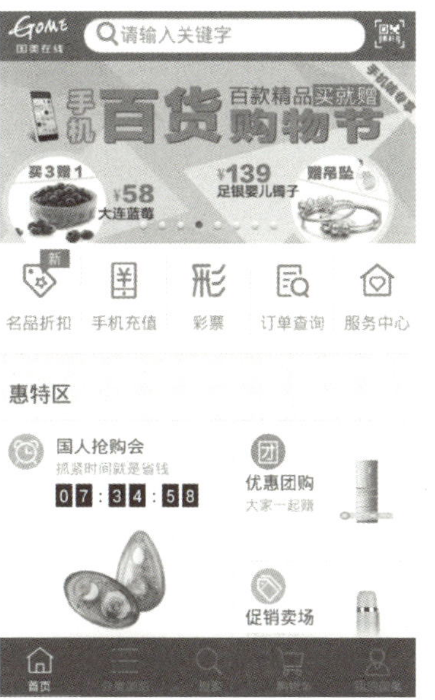

图 4-61 国美在线 App 推出手机客户端节日期间专享

App 营销密钥

通过活动促销来推广 App，其实最重要的是要注意两点：便利、优惠。只有让用户感受到这两点，那么用户才能下载并使用 App。所以，企业在推出活动时要格外注意，不能太“抠门”。

10. 自我推广，利用创意功能吸引用户下载使用

很多时候，企业往往在思考如何让自己的 App 推广出去，千方百计地寻找各种渠道，但是却忽视了自身的功能问题。有时候，企业 App 如果很出色，创意无限，那么它自己就会闪闪发光，吸引人们关注。

这就好比 2013 年很火热的比特币，虽然是虚拟货币，看不见摸不着，但是

依然有大量用户购买。原因在于比特币自身具有各种优势、创意和特点，这些优势被一个人、两个人、一百个人……逐渐放大，从而导致全球的人都购买比特币。App推广也是同样道理，只有自身质量上升，才能闪闪发光，做到自我推广。

乐动力是一款运动健身 App，在业内被很多人称为手机健身最好的 App。它不但能够完美记录用户的运动过程，还可以让用户享受更加健康科学的生活。苹果 IOS 系统的 App 商店曾经将乐动力 App 作为 App 首页推荐，由此，乐动力也成为健身达人的必备神器。

首先，乐动力在操作方面非常出新，不需要用户过多操作，乐动力就能够为用户提供自动记录走路、运动的数据以及运动路线等服务。比如我们选择走路，每天走 7000 步，只需要注入要求，乐动力就会自动为用户记录数据和运动结果（如图 4-62 所示）。可以让用户对自己的活动状态了如指掌。

其次，乐动力在显示过程中，精确地显示出了用户卡路里消耗的结果，让用户可以直观地看到自己运动的结果和状态。

最后，用户还可以在边运动，边享受运动战果的同时，将运动的结果、消耗的热量通过右上角的分享功能来时刻与微博、微信好友一起分享、聊天，甚至还可以 PK，进行比赛运动，设立运动日志，更好地督促自己参与运动锻炼（如图 4-63 所示）。

图 4-62　乐动力为用户自动保存运动记录

图 4-63　将运动情况分享给好友

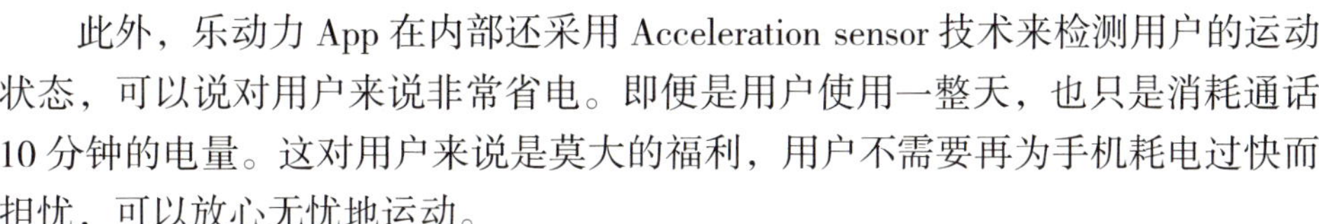

此外，乐动力 App 在内部还采用 Acceleration sensor 技术来检测用户的运动状态，可以说对用户来说非常省电。即便是用户使用一整天，也只是消耗通话 10 分钟的电量。这对用户来说是莫大的福利，用户不需要再为手机耗电过快而担忧，可以放心无忧地运动。

通过多方面的创意和全新的功能，乐动力 App 赢得了大批粉丝积极下载，成为了运动健身类 App 的一匹黑马。

App 营销解析

乐动力 App 的成功不在于推广方式上的花样，而在于具有自我推广的条件。不需要多余的操作，只要随身携带手机，就可以记录下每天的运动点滴、运动量、卡路里消耗状况等。用户可以轻松对自己的运动效果了如指掌。而且自动记录和省电等多个方面的优势，都让用户对这款小小的 App 爱不释手。

难怪有人曾说：“只要你的手机安装了乐动力，想不减肥都不行。”乐动力 App 也因为自身的质量和所具有的推广条件，而在苹果 App 商店中成为下载次数排行榜的前 3 名。

说到这里，想必很多企业都明白了一点：如果你的 App 真的那么优秀，根本不需要太多的推广花样，照样也会有大批人来下载。

当然了，这需要你的 App 足够优秀。下面我们来介绍一下依靠功能强大，自我推广的方法和技巧。

（1）做同类 App 中的另类

企业想要让更多用户下载你的 App，就需要在想象力和开发力中展现独特魅力。首先，企业应该观看同类企业 App 的做法，包括开发、营销、推广。如果同类企业大都遵循某一个特定的轨道，那么你就要进行逆向思维思考问题。因为同类企业太多，会导致用户在推广宣传方面有很多阻碍，即便是付费推广，也很难真正打动用户。

这时候，你必须要找到同类企业中的差异，走另类路线，通过创意来让用户对你的 App 另眼相看。有了这种另类做法，你的 App 不需要太多的推广，也能够被更多人所认可。

孩子画画是一款为小朋友服务的画画 App。该 App 完全跳出了规规矩矩的条框限制，用户可以点击屏幕，变换颜色，随便涂鸦，而且各种屏幕手机都可感应，完全抛离了很多画图 App 的约束。

在孩子画画 App 中，用户每画出一笔，都会变换一种颜色，能够带给小朋友一种视觉体验，还能提高小朋友的颜色搭配技巧，对很多小朋友来说，是一款非常灵活多变的 App，深受喜爱（如图 4-64 所示）。

图 4-64 孩子画画 App

很多人一定会认为，这样一款新奇的 App 之所以能够被更多用户下载，一定是因为在推广方面做了很多功课。事实上，该 App 在推广过程中，并没有刻意去推广，只是在一些相关 App 应用市场中做了基本的宣传。而该 App 的熟知度如此火爆，完全是因为自身超越了同行企业的禁锢，从而靠自身的魅力来吸引众多用户下载。

（2）操作简便是吸引用户的一大关键

很多 App 之所以没有被人们广泛下载和使用，并不是因为在推广技巧上出了问题，而是在于自身 App 的操作流程太过复杂或者操作过程缓慢，引发用户反感。

真正主动吸引用户的，其实就是操作简单，这个特点非常吸引人。很多有创意的 App 之所以能够获得下载量，就是因为他们将创意放在了操作方面。

每日瑜伽 App 被称为用户可以看得见的瑜伽导练，能够更流畅快速地边观摩边学习和练习瑜伽。每日瑜伽也被很多用户推崇为目前市面上最专业的瑜伽 App。其实，每日瑜伽在推广上也没有下太大力气，而只是在自己的操作方面做了些功课，将操作变得简单快速了，用户无需注册，只需要打开每日瑜伽，在 wifi 下快速下载视频，即可观看瑜伽导练（如图 4-65、图 4-66 所示）。

图 4-65　每日瑜伽 App 首页

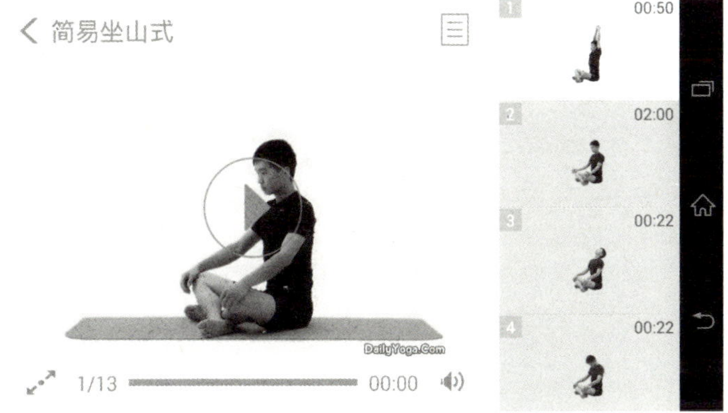

图 4-66　快速观看视频瑜伽教学

App 营销密钥

虽然企业可以通过完善自我来吸引用户关注 App，但是企业也应该在最基本的 App 应用商店和市场中做适当的宣传，在做基本宣传的基础上，再加上完善的自我修养，才能真正吸引更多用户。

第 5 章　掌握模式，让你的 App 营销顺风顺水

要想让 App 营销的效果更好，企业还要驾驭好九种营销模式。本章从广告模式、植入模式、用户模式、专业模式、亮点模式、免费模式、内容模式、情感模式、尖叫模式九种营销模式，为你解析经典的 App 营销案例，总结 App 营销技巧，让你的 App 营销效果更好。

1. 广告模式：在下载量较大的应用软件中植入广告

企业有了自己的产品、网站、App 应用之后，如何让企业品牌和 App 更加深入人心，让更多人下载使用呢？这是企业当前最应该解决的问题。然而很多企业却一味地在 App 策划、设计方面下苦功，投入大量的资金、精力，制作出了漂亮的 App，但最后 App 的营销结果却并不如意，企业知名度依然不能上去。这些企业的做法难免有些偏颇，因为在 App 营销中，不只是在于 App 内部设计，更在于掌握它外在的营销模式。

下面我们来介绍一种非常有效的营销模式——广告营销。不同的 App 类别需要不同的推广模式，而广告模式则能够让更多人在印象和感观上接受你的企业、网站以及 App。

广告营销模式的最主要的体现和操作特点在于，企业可以在功能性应用或者一些热门游戏应用中植入企业的产品或者 App 广告。比如小米就善于用这种广告模式来营销。

小米在推出新一代红米手机之后，便想尽方法在营销上下功夫。首先，小米在各大热门网站上，包括自己的官网、微博、微信中加入这一抢购营销信息。其次，小米将营销重点转移到 App 营销模式上。小米创始人雷军深知，在互联网思维下，微信、微博、App 已经成为了移动营销的主力军，尤其是 App。各大热门 App 和游戏 App 相继推出，有些 App 的下载量达上千万、上亿次。如果把握好了这庞大的 App 应用使用者群体，那么自己的产品也就不愁推不出去。

首先，雷军看好了很多热门游戏 App 应用，比如泡泡龙。泡泡龙是一款非常受欢迎的移动小游戏。而且这款游戏应用很小，只有几兆，在任何一个应用商店中的下载量都能轻松达到几百万，甚至上千万。这款游戏占用用户手机内存并不大，用户玩游戏时，不会出现缓卡状况，而且游戏简单、易操作，是经典的泡泡消除类游戏。小米在这样轻松简便的热门游戏应用中植入广告，应当是一个不错的选择。

于是小米在游戏应用的上方植入企业广告。当然，小米很在乎用户的体验。在泡泡龙上方植入广告完全不阻挡游戏界面，不影响用户玩游戏。而且小米在泡泡龙游戏应用上主打的是“红米手机免费送”。醒目耀眼的字体让每一个玩游戏的用户都能动心，人们就会忍不住点击查看（如图 5-1 所示）。点击之后，就会看到小米的官网，在官方购物网站中，用户可以抢购红米，免费秒杀红米手机。当然也有人因此而在各大App软件商店中搜索关于小米的系统App、抢红米App等应用下载（如图5-2所示）。

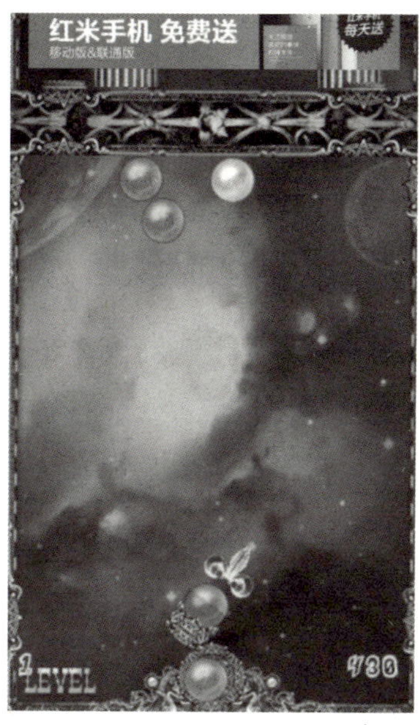

图5-1　红米手机在泡泡龙游戏应用中植入广告

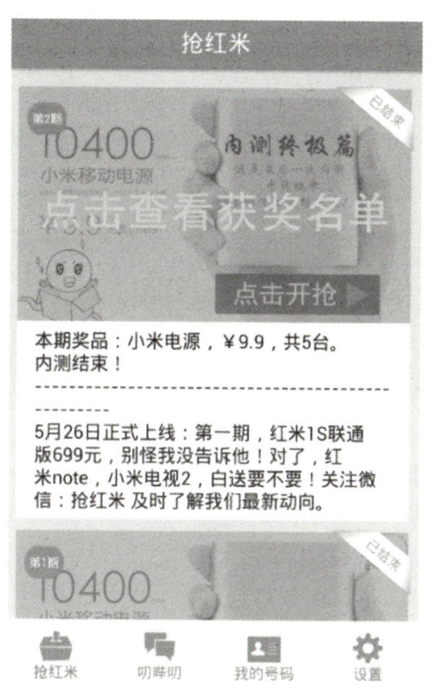

图5-2　“抢红米”应用

通过在热门游戏中植入广告的营销方式，红米手机获得了不错的销量，也让更多人知道了小米这个手机品牌，了解了小米的秒杀活动。这对小米来说，是一次非常成功的App营销。

App营销解析

小米本身作为互联网营销的产物，自然能够很好地把握住在大数据下App营销的热流，从而完美地实现移动营销。其实并不是只有这些以互联网营销为基础的企业才能在App营销中成功。从小米的实际操作和方式来看，任何企业都可以借助那些被广泛下载、热门的功能和游戏应用来推广自己的品牌或者App。

在营销专家眼中，将企业广告植入到众多热门功能性应用和游戏应用中，恐怕是最为基本的营销模式。还是以小米为例，小米通过植入静态的广告栏（当然也可以制作动态广告栏），进行植入营销，用户点击时，就会自动进入企业网站或者App下载界面，参与活动。这种方式从操作方面来说，非常简单，只需要企业将醒目的广告词投放到那些下载量很大的应用软件中，就能达到良好的传播效果。

在营销方式十分繁杂、混乱的情况下，小米能够找到一种适合自己且非常有效的营销模式实属不易，当初也是经过众多摸索和考察而得来。而小米的这种成功和典范，也给很多企业带来了大数据下借助 App 营销的重要启发。在这个过程中，有两个主要的操作方式，企业管理者和营销人员必须要予以注意并且好好落实。

（1）在热门 App 中打广告，需要加入“免费送”等诱惑力标题

企业的产品也好、App 也罢，如果想让那些热门应用 App 的用户得知，并且点击下载，那么务必在植入广告时加入诱惑力标题。比如上述红米手机就在泡泡龙应用中加入了“红米手机免费送”等醒目字眼。一来，这能够“狠狠”地吸引用户关注；二来，可以宣传出企业的营销目的，更好地为企业打榜。

如“英雄脸萌”游戏，为了更好地宣传自己的 App，于是在热门赛车游戏“SpeedCar”中植入了 App 营销广告。其标题为“玩英雄脸萌，iPad 等你来拿！”（如图 5-3 所示）。没错，该游戏就是要以免费拿奖品来吸引用户，让用户将目光转移到自己的 App 上来。用户点击之后，即可进入“英雄脸萌”App 的下载界面（如图 5-4 所示）。

图 5-3 “英雄脸萌”在赛车游戏中加入广告

图 5-4 点击广告进入“英雄脸萌”下载界面

（2）与下载火爆的功能性应用 App 合作，嵌入热门 App 界面设置中

在 App 广告营销模式中，注入一些链接、标题是最基本的方式，而还有一种更为高超的方法是直接与那些火爆的功能性 App 合作，嵌入它们的 App 界面设置之中，用户点击即可进入主页面下载、使用。

例如，美图秀秀这个经典轻便的修图应用，仅在 360 手机助手中的下载量就达到 16658 万次，如此庞大的数字说明美图秀秀已经成为最为火爆的修图 App。

当然，与美图秀秀合作，势必能够为企业带来可观的营销效果。于是一款叫“刀塔传奇”的热门游戏很快与美图秀秀达成了协议，出现在了美图秀秀应用页面中。隐藏的小图标，让人们出于好奇而去点击。点击之后，“刀塔传奇”的奇幻页面映入眼帘，成为小伙伴们的最爱（如图 5-5、图 5-6 所示）。

图 5-5　美图秀秀应用中右下角“刀塔传奇”小图标

图 5-6　点击进入“刀塔传奇”App 下载

App 营销密钥

在下载量较大的应用中植入广告，固然可以达到提高企业 App 的知名度、推广产品等营销目的，但是在投放广告前一定要合理安排投放周期、时间、频次，避免引起用户反感，导致用户将 App 卸载，营销效果自然也无从谈起了。所以，企业必须要掌握好投放 App 广告的度。

2．植入模式：将应用和品牌巧妙融合在一起

根据调查，全球五百强企业大多有自己的 App，因为 App 可以将企业的应用与品牌巧妙结合在一起。一个企业之所以建立 App，无非就是为用户提供更

便利的服务，当然更重要的是拓宽营销路子，为企业带来长久利润。所以 App 的营销模式就成为了企业应该把握的关键。

在这里，我们来分析一种植入模式。所谓植入模式，很简单，就是将企业的应用和品牌巧妙地融合在一起，让用户在使用 App 时，可以对企业的品牌产生很大的依赖性。

去哪儿网是一家网络旅行公司网站，虽然目前网络上出现了众多旅行公司，比如艺龙、携程等，但是去哪儿网却以“低价”著称，成为大众消费者的最爱。

去哪儿网的 App 也开启了一种全新的营销模式：植入模式。用户打开去哪儿网的 App，会看到订酒店、团购、机票等各种功能，但凡与出行相关的生活细节问题和应用，都能在这里找到最物美价廉的方式（如图 5–7 所示）。

比如我们选择“订酒店”，去哪儿网会根据用户所在位置和城市来选择附近酒店，当然用户也可以自行选择时间、地点。去哪儿网为用户推送的酒店价格和规模有高有低，大部分则适中，完全满足大众用户的需求。用户还可以根据价格排序来选择，如价格从低到高，用户会看到去哪儿网推送的最低廉的住处（如图 5–8 所示）。

图 5–7　去哪儿网 App 首页

图 5–8　去哪儿网 App 低价酒店

在这个过程中，细心的用户会看到企业的品牌标志和 logo 无时无刻不出现在用户眼中（如图 5–9 所示）。比如我们选择某一家酒店时，去哪儿网的经典骆驼标志就会出现在搜索画面中，缓缓的步伐，悠闲的态度，让用户看到之后立刻就会对去哪儿网的品牌形象加深印象，产生好感。

用户在使用去哪儿网获得成功之后，自然也就会对去哪儿网这个品牌产生深刻的印象，甚至依赖感，那么下次用户自然也就会认准去哪儿网这个品牌。

图 5–9　去哪儿网植入品牌 logo

App 营销解析

去哪儿网 App 的这种营销方式的成功主要来源于去哪儿网认准了品牌和功能不可区分的一点。如果一个企业品牌在做 App 营销时，将品牌主题和 App 功能应用完全区分开来，那么用户即便是运用得非常舒心，也很难记住品牌，这对企业的品牌文化和整体营销非常不利。

因此，企业必须要加强对 App 营销的植入模式，将品牌文化逐渐注入企业的 App 中，让用户可以百分之百地对企业产生好感和依赖。当然了，想要做到这种植入模式，还需要一定的技巧。

（1）在 App 应用使用过程中植入企业 logo，加深用户印象

企业想要让用户在使用 App 时对企业品牌产生印象，那么最好的方式就是在 App 应用中巧妙植入品牌 logo。一个品牌的 logo 代表的不只是企业的名称和外在形象，更是一种企业文化理念和品牌灵魂。所以让用户在使用你的 App 时，顺便牢记企业品牌，是最好的 App 营销模式。

南方航空的 App 在这一点上就做得很好。打开南方航空 App 订机票时，会看到搜索出来的机票信息旁边都有一个南方航空的经典红色 logo（如图 5–10 所示）。这种方式，时刻提醒着用户对南方航空公司的一种认可并强化。

（2）App 开启画面中“润物无声”地植入品牌信息

一个好的 App 营销，完全可以带动一个品牌的文化传播。方法就是在 App 开启画面中，“润物无声”地植入品牌信息，让企业在短暂的等待开启 App 的过程中，加深对品牌的理解和认知，从而加深印象，产生潜在的品牌概念。

例如中国联通手机营业厅的 App，在开启画面的几秒钟时间里，联通品牌的文化信息润物细无声地植入其中（如图 5–11 所示）。在这个欢迎界面中，联通以“方便快捷、流畅体验”的文字形式出现在用户眼前。而且联通的字体也非常明显，甚至在右上角，我们还会看到联通的 logo 和咨询电话植入，这在最

大程度上进行了品牌曝光，让用户对联通产生依赖。

图 5-10　南方航空 App 中植入品牌 logo

图 5-11　联通手机营业厅 App 开启面中的品牌植入信息

App 营销密钥

企业在设置 App 开启欢迎界面时，虽然可以将企业的品牌和文化信息巧妙植入，但是企业一定要把握好其中的度，不能让开启画面过长，以免造成用户等待时的烦躁心理，对企业产生不好的印象。企业最好将 App 开启欢迎界面时间控制在 5 秒钟左右。

3. 用户模式：打动用户的心才是 App 营销的关键

早在 2011 年 App 开启时，微软全球资深副总裁张亚勤就曾说：“智能手机已经将各种 App 渗入了每个用户的生活细节之中，所以手机屏幕变得深不可测，如何在这个大趋势中，让企业的 App 成为用户爱不释手的应用，还应该看用户本身的感觉。”

实际上，App 之所以能够被更多人所频繁使用，这在本质上说明 App 与人

们的生活息息相关，而且最重要的是其宣传效果取决于屏幕另一端的“用户”。App 营销的价值也需要围绕着用户的需求出发，才能持续创新和深化。所以，从整体来看，只有打动用户的心，才是 App 营销的关键所在。这就需要企业在营销 App 时，掌握用户模式，一切以用户为基准。

赶集网，是中国最大也是最全的分类信息网站，该网站不但有为用户提供免费发布信息的功能，还可提供信息免费查阅服务。自从赶集网 App 建立之后，更是有越来越多的用户下载这个应用，在智能手机和移动设备上快速使用赶集网。

截止到 2014 年 6 月，赶集网仅在 360 手机助手 App 应用市场中的下载量就达到了 1400 多万次（如图 5-12 所示）。

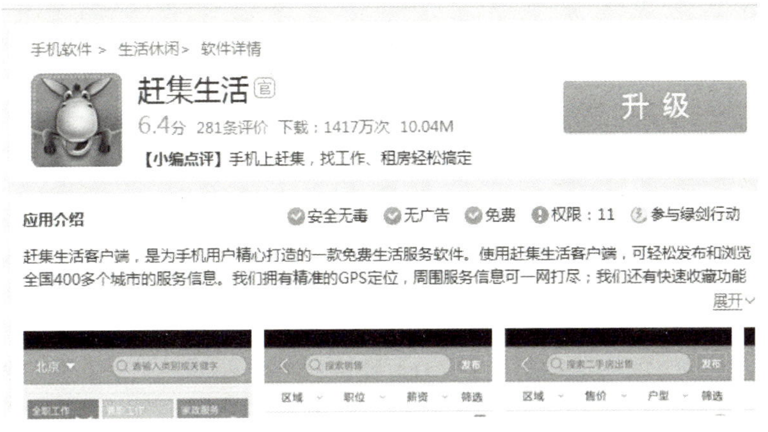

图 5-12　赶集网在 360 手机助手的下载量

为什么赶集生活 App 会有如此大的下载量呢？当然这与赶集网的 App 营销模式分不开。使用过赶集生活的用户，大多会对赶集网产生一种非常不错的印象。没错，赶集生活完全符合智能手机应用，用户使用起来非常方便顺心。

更重要的是，赶集生活在 App 营销中格外注重用户体验。首先赶集生活为用户推送出一个分类详细、类别明确的对话框。用户可以在这里选择自己需要的服务（如图 5-13 所示）。例如，我们可以在赶集生活的底端选择所在位置周边的服务设施。选择“附近”，赶集生活立刻会为用户定位，并且选择当前位置的所有生活信息（如图 5-14 所示）。例如我们找房子，还可以点击“地图找房”，根据所在位置和地图上的房源来选择最合适的二手房（如图 5-15 所示）。

赶集生活还推出了更能方便用户生活的功能“驴小二”，点击即可出现用户所在位置所有与生活服务有关的产品、店面详细地址、电话，包括餐厅、送水、外卖、美容、超市等设施（如图 5-16 所示）。这对用户来说是非常方便的一种功能。有了这些服务之后，越来越多的用户都为赶集生活的贴心服务而感动，从而成为赶集生活 App 的忠实客户。

图 5-13　赶集生活界面

图 5-14　“附近”信息

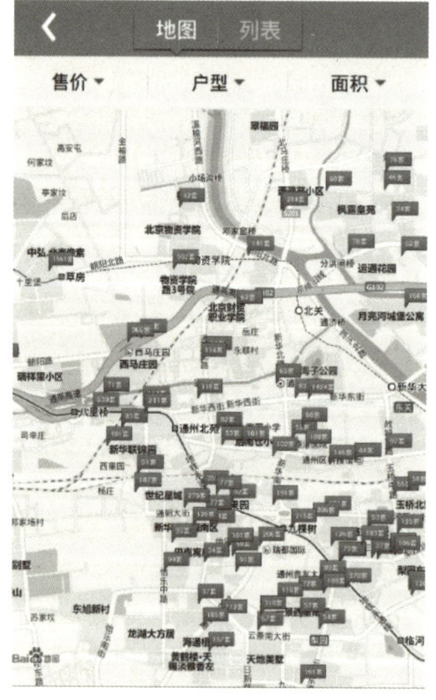

图 5-15　地图找房

图 5-16　“驴小二”服务信息

App 营销解析

赶集生活完全打动了用户的心，甚至做到了用户想象不到的精致服务。无论是找工作、找房子、找保姆、找餐厅或二手买卖，任何与用户生活相关的信息都能在赶集生活中找到。而且用户还可以选择发布信息，快速获得想要的帮助。

试问一下，如果你的手机里有这样一款超级神器 App，你还会舍得卸载吗？而赶集生活的成功也告诉我们每个企业，在 App 营销模式中，不能只注重盈利，还需要注重用户体验。只有提供打动用户的信息，才能将 App 营销做大，让企业品牌更具影响力。

（1）感知用户需求，打造吸引用户的 App

赶集生活 App 中的“驴小二”其实就是网络版不曾有的一个板块，为用户提供当地生活信息。这种方式的出炉来自赶集生活 App 开发人员对用户需求的感知和探讨。只有深刻了解用户的需求，才能打造出有吸引力的 App。当然，这需要企业 App 开发人员在开发 App 之前要进行市场调查、对网络版用户进行意见征集和反馈，只有这样才能打造出一个完美的 App。

7 天连锁酒店 App 在各种设计和界面中，都能体现出用户的需求。比如在首页中，7 天加入了“地图预订”和“周边商家”板块。用户点击“地图预订”之后，7 天会为用户送上周边地图上 7 天酒店的所有信息。用户可以快速、方便地查找（如图 5-17、图 5-18 所示）。

图 5-17　7 天酒店 App 界面

图 5-18　地图预订酒店

这种方式为用户省去了输入地址搜索酒店的时间、精力，深得用户喜爱。而也正是因为 7 天酒店在 App 中对用户需求的感知和设计，才让 7 天酒店的 App 成为同类中的佼佼者。

（2）丰富用户体验，刺激用户对 App 产生依赖

用户体验是企业在制作 App 时要格外注重的一点。有些企业的 App 虽然设计得高端大气，但是却非常死板、沉闷，使用户使用起来无法顺心，更不可能获得好心情。而有些企业的 App 则创意灵动，用户体验深刻，能让使用者爱不释手。而想要制作出丰富用户体验的 App，则需要企业在 App 中加入一些娱乐因素、有效缓解、摇一摇等创新板块，进一步刺激用户对 App 产生依赖。

裂帛服装品牌在 App 中就加入了“随便试试”的体验模式，用户可以选择图片，进行虚拟搭配摆造型。这种方式吸引了很多裂帛粉丝的注意（如图 5-19 所示）。

图 5-19　裂帛 App“随便试试”体验

App 营销密钥

企业在 App 营销模式中应该打破所有事都以“品牌”为先的思维，一切都要围绕着用户的兴趣和需求，这样才能真正吸引用户主动成为你的 App 使用者。

4. 专业模式：用专业的功能和态度打造 App 强力

专业是任何一个企业、公司、品牌最基本的原则，而通过 App 进行营销时，企业也应该注重这种专业模式。首先，企业在 App 中要加入最专业的功能服务，让用户可以放心使用；其次，为用户提供专业的态度服务，让用户使用顺心。当企业的 App 达到这两种境界之后，就一定能够吸引更多的用户来下载和使用，甚至还会让用户对企业产生好感。

企业推出一款 App，目的就是让用户使用，企业赚取流量费用。显然，只有强大专业的 App，才可以达到这种水平。而那些服务很一般、功能不靠谱、速度缓慢、更新不及时的 App 则无法获得用户的青睐。下面我们来看一个比较专业的 App，它是如何用专业的功能和服务吸引用户的。

中华万年历是随身云信息技术公司所研发的一款时间管理 App。随身云是中国较早领先的移动互联网技术公司，也是国内最早专注于 App 研发的团队。随身云在技术方面始终保持着专业化的领先水平，而且在该企业所研发的中华万年历 App 中，更贴合用户体验和需求。

随身云的研发团队认为，时间是不可以被储存的，但却可以被管理。所以，随身云为了解决管理时间的问题，突破了专业技术，为用户带来了精准、专业的中华万年历。

如今，这个时间 App，已经成为近六成手机用户手机中的专业化时间管理 App。下面我们来看一下它的专业化特点。

打开中华万年历之后，会看到详细的时间列表，当月的具体时间呈现眼前。而且中华万年历还根据用户的需求为用户提供了最专业的天气预报服务（如图 5-20 所示）。不但在日历中会出现 7 天预报，用户还可以通过点击下方天气图标来观看具体的天气变化（如图 5-21 所示）。在天气界面中，中华万年历再次为用户送上了专业的天气解读，包括空气污染、温度、湿度、风向，而且还为用户专门配备了当天天气情况下的穿衣指数、运动指数、洗车指数等服务（如图 5-22 所示）。

中华万年历还根据用户的日常生活习惯，设计了“提醒”和“记事”等多种专业功能。比如在“提醒”中，中华万年历为用户提醒各种专业正规的节日推送，时刻提醒用户当天的节日（ 如图 5-23 所示）。用户如果不满足这些节日的提醒，还可以添加更多灵活性的提醒，如生日、活动、闹钟、航班信息等（如图 5-24 所示）。

图 5-20　中华万年历月历界面

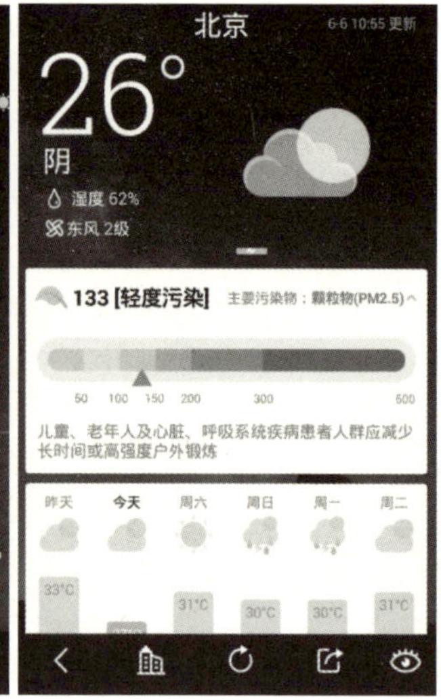

图 5-21　天气预报

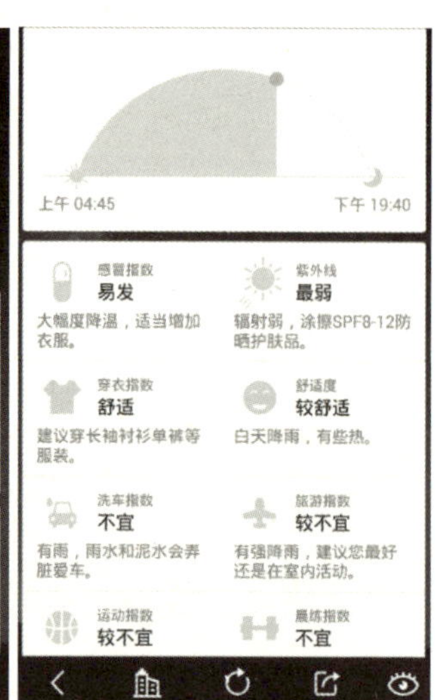

图 5-22　天气细节解读

图 5-23　提醒工具

图 5-24　添加更多提醒

App 营销解析

专业的功能和服务是企业 App 吸引用户的首要前提，如果一个 App 华而不实，只是华丽的外表，那么用户在使用过一次之后，也会舍弃。而一个专业化很强的 App，则会深得人心。所以，企业在 App 营销模式中，需要注意 App 内部的专业性。

一个企业如何才能在 App 营销时体现出专业模式呢？这更多地还需要企业自身的努力，不能盲目跟风，要有自己的专业化东西；不能浮皮潦草，要深刻

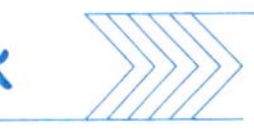

研究用户需求，才能为用户打造出一款专业化的 App。

（1）全心全意为用户提供专业服务，潜在提升企业形象

在众多智能手机的 App 应用市场中，已经产生了许多帮助女性减肥的 App。但是“减肥小助手”这个 App 却以非常专业的技术和功能为女性用户带去了不一样的体验。

该 App 是瘦身网的手机客户端，也是最完整的减肥记录管理平台。用户可以在这里按照标准体重进行计算，可以查询食物热量、运动消耗热量、卡路里计算等，还可以将自己的减肥日志随时随地与百万网友一起分享（如图 5–25、图 5–26 所示）。

图 5–25　减肥小助手页面

图 5–26　食物热量查询

用户登录之后，即可记录自己每日的饮食、运动消耗来做减肥笔记，让用户可以清楚地看到自己每天的饮食状态，从而促使自己减肥。因此，无论从哪个角度来说，这都是一个非常专业、高端的减肥 App。

减肥小助手通过贴心、个性化的设置和提醒简化了很多繁琐的逻辑，更提升了用户的黏性，增强了 App 的专业化和企业的品牌形象。

所以，企业务必要在 App 中全心全意为用户提供最专业的技术和服务，让用户无法“放手”。

（2）线上线下同步开展专业化营销

企业的 App 如果想要获得用户的专业化认可，那么就需要做到线上线下同

步开展。这主要是针对那些有线下实体店、物的企业的。在 App 中要体现出实体店、物的专业化，甚至还需要体现出线下不曾有的专业层面。

中国国家地理杂志也开创了 App，用户在 App 中不但可以看到国家地理杂志画册，还能享受到专业的视觉盛宴。该 App 为用户提供了每日一图，全高清大图，用户可以下载观看，而且在每张图片上，企业还为用户介绍了该图片的来源和相关故事（如图 5-27、图 5-28 所示）。在这些功能方面，中国国家地理 App 完全实现了线下同步专业的特点，更为用户提供了多视角的享受。

图 5-27　中国国家地理 App 每日一图

图 5-28　每日一图解读

App 营销密钥

专业化不只是体现在 App 功能方面，还应该体现在企业对用户的态度上。App 的每一个设计、每一句话、每一张图片，都能体现出企业对用户的态度。因此，企业在 App 营销时，不可忽视细节问题。

5. 亮点模式：将你的 App 不同之处亮出来

自从移动 App 应用以爆炸式的方式增长后，各企业便纷纷参与到 App 的研发、营销中。很多企业发现，随着用 App 购物的用户越来越多，各种行业、企

业的 App 也相继出现，想从各种 App 中脱颖而出，就需要企业有一个好的 App 营销模式。

在这里，我们认为企业应该在 App 营销时，尽可能地将自己的亮点突出，让用户看到不同的地方，从而会在好奇心的牵引下，对企业的 App 产生探究心理。

尽管在各大智能手机 App 应用市场中，各种育儿的 App 琳琅满目，但是口袋故事听听则是一个非常有亮点的 App，企业在营销时也格外突出它的亮点：语音。没错，这是一款可以发声的讲故事 App。用户安装之后，手机立刻就会变成故事机，优美的语音和温柔的话语，成为了该 App 的一大亮点。用户不再需要下载故事，然后亲自读给宝宝听。用户只需要安装这个 App，就可以让它自己读给宝宝听。

用户下载之后，即可登录，然后选择自己宝宝的年龄，系统会根据宝宝年龄为你推荐合适的读物和故事参考（如图 5-29 所示）。当然，用户也可以去“发现”里寻找适合宝宝的故事。选择其中一个小故事之后，该 App 就会自动播放音频，为小朋友讲故事（如图 5-30、图 5-31 所示）。

图 5-29　登录 App 选择宝宝年龄

图 5-30　“发现”搜索各种小故事

图 5-31　有声读物全方位展现

除此之外，用户还可以从该 App 中搜索宝宝喜欢的儿歌，系统也会为宝宝唱出来。另外，该 App 也很人性化，还设立了歌词显示，可以让大人学习儿歌，然后与宝宝一起唱（如图 5-32、图 5-33 所示）。

口袋故事听听 App 还为小朋友准备了英文读物，根据宝宝的年龄选择合适的英文儿歌、单词讲解等，提早培育宝宝的英文读听能力（如图 5-34 所示）。

图 5-32　儿歌选择

图 5-33　歌词显示

图 5-34　英文小故事读物

App 营销解析

口袋故事听听 App 之所以能够得到很多用户的认可，最大的原因在于该 App 在营销时突出了它的亮点：语音。应用市场中大多数的育儿 App 都没有这个功能，那些 App 要么枯燥无味，要么复杂难记，用户在使用时很难对其产生好感。

而口袋故事听听的出现，则满足了用户的很多需求，用户不再需要自己将故事记下来，亲自读给宝宝听，只需要打开 App，系统自己就会绘声绘色地讲给宝宝听。有一位白领妈妈在使用后这样评价："以前我每天下班之后，都会给宝宝讲故事，很多故事我都讲了不下十遍，而且我工作那么忙，平时也无法找新的故事。而有了这个口袋故事听听之后，我下班之后，用手机打开 App，就可以让宝宝自己听，我也可以做其他的事情。而且它对宝宝很有帮助，在发音、解读方面非常有创意。"

看来，一个好的 App，最需要的就是亮点，只有将与其他 App 不同的地方亮出来，才能让用户去体验。

（1）在各大应用市场中添加突出亮点的"软文"

企业想要让 App 获得更多人的认可和下载，就需要在各大应用市场中加入一些突出亮点的软文。比如口袋故事听听 App 就在 360 手机助手 App 市场中增加了一些突出亮点的软文（如图 5-35 所示）。

用户在搜索育儿 App 时，自然就会看到口袋故事听听 App 的软文推荐："手机变成故事机，孩子身边的故事大王。"从而越来越多的用户就会对这个能"说话"的故事机产生兴趣。

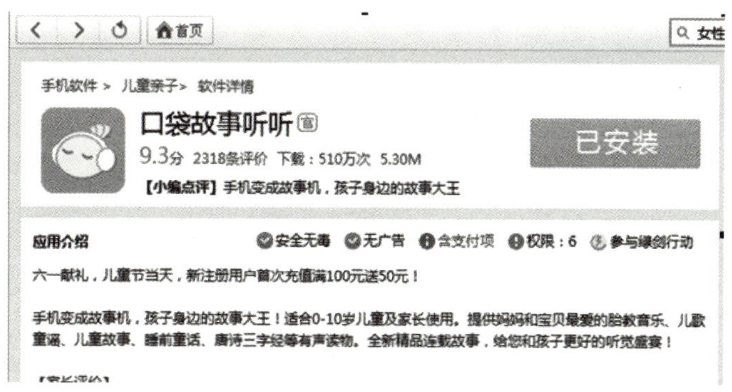

图 5-35　口袋故事听听 App 软文

此外，在软文中，企业还应该注意其表达方式，首先，话语要简洁有力，突出亮点；其次，字句显眼，让用户容易看到。

（2）App 首页中，就要体现出亮点

有些企业在 App 研发中的确加入了很多创新亮点，但是在展现时，却被人忽视。用户打开 App，看不到该亮点，于是也就认为与其他一般的 App 无差异，很可能以为内容枯燥无味就卸载了。正因如此，企业的亮点就打了水漂。

因此，企业一定要将 App 的亮点突出展示在首页，让用户在打开它的瞬间就看到不同之处。比如聚划算 App，就开创了“0 元抽奖”的亮点活动。于是在 App 的首页中，就以显眼醒目的方式向用户展示，让用户刚打开该 App，就迫不及待地想要体验（如图 5-36 所示）。而在聚划算 App 的首页中，“0 元抽奖”也以独立的板块出现在页面中，非常吸引用户（如图 5-37 所示）。

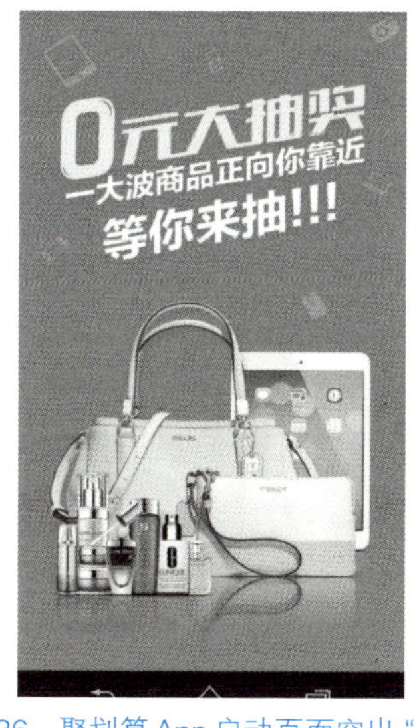

图 5-36　聚划算 App 启动页面突出“0 元抽奖”

图 5-37　聚划算 App 主页中突出“0 元抽奖”

App 营销密钥

尽管企业可以在 App 中以突出亮点的形式吸引用户，但是企业还应该对突出的亮点进行优化，达到用户的需求，而并非只依靠表面上的“不同”而“愚弄”用户。这关系到企业的形象和品牌整体文化，一旦做得不到位，对企业品牌将是一种折扣般的损失。

6. 免费模式：促进信息流转产生新的价值

假如你是一个移动 App 开发者，你开发出一款 App 之后，一定会认为自己创意出众，准备在 App 丛林中脱颖而出，但此时你最头疼的事情是什么？毫无疑问就是什么样的营销会给自己带来盈利？

事实上，作为一个 App 开发者，当一款 App 问世时，首先应该想到的不是要赚钱，而是要扩大消费者基数。所以，免费模式是 App 营销的一大重要方式，也是企业在推出 App 之后，迅速获得大量用户群体的最佳方式。当然，免费并不是完全的免费，是企业可以通过一种免费方式，向用户推送和提供信息、功能、服务，但却可以在这个过程中促进信息的流转从而产生新的价值，比如广告、对企业的好感等，进而让用户产生消费的观念。

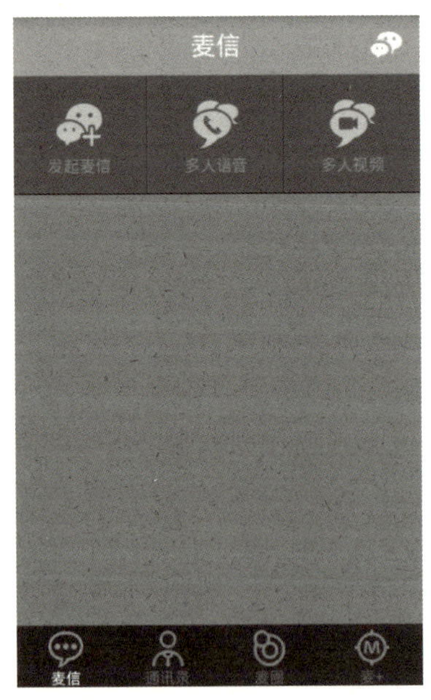

图 5-38 麦克界面

麦克是巴士在线打造的一款免费移动通信软件。这个 App 可以为用户提供免费通话、多人通话，甚至包括免费电视会议等功能（如图 5-38 所示）。

麦克最大的一个优势就是能免费打电话，好友之间可以通过通讯录添加对方为好友，然后就可以互拨麦克全球免费电话。麦克有最稳定、高清质量的语音通话，让用户不用担心因为噪音太大听不清楚的问题，更不用担心电话账单爆炸。

用户还可以通过高清视频通话来免费感受耳目一新的高清对话。如果你和朋友无法见面，只要打开麦克，就能在高速 WiFi 下快速实现视频聊天，在沟通上让用户之间没有任何距离。

使用麦克，还可以进行多人语音或者视频通话。你的所有朋友都可以加入这个团体，进行“多国”会议。

这一切，都是免费的，而且只需要下载 App 就可以实现。很多人可能会问，麦克依靠什么赚钱？依靠的就是广告和流量。麦克通信做得越好，免费服务越多，用户就会越多；使用麦克的人越多，麦克 App 增加的流量就越多，人气也就高涨，从而也就会吸引很多企业前来做广告或进行推广。所以麦克还是一种处于初始阶段，并以流量为基础，扩大用户群体为目的的免费 App 营销方式。

App 营销解析

随着智能移动设备的高度使用，企业通过 App 来营销产品也越来越困难，如何让用户下载你的 App，使用你的产品是企业的重中之重。如同麦克通信 App 一样，市场中出现的越来越多的 App，如微信、陌陌、微博等，这些社交工具都是免费的，而在其他的一些领域，也逐渐出现了越来越多的免费 App。

这说明，免费营销方式已经成为各大企业 App 营销的主流方式。当你的 App 被越来越多的人认可和使用之后，你的产品、效益才能顺风而来。如果你的 App 在一开始就向用户收费，除非你的 App 实在太有吸引力了，否则很难打开基础用户群体这个突破口。

（1）前期免费是积累用户的基础，要以打造品牌形象为主要目的

“免费的背后，往往是为了促进信息的流转，产生新的价值，这才是 App 免费营销的真正精神。”这是布丁网 CEO 徐磊对当前移动互联网营销的一种看法和观点。

其实作为一个 App 开发者，你的 App 能不能真正地被运作，就在于你前期是不是为用户提供免费功能和服务。如果你的 App 不是免费的，那么你就不能拥有一定量的用户，更不能把握用户的比例、习惯、体验等信息。这就能造成 App 下一步的细分、开拓的阻碍，影响企业 App 用户认可度。

手机微博作为一个开放的 App，在营销方面就是依靠前期完全免费的形式积累了大量的用户和粉丝。有了上亿用户之后，微博的 App 力量和价值也逐渐凸显（如图 5-39 所示）。那么对微博形象和后期增值收费服务的开拓都是一种积累和基础。

图 5-39 手机微博 App 免费开放

（2）免费体验要有度

很多企业在营销 App 和产品时，需要一个简单的步骤。前期推出免费版，吸引用户，向用户推广品牌形象和 App 的良好功能，后期再进行正式版收费运作。这固然是一种不错的方式。但是在这期间，企业也应该把握好其中的度。免费试用版一定要具备产品的所有功能，因为这个免费体验是用户感觉到畅快之后而愿意为之付费的一个前提。

当然了，企业也不能完全慷慨出售，有些很惊艳、爽快的体验可以只向用户免费提供基本服务，也可以向用户稍微卖个关子，暂不开放，以此吸引用户转化为付费用户。

例如 line 这个通信软件的主题商店中，就有很多表情贴图是免费的，但也有需要付金币或者一定的付款才能获取的。用户使用免费的贴图之后，会觉得很有意思，进而就会想要使用更多好玩有趣的贴图。一旦唤起用户的购买欲望，让用户付费就成为了轻而易举的事情（如图 5-40、图 5-41 所示）。

图 5-40　line 中表情贴图

图 5-41　有趣的付费贴图

（3）免费加增值收费加广告盈利，是企业掌握的 App 营销法宝

免费并不是真的免费，有些企业 App 可以通过前期的免费基础服务来吸引用户群体，然后再根据用户性质来推出某些增值服务和广告插入。这样才能让企业达到既能增加用户量，又能赚钱的目的。

比如暴风影音，通过免费 App 观看视频而吸引了大量用户之后，暴风影音也开启了 App 营销的赚钱之路，开辟了广告盈利模式。在主页中，经常出现一些广告模式，促进用户下载和购买（如图 5–42 所示）。

图 5–42 暴风影音 App 中的广告盈利模式

App 营销密钥

从免费到收费，企业在 App 营销中不能激怒老客户。在这期间，企业可以适当给老客户一些优惠，比如企业 App 可以推出几种不同档次的收费方式，其中就可以为老客户专设一种收费方式。这样既能保证老客户不会流失，还能让企业的 App 保持一种灵活性，创造更多利润空间。

7. 内容模式：通过优质内容吸引精准客户和潜在客户

内容为王，一直是互联网营销的一句被公认的道理。无论你是依靠什么方式来营销产品，如果没有内容，那么一切都将是零。App 营销更是如此，企业只有通过优质的内容，才能吸引精准客户和潜在客户。

在内容营销中，企业的 App 必须要展现出其最完美的一面，让新老用户都能在这里体验到快乐、极速。内容不但要全面，更要有创新，才能吸引用户的眼光。

拉手团购是大型团购网站拉手网的一个 App。随着智能手机和移动设备的

不断应用，拉手团购认为只有建立好一个内容全面的 App，才能吸引更多移动设备用户下载和使用拉手团购。

果然，无论在页面设计，还是其他方面内容上，拉手团购都表现出了非常专业的素养，为用户提供了众多的功能和应用。尤其是在内容上，用户足不出户，即可在拉手团购中寻找到物美价廉的产品和服务。

首先，打开拉手团购的首页，会看到拉手网为用户推送的所在城市所有的生活团购产品，包括餐饮、娱乐、酒店、商品等（如图 5–43 所示）。用户还可以选择全部商圈，根据城市的区域划分来选择更详细的团购信息，甚至在这里用户还可以根据地铁公交周边来查找更详细的团购信息（如图 5–44 所示）。

当用户点击“附近”时，拉手团购 App 会自动为用户定位当前所在具体街道地址，然后向用户推送周边最近的各种团购信息。其信息涵盖了餐饮、酒店、KTV、美容美发等生活服务和设施（如图 5–45 所示）。比如我们选择“KTV”，则系统立刻为我们推送附近最近的 KTV 店面的团购信息，用户可以选择价格和距离最合适的 KTV 消费团购（如图 5–46 所示）。在该团购信息的详细页面中，我们还能看到该店的具体电话、地址、消费内容，这对用户购买、参与团购具有重大影响。用户选购之后，即可提交订单，快速付款。

图 5–43　拉手团购首页

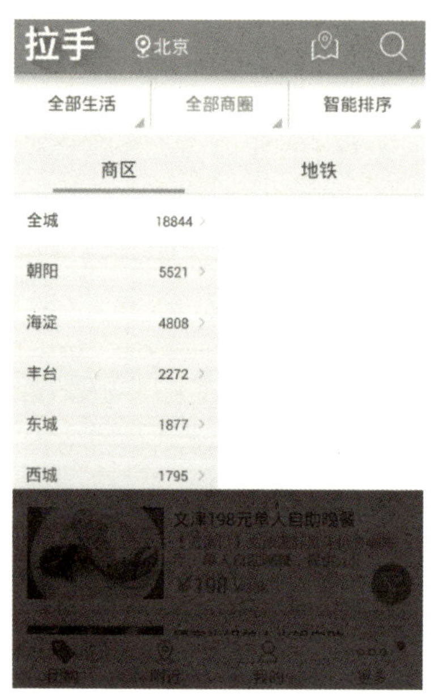

图 5–44　“全部商圈”内容

图 5-45　“附近”内容

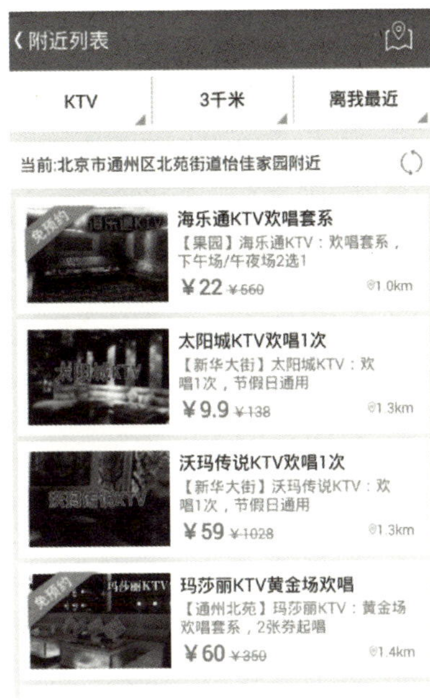

图 5-46　附近 KTV 内容

在“我的”板块中，用户还可以登录查看自己的订单、抽奖、抵用券等信息。此外，拉手团购还具备扫一扫功能，为用户扫出优惠（如图 5-47 所示）。

图 5-47　“我的拉手”内容呈现

App 营销解析

在 App 营销的大趋势中，很多企业的 App 很可能会被迅速淹没在信息红海之中。企业此时需要担负的是高昂的广告费用。但有时候，高昂的费用换来的结果却未必尽如人意。在这种形式下，拉手团购果断使用了新招：将 App 内容打造成一个完美的广告。

将内容作为广告，最初是 Facebook 企业提出的一种营销理念。随着微博、网站、论坛的兴起，我们越来越多地发现，在社会媒体营销过程中，纯粹的广告已经不是最好的企业产品宣传方式了，而内容才是。相对于大篇幅的广告而言，用户更关心和喜欢的则是自己发的图片被多少人评论、用最低的金钱能买到什么好东西、如何抽中大奖等问题。这正是 App 内容的魅力，它带来的不只是为用户提供服务，更多的是拉近了用户与企业之间的距离。

那么，企业如何具体使用内容来吸引精准用户呢?

（1）App 主页中内容要全面，让用户留下良好的第一印象而不会离去

有些 App 内容虽然很全面，但是却并没有注重其展示方式。因此，当用户打开 App 时，看不到全面内容，从而很快舍弃。在这种情况下，企业必须要注意在 App 的首页中加入全面的内容展示，让用户在第一印象的促使下不会离去。

“功夫送”是真功夫餐厅推出的一款外卖订餐 App，这个 App 已经成为了很多白领人员的必备软件。该 App 之所以会吸引更多精准客户，完全是因为功夫送在首页中就将全部内容展示出来。包括“我要订餐”“超值促销，活动查询”“订单查询信息”“菜单浏览”等用户最在意的内容展示（如图 5-48 所示）。有了这样的内容展示，该 App 在短时间内获得了大量精准客户的认可。

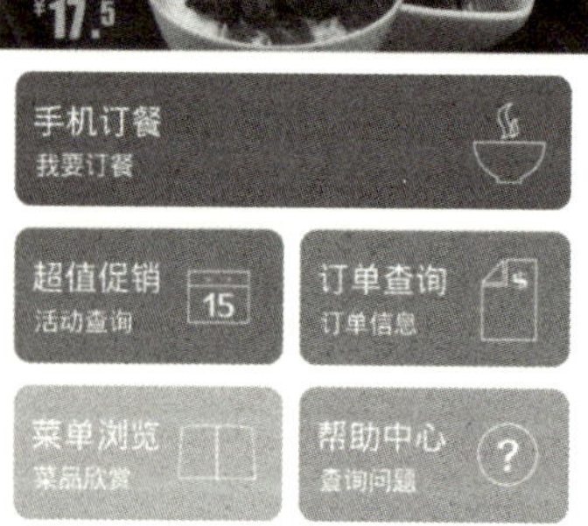

图 5-48　功夫送首页内容全面

（2）App 波及内容面要广泛，不应局限于一面

在 App 的内容营销中，只有全面的内容展示才能吸引用户，但企业不能仅局限于一面，还应该积极拓展更多广泛的内容，让用户在你的 App 中随时找到惊喜。比如你是一个卖服装的 App，那么就不能完全局限在服装内容上，还可以延伸到搭配、化妆、影视等娱乐时尚内容，这样才能聚集更多用户，为你的 App 积攒人气。

行者，是一个为用户匹配同伴旅行的 App，

让用户在旅行过程中快速找到同行伙伴，让旅途不孤单。行者 App 为用户送上了内容全面的行者信息，任何条件的用户都能从这里找到同伴。不要以为这就是行者的全部内容，行者还为用户准备了酒店预订、车票预订、旅行路线、门票景点等延伸内容，让用户在这里可以畅游无阻（如图 5-49、图 5-50 所示）。

图 5-49　行者 App 主要内容

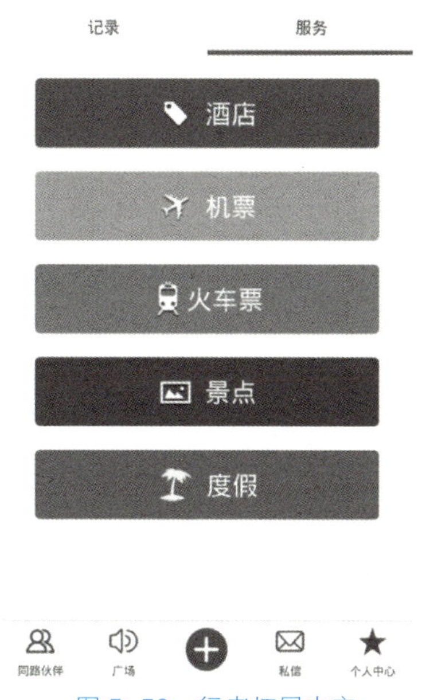

图 5-50　行者拓展内容

App 营销密钥

一个 App 虽然可以向用户展示多方面内容，以此来吸引用户，但企业要明白主攻方向不能偏离的道理，将企业最擅长的内容着重展示，服务性质的内容可以稍减版面。如果本末倒置，则会得不偿失。

8. 情感模式：寻找与用户的情感沟通点

在个性化移动营销的现代，在市场中，产品被不断细分，受众人群的个性化特征也被不断关联在产品之中，甚至放大。企业在进行营销时，也往往特别注重消费者在整个购买过程中是否得到了心理满足、情感填补等。

App 经过一段时间的摸索之后，其营销模式和手段也逐渐个性化。在 App

上谈情说“爱”，动之以情地“取悦”用户，成为企业 App 营销的情感品牌和趋势。

安居客是手机 App 中找房子最强大的软件工具之一，在这里不但有众多房源，而且还有最专业的房产搜索引擎，无论你想找什么样的房子或按照地址、地图、学区来搜索，都能快速找到合适的房子。

当然，安居客 App 的营销不只在于表面上的强大功能，还在于它的情感营销模式。在安居客的 App 中，用户如果选择了一所房子，可以直接点击该房源的经纪人，与之进行通话（如图 5-51 所示）。此外，安居客为了能与用户达成某种情感沟通，还开通了微聊，用户选择微聊，即可与选定经纪人进行一对一微聊。这样一来，房产经纪人可以在微聊上与用户进行详细的对话、探讨、介绍，能够在某种程度上促进与用户的情感交流，促成交易（如图 5-52 所示）。

图 5-51　安居客房源信息

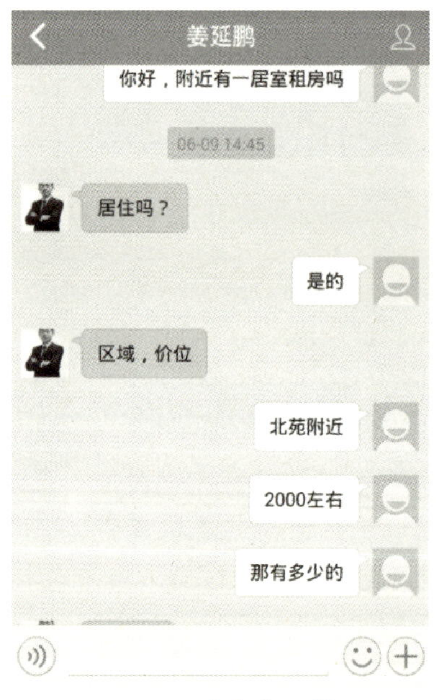

图 5-52　与经纪人微聊

用户还可以通过微聊，与经纪人取得情感上的沟通，及时关注房源信息。经纪人也可以根据微聊获得用户心理需求，以便能够与用户达成更好的交流和互动。

此外，安居客为了寻找与用户情感的共鸣，还在房源信息方面设置了很多情感因素，比如将房源高清照片放大，多角度来展现清晰房源，让用户可以全方位看到真实的房屋状况（如图 5-53 所示）。如果看到合适的房屋照片，用户会第一时间在情感上与安居客达成情感共识，从而促进消费。

图 5-53　安居客高清房屋照片

App 营销解析

安居客 App 的这种营销方式充分显现出了情感营销的威力，通过设置微聊来打开用户与企业之间的情感诉求突破口。这样不但方便用户一对一咨询，也方便房产经纪人快速获得用户需求信息，从而进行定制般的推荐和服务。

用户得到了定制般的服务之后，自然会非常舒心，从而也就会对该 App 和企业产生很大的好感。当用户与企业有了情感上的交流互动之后，那么该 App 就已经获得了初步营销的成功。所以，企业必须要在 App 营销时寻找与用户的情感沟通点。

（1）定位和细分用户，寻求情感沟通点

安居客以微聊的方式打开了用户与企业的互动缺口，同时也吸引了大量年轻用户的关注，他们找房子不再需要自己主动找，而只要与经纪人说几句话，聊几句就可以办到。这种方式带动了人们对安居客本身的更多关注。

从上例我们也可以看出，安居客正是通过定位和细分用户，寻找到了与用户情感的沟通点，才取得了情感营销的成功。这需要企业在营销 App 时好好定位用户。比如可以根据自己 App 的服务和特性为用户主动推送一些当下流行的产品或者服务。

聚划算在 App 中推出了“值得买”环节，定期向用户推送一些有见地性的商品。比如 2014 年 6 月，初夏来临，聚划算为用户推送“你选对专属于你的个性色彩了吗？”不但主动寻求与用户的情感互动，还在某种程度上促进了营销（如图 5-54 所示）。

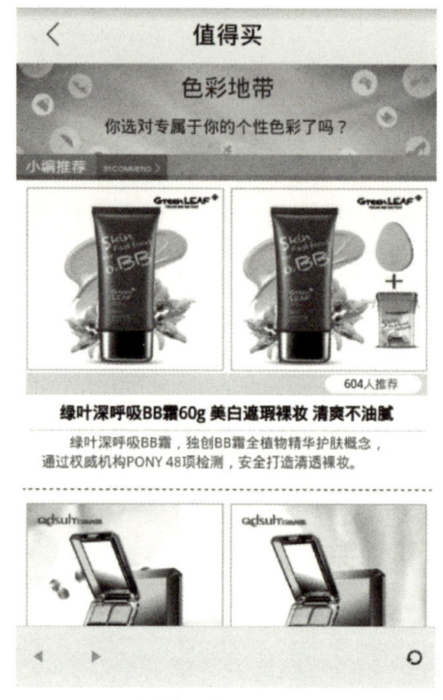

图 5-54　聚划算推出“值得买”情感营销

（2）激励用户参与创造内容

在 App 的营销中，企业应该多开展一些推荐、DIY、评论大赛等互动活动来激励用户参与创造，以此来与用户达成情感沟通和互动，增强用户黏性。

在这方面，企业在成功展开一个话题之后，还需要通过一系列的延伸活动维系与用户的情感互动，比如奖品、神秘惊喜、免单等，这是促进用户持续参与的必备要素。

上街吧 App 定期会向用户推出发送评论、发送搭配、点击玩会儿获得大奖、免单等活动。这些活动激发用户参与心理，用户参与不但能获得奖品，还能与企业进行情感沟通，让企业得到更多黏性粉丝（如图 5-55、图 5-56 所示）。

活动详情

☞动动手指10秒，小编就请星巴克!（活动预告）

2014-06-07　玩会儿

上周的星巴克抢票引发了上街吧的编辑部集体瘫痪，中奖率80%以上，下周一活动就要开始了！抢票之前，下载上街吧客户端，给予五星好评喔！

不会搭配？与爱琴海无缘？不要紧

没时间搭配？与苹果5S无缘？不要紧

点赞，你总会吧……………

只要你会点赞，小编就请你喝咖啡！快来抢星巴克免费兑换券！

1．怎么抢？

两个条件：

图 5-55　上街吧为用户推出参与活动

活动详情

☞ 搭配达人0元购美衣，上街吧为时尚买单

2014-06-06　上街吧

活动日期：6月7日-7月7日

参加方式：

下载上街吧app手机应用---注册---创建搭配

活动内容：

发布搭配，以每天中午12：00到次日中午12：00中24小时为单位，被点赞数量最多的前三位"搭配之星"将获得stylosophy网上商城的免单券，购买衣服无需付款，"上街吧"为您买单。

如需了解更多详情，可加"上街吧"千人大群150244359询问

Stylosophy是国内新晋设计师品牌。其创立人Mia自幼在上海长大，出于对设计的热爱，18

图 5-56　上街吧为用户推出参与活动

App 营销密钥

企业在情感营销中，一定要避免对用户宣传一些负面信息，要尽可能塑造正面、富有积极意义的 App 形象。企业通过话题、情感体验等活动，在很大程度上能让用户容易记住，并且这种记忆还会被保持很长一段时间。所以，企业在运营 App 时，务必要巧妙实行这种情感营销。

9．尖叫模式：利用惊喜大奖来增加企业客户群

惊喜在当今社会是一种常见的字眼。比如我们去超市购物，会看到商家四处招展的“免费体验”“惊爆价来袭”等招牌；在各大网站上，也会看到各种“注册有惊喜”“0 元拿大奖”等策略，这些都或多或少引发了用户的尖叫声。没错，惊喜的概念在互联网中非常重要，而随着移动互联网的发展，尖叫模式也逐渐渗透到了 App 营销中，并成为了 App 营销的一大策略。

当然，让用户尖叫并不是真正为用户完完全全地免费服务，而是希望通过表面的“惊喜”来将用户引导到真正消费、成为忠实客户的道路上。换句话说，

给用户惊喜是为了让企业更多地获得消费者群体，获得流量，获得点击、搜索、声誉、知名度，乃至利润。那么在 App 中企业如何巧妙利用尖叫模式来营销呢？且看下面这个案例。

聚划算是阿里巴巴旗下的一个子公司，该网站的成立主要是引导用户消费，其方式就是便宜，打价格战来赢得用户青睐。网站从淘宝上亿商品中为用户精挑细选了更多物美价廉的优质性能产品。这些商品涵盖了各种类型，并且覆盖超过 100 多个城市的本地生活服务。据悉，正是因为超低价和“巨”划算等惊喜特点，聚划算每天都会有几千万用户在该网站上找到合适的商品。

而聚划算 App 的出现，更是满足了那些“手机族”的需求，可以让年轻人在手机、智能设备上随时随地选择物品，为用户节省了金钱的同时，更节省了时间。从这个大方面来讲，其实聚划算 App 本身就已经在走尖叫模式的道路。而我们从内在细节分析会发现，聚划算 App 更是为用户亮出了明显的“尖叫”。

在聚划算 App 的首页顶端中，我们看到轮番滚动的是各种超低价的产品促销活动，甚至有些商品低至 1 折，有些商品或者服务只收费几元乃至零点几元（如图 5-57 所示）。这种方式引发了粉丝们的尖叫，所以这个广告头版就吸引了大批粉丝的钟爱。

接下来，我们还会看到聚划算有“0 元抽奖”的惊喜环节。用户只要点击，就可以立即参加 0 元抽奖活动。奖项包括当下最流行的各种手机、数码用品等（如图 5-58 所示）。每天在聚划算都有这个抽奖惊喜，幸运的用户就会被选中，从而获得价值几千元的大奖。

图 5-57　聚划算顶端低价惊喜广告

图 5-58　0 元抽奖惊喜

而在“整点聚”的环节中，用户可以针对每一个时间段进行秒杀，抢购各种低价产品。有些产品的低价已经“低”到用户无法想象，甚至只需要几百个积分就可以获得（如图 5-59 所示）。

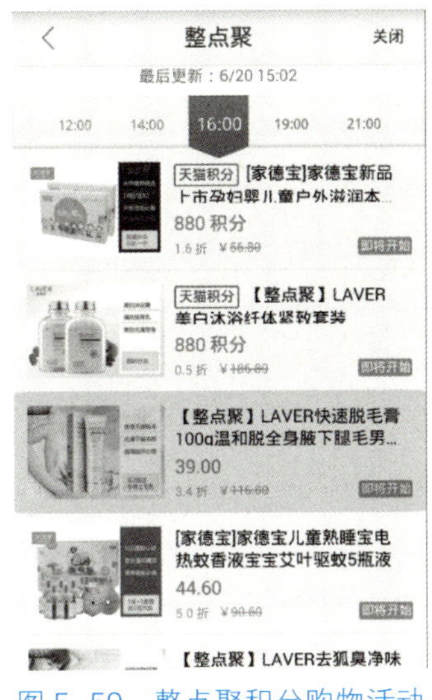

图 5-59　整点聚积分购物活动

获得积分的方式大部分是免费的，除了买到东西送积分之外，还可以每天打开聚划算，按指纹签到，就可以轻松拿到积分（如图 5-60、图 5-61 所示）。不得不说，这对粉丝来说是一大疯狂的惊喜和意外收获。

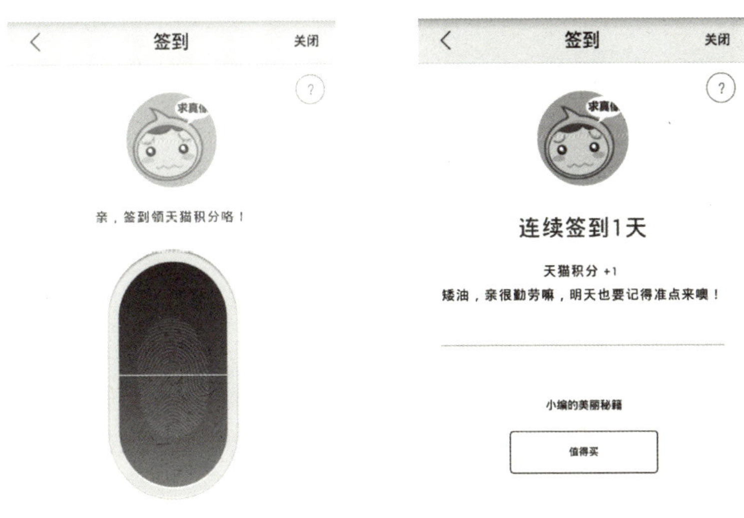

图 5-60　签到赢积分　　图 5-61　指纹签到免费获得积分

聚划算App的下载量，单在其中一个App应用市场中就超过500万次，可见其影响力非同凡响。而也正是0元抽奖、签到送积分、积分购物等尖叫模式带来的惊喜才使得聚划算的名气越来越大，收入也越来越多。

App营销解析

聚划算App用0元抽奖、送积分等惊喜方式获得了大量用户的尖叫声和支持，这让很多企业纷纷效仿。比如某宽带公司为了吸引更多的用户安装宽带业务，于是推出只要关注和下载App就有神秘大奖活动，这也吸引了不少用户的青睐。

尖叫模式已经被企业业内人士认为是新型移动互联网营销的一大法宝。因为从事实和理论上来讲，没有哪个消费者是不喜欢得到“惊喜”的。聚划算推出“0元抽奖”之后，虽然每天开奖的名额很有限，但是却也每次都赢得了上万、甚至百万的人来参与。细细算一下，聚划算App只是用了两部数码机器，就换来了上百万的点击率、搜索流量、知名度以及其他的额外消费。在这个买卖中，到底谁才是最大的赢家，恐怕每个企业营销者心中早有答案。

没错，尖叫模式已经成为了App营销的一大重要基准，打开你所有的购物类型的App，会发现大都会显现出企业的“惊喜”策略。那么到底什么样的惊喜策略才更招人喜欢呢。下面我们介绍几种App尖叫模式的方法。

（1）下载和注册App有惊喜

想要给用户制造惊喜，让用户尖叫，就需要给用户一点悬念。比如企业可以在App推出时，打出“注册App就有神秘大礼包”或者“下载App赢大奖”等活动。这些“大礼包”“大奖”等神秘字眼，往往很容易吸引用户关注和参与。

当当网为了让更多用户可以在手机客户端购买商品，于是推出首次使用App下单就返10元现金，第二单再返5元现金活动（如图5-62所示）。这个优惠足够让用户尖叫一段时间了，但是当当网还不罢休，又推出下载App，扫码得神秘红包。

现金、神秘红包，这些虽然是噱头，但却也真真正正让用户得到了好处，发出了尖叫声。据悉，当当网在推出这种营销模式之后，其手机App的下载量突飞猛进，而且利用App购物的用户也越来越多，最重要的是，当当网的名气和知名度也被提升上去。

当然，在这个做法中，企业还应该注意一点，在突出下载有奖时，要将词语用得犀利、刺激一点，这样才能激发用户参与的欲望。

图 5-62　当当网 App 注册有礼

（2）借助活动、店庆送豪礼，引发粉丝群体尖叫

想要让用户为你的 App 尖叫，就需要给你的 App 加点料。在这方面，京东商城 App 给我们做出了一个很好的表率。2014 年 6 月 18 日，是京东商城 11 周年店庆的日子，在这几天，京东商城不断推出惊喜大礼，天天低价活动。尤其是在 App 中，京东更是为用户持续放送惊喜，引发粉丝群体尖叫。

在京东 App 中，6・18 期间，开辟了“老刘专场”，各种电器、数码产品低价出售，甚至有些智能手机仅售 329 元（如图 5-63 所示）。而在“掌上趴”环节中，更是关注送礼、查物流抽奖等惊喜活动。比如查物流抽大奖活动，只要用户在规定时间内，通过京东 App 查询物流，就能够参与抽奖，奖品涵盖各种数码产品、家电（如图 5-64 所示）。

图 5-63　京东 App 推出 6・18 惊喜活动

图 5-64　京东 App 查物流赢大奖惊喜

由此可见，企业应该多借助一些店庆、节日等活动来推出各种惊喜策略，为用户制造尖叫的机会，赢得企业 App 的下载量和使用率。

App 营销密钥

企业在 App 中制造尖叫和惊喜时，可以采取两种方式。一种惊喜可以长期在 App 中体现，如聚划算的“0 元抽奖”“签到送积分”等这些规模小一点的惊喜，这样有利于放长线钓到更多的鱼。还有一种就是利用活动、节日来搞大惊喜，比如送大礼、赢旅游等，这样可以在短时间内刺激用户参与，加大企业的销售额度。

第 6 章　百家争鸣，各行各业中 App 营销经典案例

各行各业都有出类拔萃的 App 营销案例。本章重点从服装、餐饮、美妆、旅游、汽车、快消品、传媒、电商、机构组织、酒店 10 个行业中选出具有代表性的 App，如美丽说、必胜客、美妆心得、侠客行等，全面解析这些成功的 App，总结出一套实用、有效的 App 营销方法和技巧，让你的 App 快速在客户间传播开来。

1. 服装行业：美丽说做你身边的购衣顾问

美丽说是目前国内最大的社区类型女性时尚媒体。随着互联网的飞速发展，美丽说专业致力于为女性用户解决穿衣搭配问题，从穿衣打扮到美容护肤，无一不体现出对女性用户的关爱。用户还可以在美丽说的网站上与其他网友一起分享最新潮流单品和搭配心得，从中发现魅力，搜索流行。

当初徐易容在创立美丽说的时候，似乎就已经预见到了移动营销市场的重大趋势。所以，在智能手机遍布人们手中之时，美丽说的 App 营销也正进行得如火如荼。

美丽说 App 是一款专门为智能手机、移动设备打造的移动搭配应用，用户挑衣服、搭配、比价格等这些繁琐的事情，都不必再去电商网站上一一搜寻，只需要下载一个美丽说的 App，每天都能看到上千款最流行的服饰。而且其价格也都非常合理，用户甚至不需要自己搭配，美丽说会为你推送最流行最潮的服装搭配。

而美丽说 App 的营销最重要的就是体现在对用户的维系上。美丽说深刻体会用户穿衣搭配心得，理解用户网购需求，于是美丽说 App 通过以下几大方式赢得了用户的喜爱。

第一，客户端专享 1 分钱试用。美丽说每期都会推出 1 分钱试用活动。用户只需要支付 1 分钱，就可以获得大牌单品的购买资格以及众多购物现金券。比如 2014 年 6 月中旬，美丽说推出了 1 分钱单品——卡西欧自拍神器的尊享特权（如图 6–1 所示）。用户只需要支付 1 分钱就可以获得申请购买卡西欧的资格，并且如果新客户申请，前 5000 名还会获得价值 50 元的现金券（如图 6–2 所示）。这种 1 分钱试用的方式，不但成功地为美丽说打出了招牌，刺激了消费，而且还因此招揽了更多的新客户，可谓是一举多得。

第二，团购，每天上午 10 点上新。美丽说每天都会推出新款团购产品。用户可以在这里用最低价格买到合适的新款产品（如图 6–3 所示）。

第三，天天抽奖。美丽说每天都会为手机用户推出抽奖活动，各种大奖、现金券赠送不停，让用户每天都有惊喜。

第四，时尚专题，明星达人教用户搭配，时尚教母解读最潮流趋势。美丽说的最大一个特点就是在客户端中为用户推送最新的时尚专题。在这里，用户不但可以欣赏时尚教母送上的时尚解读、流行预测，还有众多明星街拍，教会用户从内到外穿衣搭配。再平凡的女孩，也能在这里吸取到时尚的气息，获得时尚熏陶，不再为搭配、造型而愁苦。

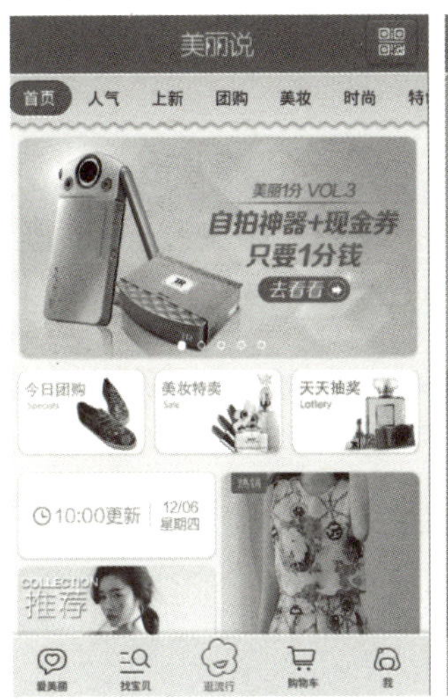

图 6-1　美丽说推出 1 分钱试用

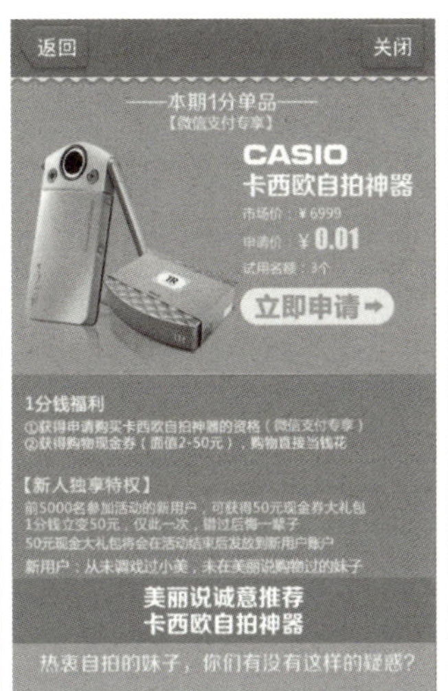

图 6-2　美丽说 1 分钱试用活动

图 6-3　美丽说团购每天 10 点上新

而且在这个环节中，美丽说还会为用户针对明星街拍以及时尚趋势的把握推送各种各样的流行单品、全套服饰，用户无需自己从网站中一一搜寻，在这里可以一键购买到称心如意的时尚服饰（如图 6-4、图 6-5 所示）。

图 6-4　时尚专题解读流行趋势

图 6-5　时尚推荐搭配购

第五，爱美丽 Club，让用户晒出美丽、获赞。美丽说还为用户推出了爱美丽 Club，在这里用户可以随时上传和晒出自己的搭配靓照。其他用户看到还会对你关注，或者发表赞赏评论，让你成为魅力女王。当然，你也可以从这里找到更多兴趣相投的好友，一起探讨时尚话题（如图 6–6 所示）。

第六，美妆品牌特卖秒杀，独享低价有保障。美丽说在每周二、周五晚上 8 点会为手机客户端用户推出美妆限量秒杀专柜。大牌美妆产品在美丽说享受独有的低价，客户端用户可以随时购买到正品特价美妆产品（如图 6–7 所示）。

图 6–6　爱美丽 club 分享美丽

图 6–7　美丽说推出美妆限时秒杀

此外，在美丽说 App 购物还能享受快捷微信支付，随时查看物流状态等功能。美丽说 App 凭借着人性化的设施和时尚的潮流搭配成为了 6000 多万女性用户的最爱。

App 营销解析

当大多数的服装企业在为营销发愁时，美丽说以她独特的 App 营销取得了非常了不起的成绩。仔细分析美丽说营销的成功，我们会发现，其实该企业最大的成功在于它看透了女性用户在穿衣搭配和购物方面的心理。

女性往往觉得自己衣橱里面的服装不够搭配，不随形势，总觉得自己还不够美丽，想要好好打扮自己，尤其是羡慕明星的造型，因此如何让自己成为焦点，如何正确穿衣搭配就成为用户的一大需求。而美丽说 App 正是为用户解决这一类的问题，将所有的问题和答案都安装在了一个简单的应用 App 中，成为用户随身携带的购衣顾问。

从这一点来看，服装企业必须要借鉴美丽说的成功经验，从而才能在 App 营销中取得佳绩。

（1）不只是为用户推送美衣，更需要为用户送上搭配宝典

服装行业在做 App 时，要记住，不能纯粹为了推销服装而推销，一定要从用户的内在心理出发。用户在购买美衣时，在心理上不只是想要这件衣服，更多的是在思考如何搭配，如何在整体造型上突出。所以，服装企业需要在搭配上给用户一定的指引。美丽说通过推出时尚话题，为用户解读时尚流行趋势，推送搭配心经而获得了女性的喜爱，每一个服装企业都应该懂得把握这一点。

蘑菇街 App 与美丽说一样，都是一个服装应用，而蘑菇街的营销方案也并不只是单纯地推送美衣，也会在首页上为用户推送最新的搭配图片，用户可以根据模特整体的搭配来购物（如图 6-8 所示），这种方式要比那些直接摆上服装推广的方式好得多。

图 6-8 蘑菇街推出搭配图片推销

（2）服装款式更新要及时，并借此来推出团购、秒杀、专场、抽奖等活动

经营服装最关键的在于款式要及时更新，在 App 中要及时展现自己的最新款服装。同时，还要推出一些促销活动，比如团购、秒杀、抽奖等，吸引用户，刺激用户再消费，也能在一定程度上吸引更多新客户，为企业的品牌做一个完

美的推广。

海澜之家在 App 中每周二会为用户送上新品，并且在上新品时还会推出“天天超值价”活动，用户可以用最低价买到最新款产品，对用户而言是一种非常大的福利（如图 6-9、图 6-10 所示）。也正因此，海澜之家也获得了众多男性用户的追捧。

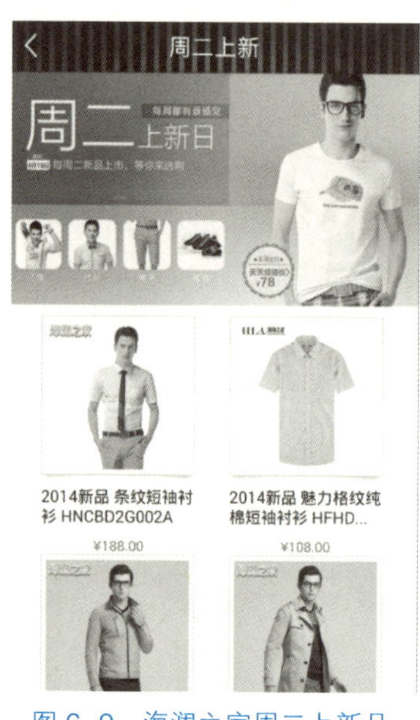

图 6-9　海澜之家周二上新品

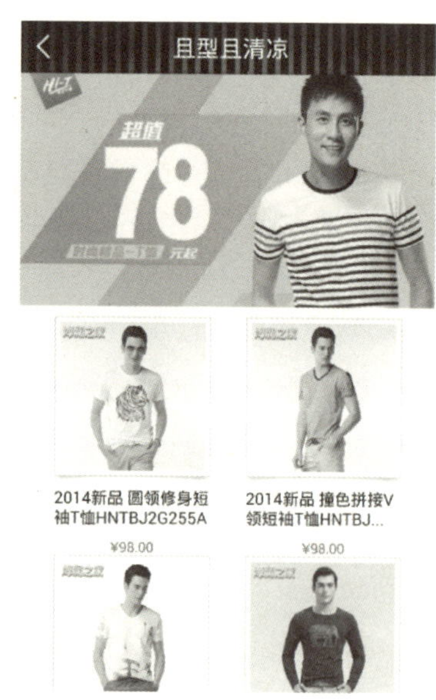

图 6-10　客户端用户专享“天天超值价”

App 营销密钥

服装 App 营销很重要的一点就是价格。因此，企业务必要推出客户端客户独享区域，让客户端用户专享某种特价、某种折扣，这样才能更好地吸引用户使用 App。

2．餐饮业：必胜客让你随时享受狂欢优惠

必胜客是全球最大餐饮集团百胜旗下最大的比萨连锁专卖店之一，它凭借着低价、鲜美、快捷的特色成为了人们心目中聚餐、狂欢的好去处。进入移动互联网营销的大趋势以来，必胜客也一直追随最先进的营销方式，比如 App 营销。

用户下载必胜客 App 之后，不但可以了解必胜客欢乐餐厅最新的活动资讯，

还能分享给好友，与好友一起享受必胜客。下面我们从细节上来看一下必胜客是如何在 App 中做到狂欢的。

首先，签到必胜客，让用户更方便查看自己身边的餐厅，还能够通过签到获得客户端用户的专属优惠。用户点击“签到必胜客”之后，就会看到系统自动为你定位地理位置，然后搜寻到与你最近的必胜客餐厅，你还可以通过切换地图和文字排列方式，更直观地看到必胜客的位置。随后用户点击“立即签到”，发表自己对必胜客的看法和建议，提交上去，即可成功签到（如图 6–11、图 6–12 所示）。

图 6–11　必胜客签到活动

图 6–12　必胜客签到活动

其次，当地活动中优惠多多，让你随时享受狂欢优惠。在必胜客的“当地活动”中，用户可以看到必胜客为用户推出的多种多样的优惠放送。其中，在最顶端的流动信息栏中，会持续放送更多半价、优惠券领取等活动，用户点击即可详细了解最新活动（如图 6–13 所示）。

比如 2014 年 6 月，必胜客推出了桑巴狂欢派对 VIP 邀请函领取美食优惠活动。用户点击之后，就可以通过“立即挑选”来获得美食优惠。获得优惠券之后，系统会提示你，然后用户就可以在规定时间内去必胜客餐厅出示本优惠券获赠南美风情鸡肉串一份（如图 6–14、图 6–15 所示）。这个优惠活动不但吸引了用户的参与，而且还在很大程度上推动了该鸡肉串的营销。

图 6-13　必胜客当地活动　图 6-14　桑巴狂欢专属优惠活动　图 6-15　获得优惠券

在这个当地活动中，用户会看到更多形式的必胜客优惠，比如下午茶免费续杯、工作日特惠午餐、30 元随心配、美食套餐等。

当然，必胜客的狂欢优惠不只是体现在美食方面，必胜客还会定期推出一些独特的抽奖。比如必胜客 App 曾针对 App 用户推出幸运女神散花时间，用户登录 App，即可获得女神眷顾，获得大奖或者特殊优惠（如图 6-16 所示）。

最后，必胜客还推出了手机 App 必胜客宅急送客户端。必胜客宅急送是必胜客欢乐餐厅 App 的姐妹品牌，专营外送服务。用户下载之后，可以快速点外卖，几分钟即可下单（如图 6-17 所示）。这对用户来说也是一个非常大的便捷之处。

图 6-16　幸运女神散花抽奖活动　　图 6-17　必胜客宅急送外送服务

App 营销解析

作为一个餐厅，必胜客 App 做到了集活动、优惠、狂欢于一身，让用户在这里可以尽情狂欢聚餐，享受优惠。必胜客 App 的成功主要在于推出各种优惠和活动。用户去一个餐厅消费时，除了在菜品上的需求之外，最重要的就是价格，如果能够享受特殊优惠，对用户而言将是一次非常开心的用餐，能够让用户对餐厅品牌有好感，无形之中进行了推广。

因此，餐饮业在做 App 营销时，一定要注重在优惠方面的做法，积极推出为用户省钱的活动。当然，不同的餐厅，还应该根据自身的特点来推出符合餐厅的优惠，而在整体上，餐饮 App 的营销也无外乎三点最基本的要点和技巧。

（1）App 独享优惠，让客户端用户狂欢用餐

作为一个餐饮业，想要在 App 营销中获得成功，最需要的就是给用户开辟客户端专享优惠渠道，让 App 用户可以体验到尊享感觉。例如企业在 App 中可以推出下载 App 即可获赠某某菜品、甜点、饮料一份；App 新用户享受 8 折优惠等活动。还可以设立一些针对 App 用户才可参与的独特抽奖活动、签到有奖活动等，这样能够在很大程度上刺激更多用户使用 App。

例如吉野家在 App 中推出了 App 客户独享的二维码优惠。用户下载 App 之后，可在“优惠”中获得 App 优惠券。用户用餐时，向服务员出示该 App 上的二维码优惠券即可获得独特优惠和赠送（如图 6–18 所示）。

图 6–18　吉野家 App 独享优惠券

（2）最新餐厅资讯和活动要及时更新

餐饮店开设App，毕竟是为了方便用户去实体店用餐，因此，对于实体店的一些最新消息，如连锁店开新店、推出哪些新品、哪位明星做客餐厅、举办什么活动……这些信息都要及时在App中推送，让用户可以第一时间知道餐厅状况，提早做好用餐准备和时间安排。

2014年6月，北京又一家必胜客新店开幕，于是必胜客App中及时为用户推送了一条新店开张信息，为用户送上该店的详细地址和图片。另外，用户看到后，还可以一键分享给微信、微博、QQ等好友（如图6-19、图6-20所示）。

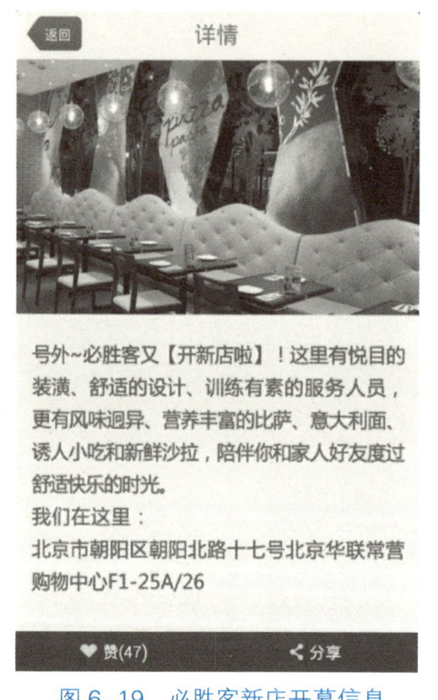

图6-19　必胜客新店开幕信息

图6-20　一键分享给好友

（3）App订餐要方便快速

餐饮店App还应该注重外送和预订服务，这也是赢得用户喜爱的一种有效方式。比如必胜客推出了必胜客宅急送，肯德基也推出了肯德基宅急送等服务，用户App一键外送，方便又实惠。

而那些大型的正式餐厅，也要完善App预订服务。比如俏江南餐厅，在App上就着重推出餐厅预订服务。用户只要下载并且注册俏江南，就可以选择“预订餐厅”，然后选择店面、位置、菜品，最后提交预订（如图6-21、图6-22、图6-23、图6-24所示）。

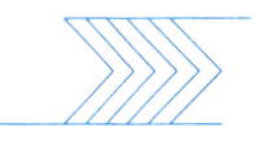

图 6-21　俏江南预订餐厅

图 6-22　选择餐厅位置

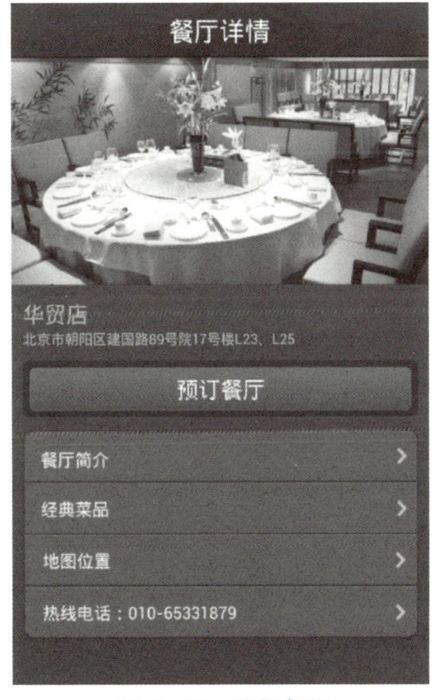

图 6-23　选择餐厅

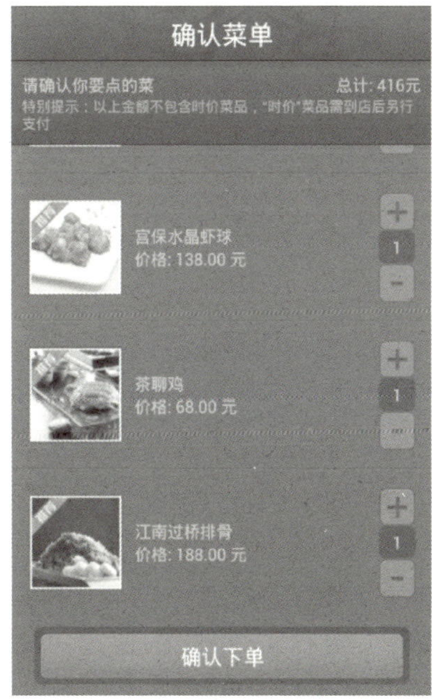

图 6-24　点菜品下订单

这种快速便利的方式，能够在无形之中增加 App 用户的使用量，也能在很大程度上促进俏江南菜品的推广。

App 营销密钥

无论是大餐厅还是小饭馆，在 App 中推出独特专享优惠时，一定不能过于复杂，比如有些餐厅推出了消费满额即送一次抽奖机会，而抽奖机会则还必须是新客户才能获得，兑奖又得需要过重重关卡……这种复杂且不太诚实的做法是餐饮店做 App 时需要避免的。餐厅一定要本着简单、诚实的原则为 App 用户服务。

3. 美妆行业：美妆心得做你私人专家 App

化妆品一直以来都是一个百变行业，卖的产品要跟随形势和国际潮流，而且产品还能帮助用户百变造型，让用户在保持肌肤健康的基础上，通过适宜的造型成为美丽女王。而说到化妆品的营销方式，也是千姿百态。有些企业搞直销，有些企业做电商，还有些企业热衷于大街推广等。而最为流行且能够获得较大客户群的方式则是 App 营销。

图 6-25　美妆心得试用体验

美妆心得是一款专业帮助女性化妆的应用 App，爱漂亮的女性都可以在这里找到快乐，而且在这里也能够轻松为你搞定妆容。下面我们来看一下美妆心得是如何利用 App 做到的。

首先，打开美妆心得 App，会发现这完全是一个化妆世界。在这里，用户们谈论的都只是化妆。首先在顶端，美妆心得就为用户推出了美妆评测团第一期的内容：彼得罗夫小脸面膜。这是美妆心得推出的一个新活动，用户可以参与评测团，报名成功，即有机会获得价值 200 多元的小脸面膜一份（如图 6-25 所示）。

这种评测团为用户提供了可以免费获得面膜的机会，而且也能让用户对该品牌形成一个良好的认识和好感。

其次，美妆心得还为用户推送了知名化妆师对美妆的建议，用户点击之后，还可以看到美容大师的美容经验和讲堂，手把手教会用户如何打理妆容、护肤，完美面对一切。在这里，美容造型老师不但能为用户送上图文并茂的化妆步骤，而且还有很多粉丝追随，发表评论，提出想法或者分享美容经验（如图 6–26、图 6–27、图 6–28、图 6–29 所示）。即便是对不会化妆的用户，都能手把手地教会，让用户爱上化妆。

图 6–26　美妆老师化妆顾问

图 6–27　美妆教程

图 6–28　美妆步骤

图 6–29　支持者评论

再次，在“美妆”区域中，用户还可以根据分类、排行、新品、价格等寻找符合自己属性的化妆品，然后点击观看该化妆品的特性、价格、用户评价。这些功能都将对用户选择一款正确的化妆品有极大的帮助（如图 6-30 所示）。

最后，用户还可以通过登录发表自己的护肤、化妆心得，通过图文并茂的形式表达出自己对某款化妆品的热爱和推广。同时，也会带动大批关注者支持和发表评论，如果你的支持者达到一定的数量，那么你将有机会被推崇为化妆达人。这对形成一个美妆氛围很有帮助，同时也能激发美妆心得 App 的人气，将品牌更好地推广出去。

此外，用户在美妆心得还能解决日常生活中经常遇到的一些皮肤、美体问题，在这里，美妆心得会为用户一一解答（如图 6-31 所示）。

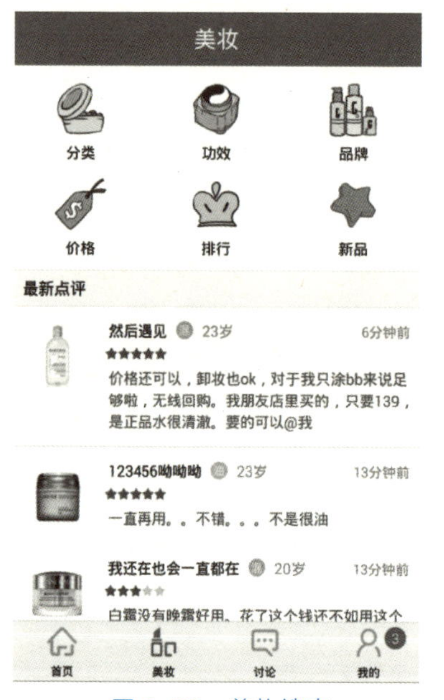

图 6-30　美妆搜索

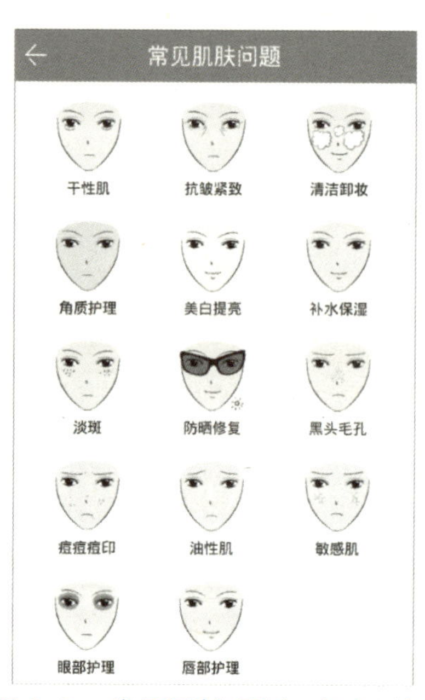

图 6-31　常见肌肤问题以及解决之法

App 营销解析

美妆心得是化妆品 App 中比较成功的一个案例。凭借着专业的美妆态度和专业的技师团队，为众多爱美的女孩提供了颇多美妆经验。喜欢美妆心得 App 的用户可能发现了一点：美妆心得只说心得，不卖产品。

没错，美妆心得走的是隐喻性的赚钱路线，以专业美妆姿态征服用户，赢取用户的关注、支持和使用。另外，美妆心得有了很大名气之后，自然就少不了各种各样的广告植入、流量等收入。所以在化妆品行业，美妆心得 App 做得非常高明。

当然，不是所有的化妆品行业都能做到美妆心得这样，但是从美妆心得的案例中可以总结出几大重要的技巧方法。

（1）美妆 App 必须突出专业性，才能征服用户

一个美妆企业，想要通过 App 来吸引眼球、征服用户，必须要突出专业性。专业性表现在对化妆品的测试、使用方面，常见护肤问题解决方面，专业化妆步骤，操作、美妆造型等。如果你的 App 不能体现出专业的美妆内容，那么它就无异于一个空壳子，与那些普通的电商没有差别，用户很难会选择你。

跟我学化妆是一个实用性的化妆 App，不但实用，而且非常专业。在这里企业为用户开启了横屏模式，可以针对自己的需求来选择合适的妆容造型，如职业造型、生活造型等。每一个造型中都有几种专业的细分化妆造型，里面步骤详细，操作方法可谓是手把手教学（如图 6-32、图 6-33 所示）。其专业化堪称化妆技师水平，所以该 App 获得了众多粉丝的追捧。

图 6-32　跟我学化妆 App

图 6-33　跟我学化妆之职业篇

图 6–34　聚美优品 App 美妆满赠活动

（2）推出化妆品试用、测试、折扣等活动，激励用户参与

美妆心得在 App 运营中就是通过推出化妆品的试用、全民测试等活动，吸引众多用户注册并且参与。有了这些实际物质上的奖励之后，用户参与的热情也会越来越高涨。当然，这也能够带动企业本身的品牌推广。而其他的一些化妆品专卖店、电商网站也可以在 App 中推出折扣、满赠等活动吸引用户参与。

聚美优品是中国最大的化妆品电商网站，在 App 的美妆商城中也开启了满赠活动，结合节日、团购等一波又一波的促销扑面而来，吸引了众多粉丝关注（如图 6–34 所示）。

App 营销密钥

美妆企业在 App 中推出美容秘籍或者教程时，最好以专业、权威的造型师、美妆师为指导，为用户解决美妆问题，打造私人专家 App，而不只是形式上的喊口号。

4. 旅游业：侠客行——最受欢迎的旅行助手

旅游行业向来是走在时尚前沿的一个行业，而且人们随着经济水平的提高，对外出旅行也有了很大的选择。而这时旅游业 App 也应运而生，成为新新人类外出旅行的掌上法宝。

旅游行业如何在 App 中成功做大呢？首先，企业不能将所有的心思都放在“旅游”上，应该拓宽视野，在交通、酒店、景点等各方面都要做到尽善尽美。比如下面这个成功的案例。

侠客行是一款权威的旅行助理 App，尤其是在我国香港、台湾等地，侠客行更是成为了人们的掌上旅行助手。因为它不但功能多，而且还很贴心。

侠客行最主要的特色就是体贴，尤其是在为用户推送机票方面。侠客行为用户推出超值机票推送。无论你去哪里，都能在侠客行找到物美价廉的机票。

用户甚至还可以购买年票、特价打折机票（如图 6–35 所示）。对航班、机场信息，侠客行也是面面俱到。比如我们查询机场信息，只要用户选择一个机场，即可出现该机场的所有动态信息，包括机场快轨、机场巴士、天气、电话等。如我们选择北京首都国际机场，然后点击机场巴士，侠客行就会为用户推送关于首都机场的所有巴士信息（如图 6–36、图 6–37 所示）。这些信息不但详细，而且真正能为用户解决诸多出行问题。

图 6–35 侠客行为用户推送特价机票

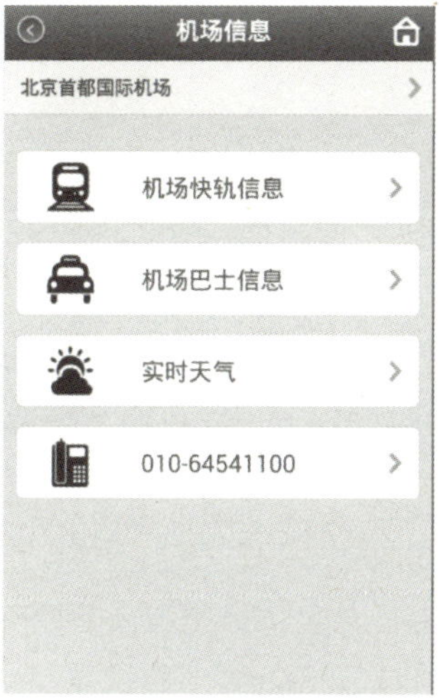

机场信息
北京首都国际机场
机场快轨信息
机场巴士信息
实时天气
010-64541100

图 6–36 机场信息查询

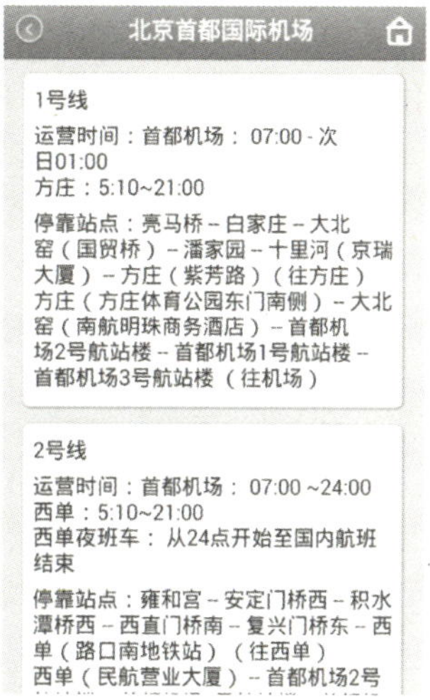

北京首都国际机场
1号线
运营时间：首都机场：07:00 - 次日01:00
方庄：5:10~21:00
停靠站点：亮马桥 – 白家庄 – 大北窑（国贸桥）– 潘家园 – 十里河（京瑞大厦）– 方庄（紫芳路）（往方庄）方庄（方庄体育公园东门南侧）– 大北窑（南航明珠商务酒店）– 首都机场2号航站楼 – 首都机场1号航站楼 – 首都机场3号航站楼（往机场）
2号线
运营时间：首都机场：07:00 ~24:00
西单：5:10~21:00
西单夜班车：从24点开始至国内航班结束
停靠站点：雍和宫 – 安定门桥西 – 积水潭桥西 – 西直门桥南 – 复兴门桥东 – 西单（路口南地铁站）（往西单）
西单（民航营业大厦）– 首都机场2号

图 6–37 机场巴士信息

侠客行还为用户推出了各种超值旅游产品，包括去中国香港、日本东京等几日游的详细信息，用户可以选择适合自己条件的旅行（如图 6–38 所示）。

用户还能在侠客行中选择城市导航，在地图上清晰地找到周围的娱乐设施、购物商场、旅游景点等，非常方便用户出行（如图 6–39 所示）。

侠客行还有一个非常人性化的贴心设计：行程安排。用户可以创建一个行程，添加旅游城市、景点、入住酒店、餐饮等（如图 6–40 所示），随时提醒用户的行程，有利于用户在旅行过程中合理安排时间。

图 6–38 旅游产品推送

图 6-39　地图城市导航

图 6-40　行程安排

App 营销解析

侠客行 App 的运营似乎与市场中大多数的旅行 App 不太一样。大多数旅行 App 太多侧重于酒店和景点。而侠客行整体上十分人性化和体贴，将为用户省钱、为用户安排时间放在了第一位，于是推出了特价机票，机场、城市、航班信息查询等，还推出行程安排等旅行助手……

这些设置都体现出侠客行充分将用户体验放在第一位，为用户解决实际问题，在细节上征服了用户。因此，侠客行也被人们称为是最受欢迎的旅行助手。从这一点来看，旅行 App 在营销时，一定要注意其中的细节问题。

（1）旅行 App 搞特价送超值服务成为追捧热点

在旅行 App 中，企业最值得做的一条就是要为用户时刻推出超值服务和特价产品，包括机票、旅游产品、酒店等。用户省了钱，自然就会在旅行过程中有一个好心情，因而对旅行企业产生好感。

艺龙旅行 App 在首页中主打团购信息，为用户时刻送上最超值的酒店、机票信息。比如针对酒店，我们会从中看到更多超值酒店的推送。用户还可以按照排序、地理位置、条件等自行搜索特价酒店。在万千酒店中，总有一间是物美价廉、符合用户需求的（如图 6-41 所示）。

再如去哪儿网，为用户推出夜销酒店服务，每天晚上 18 点，会为用户推出当天特价尾房，为用户节省酒店开支（如图 6-42 所示）。这一服务一经推出，就获得了驴友们的热爱。

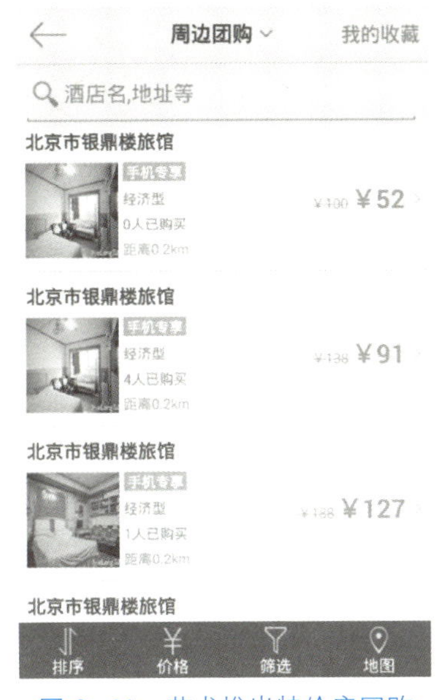

图 6-41 艺龙推出特价房团购

图 6-42 去哪儿网推出夜销特价酒店

（2）贴心助手的细节服务是旅行 App 成败的关键

一个旅行企业想要在 App 营销中获得成功，就不能忽视细节问题，而最主要的就表现在贴心和人性化的服务方面。侠客行为用户推出机场信息，让用户了解机场巴士、天气，以及推出行程日记等服务，就充分显示出了侠客行的贴心服务，而也正是这种注重细节的精神才成功造就了今日的侠客行。

这说明旅行企业必须要在 App 中为用户提供方便又贴心的服务，比如地铁交通、地图信息、行程安排提醒、天气变化等。这些细节服务能够在很大程度上感化用户，让用户深深爱上你的 App。

图 6-43 携程旅行语音查询助手

携程旅行 App 推出了一个非常人性化的贴心服务——语音查询。用户只要说出自己想要查询的问题，比如上海的酒店、北京机票等，系统就会自动识别出该区域的信息。这一服务为用户节省了输入文字的时间，而且对那些不方便打字的用户来说，更是一种贴心的服务（如

图 6-43 所示）。

App 营销密钥

旅游行业的 App 营销一定要突出快捷和便利的特点，因此无论用户查询什么信息、什么旅行产品，都应该为用户一次性详细推送，快速传入，而且传入的信息一定要是最新的。只有这样，才能让用户更频繁地使用 App 来选择旅游产品。

5. 汽车行业：荣威 550 之家为你提供一切荣威服务

移动智能手机设备的普及，为 App 的发展和应用打下了坚实基础。而且 App 应用广泛，也成为企业与用户之间进行良好互动的必备软件。App 也被运用到各行各业。汽车行业在 App 方面的应用似乎显得更加有得天独厚的优势。

App 可以帮助汽车企业做好营销、售后、预约等各种服务，还能通过智能手机的绑定来陪伴车主解决一些困难，比如下面这个汽车企业。

荣威 550 之家是荣威汽车的一款实际服务应用，可为用户解决关于荣威汽车的一切问题。用户只需要选择一款关注或者已经拥有的荣威 550 车型，那么该 App 就可以全程陪伴用户来购买该车，或者为用户解决一切后续保养、定制违章限行提醒等困难，甚至还能帮助用户在整个过程中找到志同道合的车友。

首先，我们从购车服务说起。打开荣威 550 之家的 App，选择自己中意的一款车型，当然也可以多款车型对比选择。然后，从中看参数配置。在该 App 中有最全的车型参数配置信息，可以让用户对每款车型都了如指掌。接下来是最新报价，在该 App 中，有对每款车型最新的报价，包括最低价、厂商指导价、最高价，还有每个 4S 店的报价信息。然后用户还可以观看各个 4S 店的信息，如店的地址、电话、预约试驾、查看官方网站、最新促销信息等（如图 6-44、图 6-45、图 6-46 所示）。如果用户不清楚该 4S 店的地址，还可以通过查看商家地图来清楚地查询到 4S 店的地理位置（如图 6-47 所示）。

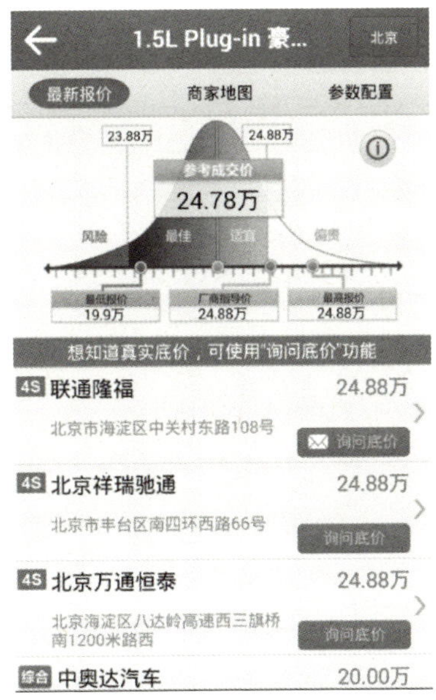

图 6-44　荣威车型报价等信息

图 6-45　商家 4S 店信息

图 6-46　车型评测促销

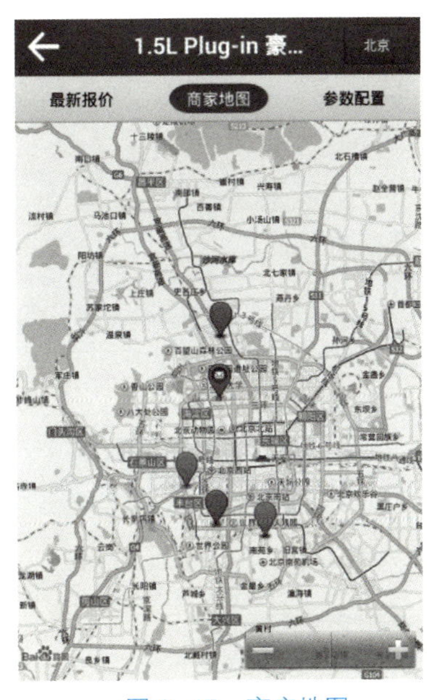

图 6-47　商家地图

接下来用户可以观看车型图片，在荣威 550 之家的图库中，有每款车型的上百张清楚图片，详细分类，图文并茂，一一为用户呈现车型细节问题（如图 6-48 所示）。

除此之外，用户还可以看到关于荣威汽车的各种评测和促销信息。车友可通过亲自试驾、购车过程来发表自己对荣威 550 的观点和看法。这些看法将对用户购车是一个极好的参考，也能从侧面反映出荣威汽车的口碑情况。在促销板块中，用户还能看到购车可享受的优惠和豪华礼包活动，进一步促使用户购车。

最后，我们来看一下已经拥有该款车的车主如何用 App 来享受服务。用户打开 App 的“应用”，会看到关于荣威 550 的各种应用和服务，比如查找 4S 店、保险计算以及保养指南等（如图 6-49 所示）。用户可以填写自己的车型、车牌号，然后进行计算多种险种费用，还可以查询车辆违章信息。App 还根据当天的天气为用户推送出洗车指数和建议。

图 6-48　好靓车型图片

图 6-49　荣威 550 各种贴心应用

此外，荣威 550 之家还为用户设置了论坛板块，用户可以在这里发表自己的开车经验和趣事，以此来寻找车友，完善娱乐生活。

App 营销解析

荣威 550 之家 App 为用户提供了全过程的服务，无论用户是想购车，还是保养爱车，都可以在这里得到完美的帮助。汽车品牌越来越多，App 营销就会越来越流行，因此荣威汽车 App 不只是运用 App 来实现后续保障服务，还通过各种服务、设施、吐槽等无形之中宣传了汽车品牌。用户越是依赖荣威 550 之家，就越会对荣威汽车形成良好的口碑，荣威正是用这种好口碑创造了一个营销传奇。

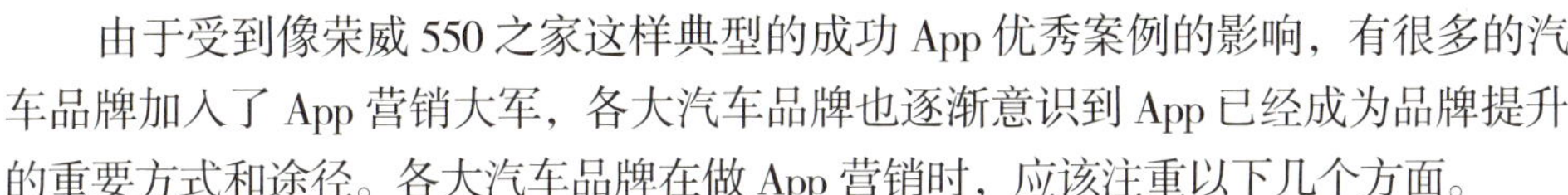

由于受到像荣威550之家这样典型的成功App优秀案例的影响，有很多的汽车品牌加入了App营销大军，各大汽车品牌也逐渐意识到App已经成为品牌提升的重要方式和途径。各大汽车品牌在做App营销时，应该注重以下几个方面。

（1）为购车者提供车辆信息详情

在汽车品牌App中，企业务必要在车辆信息方面做到万无一失。一个汽车App的最核心和灵魂的东西其实就是车辆信息。它包括各种车型、内饰、参数配置、评测、图片、报价等，这些都可以通过App推送给用户，为用户提供一个全方位的展示。事实上，当你那美丽的车型图片、优秀的参数配置、良好的性能评测出现在用户眼中时，就会对用户造成一种“无瑕美”，让用户眼中容不下其他的品牌。

将车辆信息详细展示还有一个好处，当用户来不及到现场观看车辆时，可以回家后在App中慢慢欣赏观看，从某种意义来说，这也是一种贴心服务。

宝马4S店在App中就将车型、图片、报价、商家等信息展示得一览无余，用户可以在这里更方便地找到所需的各种汽车信息（如图6-50、图6-51所示）。这种安排为购车者打好了坚实基础，也成功地将汽车品牌植入用户心中。

图6-50　宝马App信息

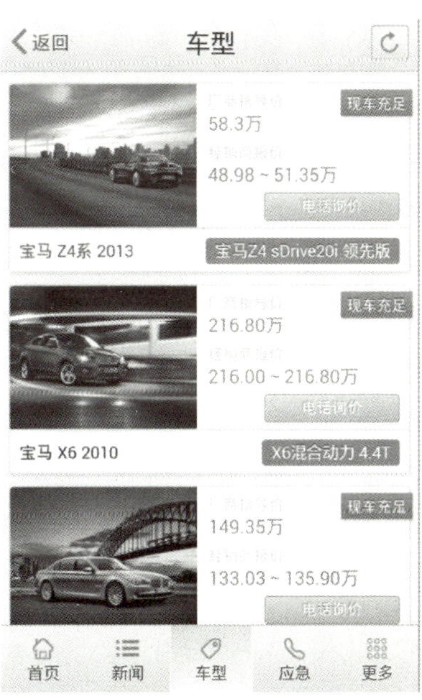

图6-51　宝马App车型信息

（2）免费预约、促销推送要及时，实现持续营销

汽车App想要在竞争中获得优势，就需要为用户多推送一些有价值的信息，比如促销活动信息。企业可以通过App来发送4S店的最新促销活动、买车赠

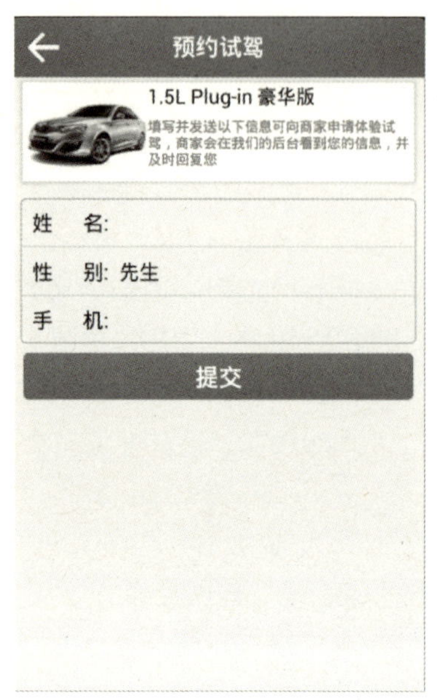

图 6-52　汽车 App 预约试驾

送好礼活动、买车补贴等。当然更重要的还需要为用户提供免费预约试驾功能和服务。

免费预约试驾是各大汽车 App 相互竞争的一大方式，用户只需要填写一些基本信息，或者打个电话，就能成功预约试驾，这对企业的营销是一种非常大的推动（如图 6-52 所示）。如果你的汽车 App 没有这个功能，那么就很难吸引用户。

另外，这些推送和预约活动需要企业为用户提供一种分享功能，让用户可以分享给好友、微博等，这样能够促成客户之间的二次营销，为汽车企业带来更多的新用户。

（3）贴心服务，日常小助手体现 App 细节

汽车品牌在 App 中还需要加入一些娱乐性质或者贴心的小助手，让用户在 App 中既能娱乐又能获得细节上的提醒和帮助。比如可以设置违章查询、救援应急、车位查询、路况信息、天气洗车、保险计算等功能。如果企业能将这些日常小应用在 App 中完美地体现出来，那么用户就会越来越习惯运用你的 App，久之则会产生依赖感。那么日后，用户也自然会选择在你的 4S 店里维修保养。

App 营销密钥

汽车行业 App 的营销关键在于两点：了解目前市场的整体困惑，从这些困惑中找寻突破口，结合 App 技术突出完美的应用和服务；对本汽车品牌的口碑宣传，让用户对该 App 产生依赖。

6. 快消品行业：拉芳拉开营销第二大门户

目前，已经有超过一半的用户对快消品处于随时关注状态，甚至有很大一部分用户还会主动来搜索快消品。在移动互联网技术下，快消品也已经成为人们手机上网关注的热点。通过 App 客户端来细化服务，则成为了快消品行业最大的推广优势。企业可依靠 App 建立起庞大的客户群，以此来推广产品。

无论从品牌效应，还是从实际利益来看，App 都成为了快消品行业向前发

展的推动剂。比如拉芳集团，就采用了 App 客户端的形式拉开了营销的第二道大门。

拉芳企业一直以来都致力于为广大消费者提供更优质的日化用品和服务，甚至还被称为快消品的领头羊。这个快消品大王在新营销趋势下，逐渐发动了 App 新营销攻势。

拉芳 App 客户端可以说是拉芳品牌的一个全新展示平台。在这个平台上，拉芳为用户提供了最新产品的动态和发展趋势，方便用户进一步了解和信赖拉芳。

在 App 首页中，拉芳就开门见山地为用户送上了 9 大热门板块，包括企业信息、行业资讯、商品展示、地图导航等（如图 6–53 所示）。用户可以选择其中任意一个板块来了解拉芳。

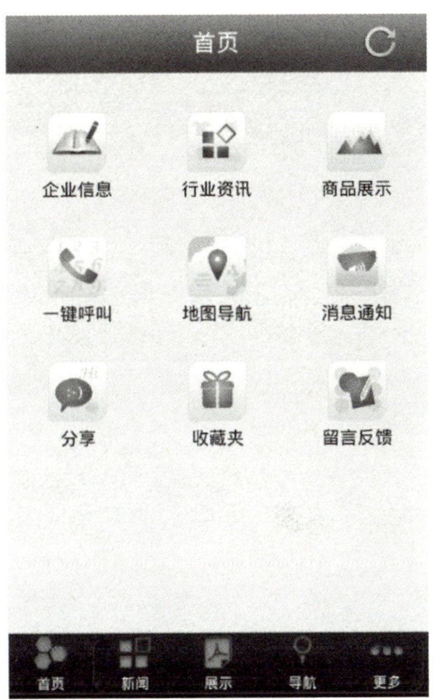

图 6–53　拉芳 App 开门见山信息导航

如在商品展示中，拉芳展示了最新产品的图片、性能以及其他各种信息（如图 6–54 所示）。在 App 中为用户及时更新最新产品，让用户了解拉芳的发展趋势，方便客户做出合理的购买安排。甚至有些用户通过这个板块了解到拉芳的一些深层产品，对拉芳有一个全面认知。

在行业资讯板块中，拉芳也及时为用户送上了拉芳集团的最新活动和公开信息。比如拉芳推出新代言人选拔活动；拉芳与哪些大品牌合作推出新产品等

（如图 6–55 所示）。

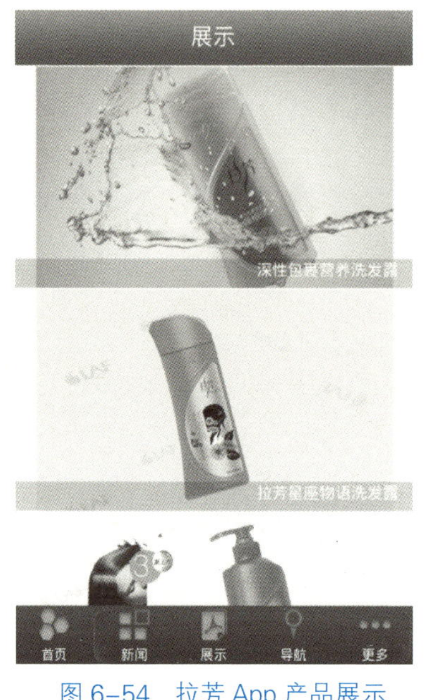

图 6–54　拉芳 App 产品展示

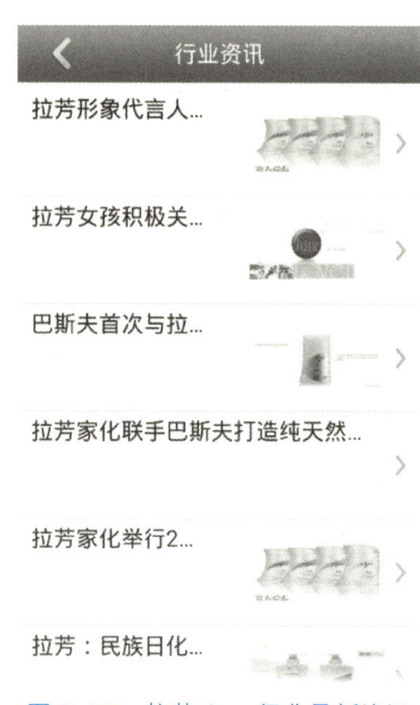

图 6–55　拉芳 App 行业最新资讯

拉芳如果有任何的新消息、推广促销、新闻，都会通过 App 及时推送给用户，让用户及时得到信息，对拉芳有一个合理的动态上的把握。通过 App 的方式，拉芳获得了另外一个营销渠道的成功。

App 营销解析

如今，消费者已经越来越离不开网络，尤其是移动互联网。而快消品的营销也必须跟随形势而积极扩展。拉芳正是通过打开移动互联网这扇大门，依靠 App 平台传达给消费者更多更新的信息。同时，在这个过程中，拉芳也逐渐建立了移动互联网平台下的品牌影响力和知名度，从而也能进一步将拉芳品牌文化传达给更多受众。

很多数据统计显示，移动互联网，尤其是 App 平台目前是所有营销手段中增幅最快的。移动互联网能够快速抓住消费者，引领消费者来扩大自己的消费。而快消品恰恰与人们生活息息相关，这就要求快消品能够更加适应 App 营销和发展。

当然，随着人们生活节奏加快和移动设备的更新换代，快消品必须要在 App 营销策略和设置中突出自己的特色，才能更好地吸引用户使用你的 App。

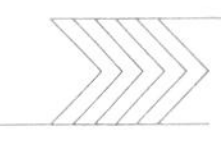

（1）快消品 App 要贴近生活，才能更有意思

很多快消品在做 App 营销时，往往将 App 做得过于庄重，甚至过于死板。这样很难吸引用户使用。因此企业必须要从快消品本身的特点出发，寻求贴近生活的 App 营销。

快消品包括食品、个人日化、烟酒等产品，它们本身就与人们生活息息相关，因此在 App 中，企业务必要将这些产品的信息、更新状态贴近生活，才能实现其价值。以往电视、广播、报纸等传统媒体的广告宣传之所以在慢慢过时，就是因为这些方式不够灵活，不够生活化。而 App 则不同，App 不但灵活，而且主动权在用户手中。因此，企业可以将很多贴近生活的好玩的东西放在 App 中，让用户主动体验。

比如玉兰油 App 曾经推出肌肤测试，用户只需要根据 App 的指示，回答问题，动动手，做一个小小的肌肤测试，就能测试出自己是什么属性的肌肤，适合用什么样的护肤品。这种方式非常吸引用户参与，因此也增强了玉兰油品牌的影响力。

（2）结合游戏推出快消品，创新 App，进行娱乐营销

快消品既然与生活息息相关，那么其相关 App 也很可能是最能让用户忽视的。因此，企业必须要想出一种非常有创新意义的营销方式，比如可以结合游戏方式来进行娱乐营销。

宝洁旗下的舒肤佳品牌就携手移动互联网在 2011 年推出了大型亲子游戏 App“超人大战细菌”。用户可以和小朋友一起进行手机游戏互动，通过游戏方式来教育小朋友要勤洗手，赶跑细菌。

细菌这个东西，对小朋友来说往往还比较陌生和抽象，而且在生活中，小朋友也很难理解为什么要勤洗手。于是这款“超人大战细菌”的 App 就出现了。通过将细菌卡通化，讲述了小朋友和爸妈一起出游遭遇细菌入侵的故事，小朋友化身舒肤佳小超人来消灭细菌，拯救地球（如图 6-56 所示）。

在游戏中，小朋友需要使用舒肤佳香皂、盾牌、水等武器，可以切换游玩空间，如地铁、卫生间等场景。从这个游戏中，小朋友也很自然地懂得了为什么要勤洗手，更让大家了解到舒肤佳的品牌力度。而且在这个游戏中，还有一个关卡是需要运用舒肤佳香皂盒上的条形码，用户扫描香皂盒上的条形码，就可以在 App 游戏中获得“救命”武器。通过这种方式能刺激用户购买舒肤佳产品，而且也能让用户更好地了解舒肤佳品牌。因此，这是一个非常有创意和成功的快消品 App 营销。

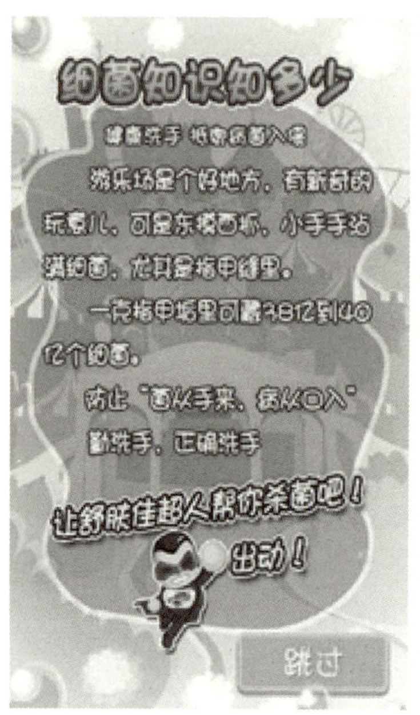

图 6–56　舒肤佳超人大战细菌

App 营销密钥

快消品更新换代比较快速，因此在 App 营销过程中，企业开发人员一定要对 App 内容及时更新，以免对用户造成误导，对企业产生不利影响。

7. 传媒行业：凤凰新闻给你所有想要的

在游戏、工具类 App 争相登场，并且获得巨大成功时，新闻传媒也在 App 方面加大了投入。因为 App 的灵活性和方便性，让更多人依赖手机、移动设备，用户不再专一地等候在电视机旁收看新闻，而是随时随地打开手机观看最新消息。所以新闻传媒企业的 App 就有了一个很大的发展空间。而且在这期间，也塑造出了一大批出类拔萃的 App 品牌。

凤凰新闻 App 在各大 App 应用市场中的下载率非常高，而且其知名度和人气也是如日中天。很多人不禁想问，一个新闻媒体行业如何在 App 中赢得竞争优势呢？

凤凰新闻的 App 以精准化和快速为主要特色。在凤凰新闻 App 中，用户可以看到一切想要获得的时事、娱乐、体育等信息。

打开凤凰新闻，在首页中会有一个非常显眼的“头条”。在这里，大多是最新、最热门、最刺激的信息。比如2014年6月13日，世界杯期间，凤凰新闻更是在首页头条中轮番滚动播出世界杯小组赛的赛程安排（如图6–57所示）。这种功能不但能给用户提供最新消息，而且还是一个比较贴心的安排。因为凤凰新闻不只是在体育板块轮番滚动播出赛程信息，在首页中更是放在了顶端头条。这种方式既贴心，又快速传达出了世界杯盛况，完全符合用户的心理需求。

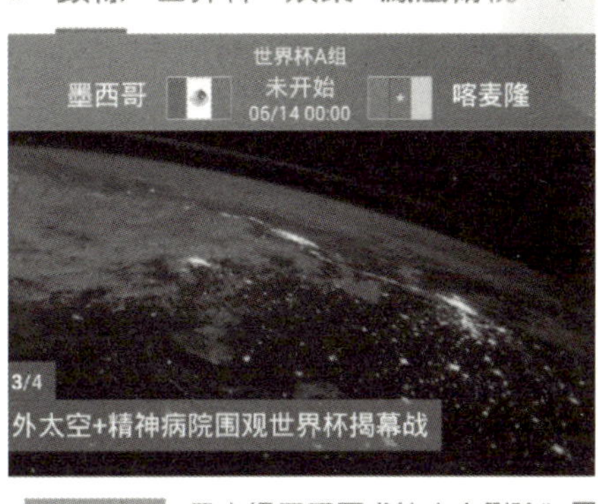

图6–57　凤凰新闻App中世界杯信息

凤凰新闻很明白用户最想要获得什么样的信息，于是在首页中还根据世界杯信息对世界各地看球情景的高清图片进行展示。用户点击之后，即可看到当地时间，世界各地球迷在什么场景下观看足球赛事，如何为足球疯狂（如图6–58、图6–59所示）。

图6–58　头条中世界杯新闻图片

图6–59　各地人们观看世界杯图片

为了世界杯，凤凰新闻还特地在 App 中加入了“世界杯”板块，用户点击之后，即可进入世界杯快速通道，以获得第一手世界杯赛事信息（如图 6–60 所示）。

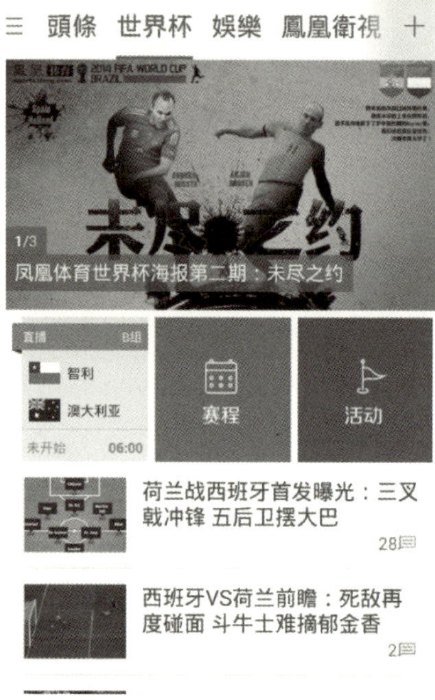

图 6–60 世界杯专栏报道

凤凰新闻在其他领域的新闻报道也非常及时。比如娱乐、财经、科技等板块，凤凰新闻都体现出了优势。高清视频、清晰图片、诙谐犀利的文字……在细节上，凤凰新闻也依然做得很好，从各个方面凸显了一个新闻 App 的专业和精准。

App 营销解析

凤凰新闻 App 通过专业的报道和特色凸显了新闻媒体行业在移动互联网方面的发展，也成功地获得了用户的支持和好评。可见，App 平台对任何行业都有一种向前发展的推动作用。一个小小的手机屏幕，竟然能够容得下世界万千信息，这就是凤凰新闻带给人们的惊喜。在这里，无论世界上哪个区域出现了最新变化或最新动态，凤凰新闻都会及时为用户呈现出来。

事实上，在 App 应用市场中，游戏 App 的下载量占据到了 33%，手机工具、插件的 App 排名第二，娱乐性 App 占据第三。新闻传媒类的 App 总体的下载量并不高。更多的专业化的新闻门户网站纷纷提供 App，这就更影响到传媒行业 App 的发展。所以，新闻传媒行业想要在激烈竞争中获得优势，就需要有更多

的 App 营销技巧。

（1）内容免费，给用户提供海量信息

其实，在新闻类 App 的运营中，也隐藏着一个与游戏 App 相同的地方：寿命短，淘汰率高。一个玩家往往会在选择并且试玩了大量的游戏之后，选择一些既有趣又有高品质的游戏，从而会淘汰那些一开始可能很新鲜，但却没有永久吸引力的游戏。

新闻 App 的用户也如此，他们也会在大量试用和阅读之后，最终选择几个非常喜欢甚至钟情的报纸、新闻杂志 App。因此，如果你在一开始就推出付费或者限量付费阅读，那么很可能就会失去大量的潜在用户。

所以，新闻媒体 App 必须在一开始就为用户送上完全免费的信息，让用户可以有选择。只要你的信息精准、内容精湛，用户就一定会选择你。

（2）App 制作要简单，让用户容易操作

用户在下载一个新闻媒体类 App 之后，如果在观看和使用几秒钟之后，就决定要删掉它的话，那么其原因很可能是该 App 操作过于复杂，用户操作起来非常不上手。

藉于此，数字媒体企业在设计 App 时，应该特别注意在设置操作上要力求简单。比如简单的账号注册、申请过程，推送精准的内容资讯等。换句话说，如果你想让用户在注册新账号之前先填写几页的信息资料，那么就等着用户果断卸载你的 App 吧。

（3）适当奖励用户，提升用户忠诚度

在游戏 App 中，企业为了能够留住用户，还会派送一些奖章、游戏币、充值卡等奖励。所以新闻媒体类 App 在营销时，也应该借鉴这一点，在适当的时候奖励用户，提升忠诚度。

例如企业设置评论分享有礼，或者参与读者见面会、抽奖等，鼓励用户去分享（如图 6–61 所示）。这样不但能够促进用户使用 App 的活跃度，更能够带动更多的潜在客户了解和下载企业 App。

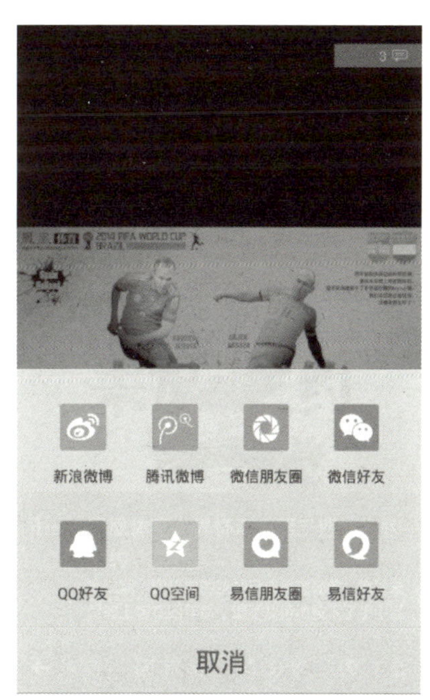

图 6–61　凤凰新闻增设“新闻分享”活动

App 营销密钥

新闻媒体类 App 除了在外部营销运营上下大功夫外，还应该在内部细节上做好功课，以此来吸引用户，比如文字的处理、图片清晰度、下载快慢等。这些都能影响用户使用 App 的心情。

8. 电商行业：京东手机客户端让你的购物更便利

可能还有人记得 2014 年年初湖南卫视推出的代行综艺节目《我是歌手》，人们在观看歌手比赛时，在广告空隙中还会听到这样一个熟悉的声音："看《我是歌手》，上京东摇大奖。"没错，京东作为一个电商网站，也没有自己的品牌产品，但却依靠 App 的强大转换率，利用娱乐方式，将《我是歌手》植入京东，进一步推动了京东 App 的影响力。

一个电商企业，如果不发展 App，那么可以说会直接减少移动市场份额。如今，移动互联网占据了人们上网的一半时间，而电商行业则完全依赖于网络。而且通过 App 营销能够让用户更加便利地购物，这直接促使电商行业在 App 这条道路上越走越宽。下面我们来具体看一下京东 App 是如何让用户购物更加便利的。

图 6-62　京东 App 首页滚动条

打开京东 App 之后，首先就会在顶端滚动屏上看到京东的最新通知和促销、热销信息。比如"客户端下单送优惠券""手机客户端限购 5 折"等信息（如图 6-62 所示）。通过这种滚动屏的动态方式，可以让用户更快地看到更多的京东促销信息。

接下来我们会看到版面上有"掌上秒杀""爆底价"等板块。在"掌上秒杀"板块中，京东为用户推出了限时秒杀信息。超低折扣的正品在这里得到促销，用户可以把握时机，购买到物美价廉的产品。

继续往下拉动界面，会看到京东各种分类产品导航，用户也可以在底端的导航"搜索"中搜索任意产品进行选购（如图 6-63

所示）。京东 App 的出现，对用户来说，最大的好处就是可以使购物变得更便利快捷。用户选购一款产品之后，可以加入购物车，直接用手机客户端付款，货物随时送上门。比如我们选择一款数码音响之后，可以点击“加入购物车”（如图 6–64 所示）。如果用户不想继续购物，可以去购物车结算付款，填好地址确认无误后，即可提交订单（如图 6–65 所示）。其中，付款方式可以选择货到付款、刷卡支付、在线支付、微信支付等多种灵活形式。

用户还可以通过京东 App 来时刻管理自己的京东信息和查询订单和余额等。在查看订单时，还能实时跟踪订单配送信息，随时随地了解商品配送速度和时间（如图 6–66 所示）。

为了进一步宣传京东 App，京东还在 App 中推出了“故事”区域，用户可以在这里发表自己的购物过程，以及购物的满意程度和意见。这里已经成为了京东粉丝无话不说的天地（如图 6–67 所示）。

京东 App 还有更能方便用户购物的一个功能和服务就是在 App 首页右上角的“扫一扫”二维码标志。用户打开之后，可以通过扫二维码、条形码、拍照等方式购物。京东 App 还特别推出了“颜色购”，用户只要将摄像头中的小方框对准其中某种颜色，App 就会自动识别出京东同类颜色的商品（如图 6–68 所示）。这种方式不但创新，而且能更方便用户根据颜色来购买产品。

图 6–63　搜索产品　　图 6–64　购买产品

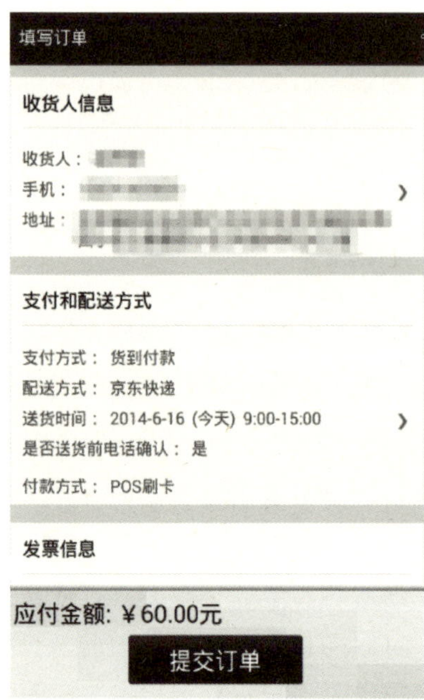

图 6-65 提交订单

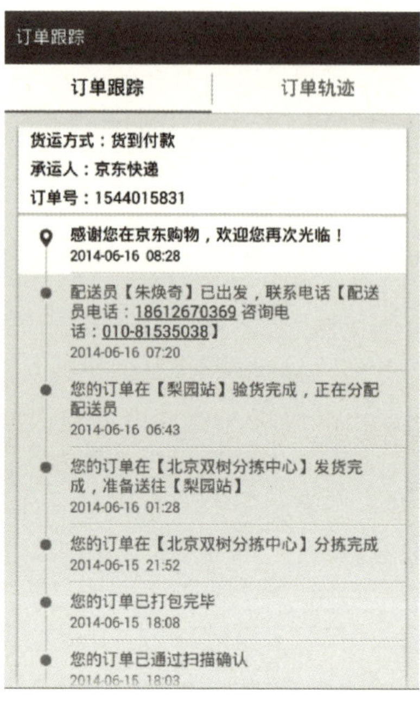

图 6-66 查询订单

自家做的卤味小零食会有人买吗？比市场上买的鸭制品更加入味儿~~~实体店已经开了二十多年了~~~

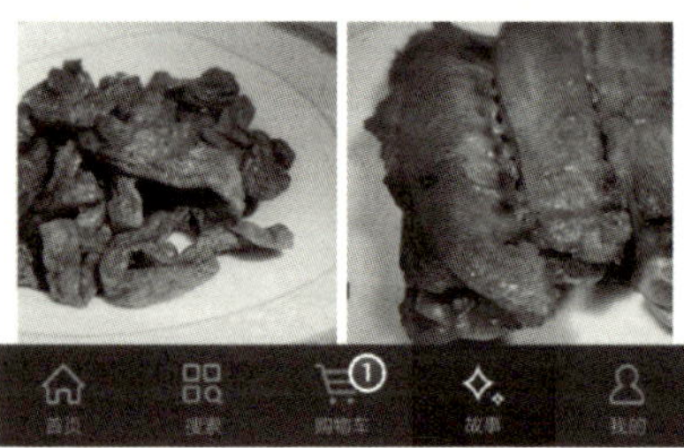

图 6-67 京东故事分享

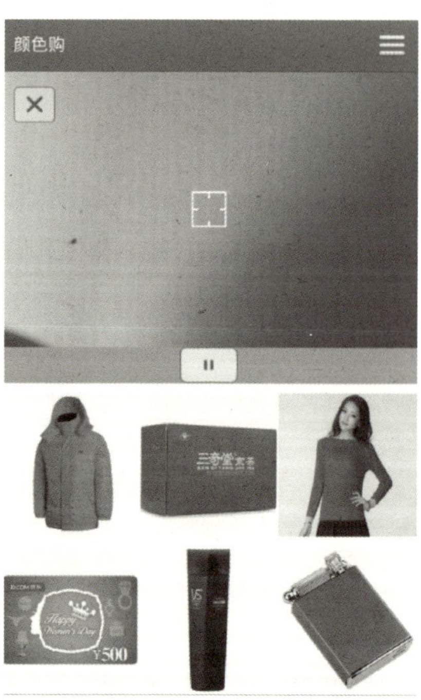

图 6-68 京东颜色购

App 营销解析

京东 App 的营销成功告诉我们，作为一个电商行业，首先应发挥的最大优势就是为用户提供便利的购物过程，其次就是发布一些促销热销信息，激励用户消费。当用户在你的 App 中快速购物成功之后，他自然就会很乐意再次消费，从而还会带动 App 的宣传。

此外，电商行业还应该大胆跳出原始的 App 纯购物理念，加入创新原色。京东 App 加入“故事”和“颜色购”等创新环节，进一步吸引了用户青睐。

说了这么多，我们来具体看一下一个电商企业 App 想要获得营销成功，应该怎么做。

（1）功能要全面，通过 App 能将产品相关内容完全展现给用户

电商行业想要初步打开用户群，就需要在 App 设计上下功夫，功能要全面一些，通过 App 智能手机、设备界面来将产品相关信息完全展示给用户，包括企业品牌历史、最新促销产品、地图服务、在线订购、查询、购物车、分享等各个应用。换句话说，要将 PC 端具有的服务和功能，尽可能地在 App 客户端中显示出来。唯有这样，才能让用户更多地利用 App 购物。

唯品会是一个大型品牌折扣电商网站，在 App 客户端中，唯品会不但在首页中推出各种最新上线物品、最后疯抢信息等，同时在左边状态栏中还有更多的功能，比如个人中心、设置、购物车等功能（如图 6-69、图 6-70 所示）。

图 6-69　唯品会首页

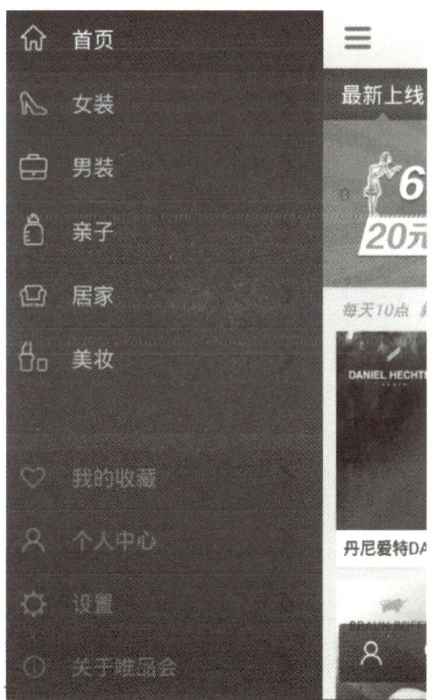

图 6-70　唯品会功能展示

（2）加入“摇大奖”“手机购物享优惠”等创新奖品，吸引用户 App 购物

在京东商城的 App 中，我们经常会看到摇大奖活动，通过摇动手机，可以摇出当日促销折扣商品。这种活动非常吸引用户参与互动，加大消费力度。在 App 营销中，这显然已经成为用户热衷参与的一项活动。

糯米团购网站，也在 App 中推出了摇一摇活动。只不过，在这个环节中，糯米团购更注重创新，摇出的不是产品，而是代金券（如图 6–71、图 6–72 所示）。这就好比，直接送给用户现金，用户怎能不因此而兴奋？

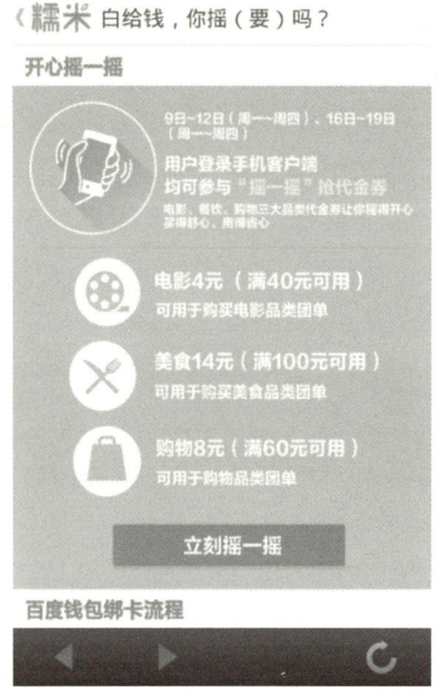

图 6–71　糯米团购摇一摇

图 6–72　摇代金券模式

App 营销密钥

电商行业在做 App 时，还应该特别注意要定期回馈用户，比如可以送礼券、手机客户端特别优惠等。这是刺激用户再次消费的一大神奇方法。

9．机构组织：北京地铁为你解决出行问题

随着 App 的发展，App 不只是运用在各种网络电商、企业产品营销，还

被运用在各大机构组织的运营上。很多医院、电视台、博物馆等机构组织，都纷纷建立了 App，目的就是更大程度地为用户提供便利。另外，在为用户提供便利的同时，还能直接导致用户对该机构的信任和依赖。如下面我们要说的一个机构。

北京地铁 App 是地铁通旗下的一款产品，为了给用户提供更大的出行便利，该 App 在用户智能手机、设备上设立了更多最新的地铁交通路线和信息，包括换乘线路以及总体路程、首末班车时间、卫生间位置、出口站信息等，让用户不再发生迷路的情况。

例如我们打开北京地铁的 App，寻找到建国门地铁站，然后轻轻一点，就会出现关于建国门站的标志，再继续点击，就会看到建国门地铁站的详细信息，包括地铁运营时间、换乘线路、地铁方向、地铁出口位置等。如果用户不知道该地铁站出口情况，那么还可以点击出口观看各个出口的方位、地理位置、附近建筑物等。还可以点击观看出口附近的地图，来更加详细地了解所在位置（如图 6–73、图 6–74、图 6–75 所示）。

用户还可以在北京地铁 App 中查找最近路线。比如输入起点为西单，终点为天坛。北京地铁会为用户送上最近、最快的地铁路线（如图 6–76 所示）。

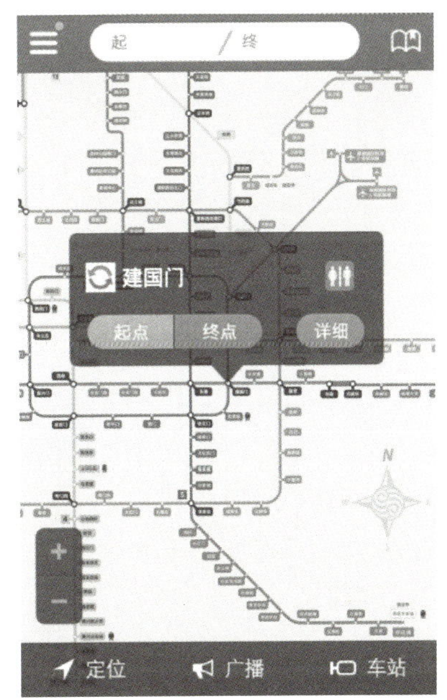

图 6–73　北京地铁搜索地铁站

图 6–74　地铁站信息

图 6–75　地铁站出口地图

图 6–76　查询最近地铁线路

在这个路线图中，包括了历程时间、地铁站数量，还包括地铁营运时间，并且还为用户送上精准的路线图。

当地铁出现各种状况或者限流等信息时，北京地铁还会在第一时间为用户推送，让用户及时做好出行准备。

App 营销解析

北京地铁作为一个大型的机构组织，通过创建 App 来方便市民出行，是一种非常有效的方式。这不但为市民解决了出行问题，还能让北京地铁在北京市民心中塑造起一个良好的形象，这对北京地铁的形象也是一种有效宣传和推广。

当然，从北京地铁 App 的营销来看，机构组织如果想要在 App 营销方面取得成功，就应该遵循便民、快捷的原则。如果 App 非常不便，或者使用起来对市民没有太大帮助，那么就形同虚设，毫无意义可言。再者，如果 App 功能强大，能为用户解决很多问题，但在打开 App 时，由于运行缓慢，浪费了用户大量时间，这对企业来说也是不可取的。

下面我们来分析一下机构组织在 App 营销和运营方面需要注意的问题。

（1）便民是关键，让用户可以在智能设备上解决基本问题

机构组织想要获得 App 的成功，最关键的一点在于便民。一定要为用户在智能设备上解决一切基本问题。用户只要下载和安装北京地铁 App，就应完全能够实现地铁站查询、出口、换乘、方向、时间等一切基本问题。

再如掌上盛京医院，将医院放在了手机中。以往人们去医院看病，尤其是想要看专家，最困难的就是预约挂号，用户不但需要提前打电话，还需要排队预约，前前后后，浪费了用户很多宝贵时间。而有了掌上盛京医院 App，只要用户是该医院的病人，或者想要在该医院看病，只需要下载和安装 App，就能在这里实现预约挂号、候诊排队、复诊记录、查看医院地图等功能（如图 6–77 所示）。这对用户来说非常关键，也是非常便利的。

图 6–77　掌上盛京医院 App 首页

（2）细节展示不可忽视

机构组织类的 App 如果只是注重了基本的便民服务，而忽视了细节问题，这还是会让用户难以信赖。有些机构组织在 App 中不注重细节问题。如果没有语音设置，就无法方便特殊人员；还有的 App 没有地图展示，让用户很"迷糊"。

所以，机构组织企业在运营 App 时，要注意细节方面的展示。例如，中国国家博物馆在 App 中就很重视细节。在中国国家博物馆的 App 中，用户可以使用"点播导览"，输入编号来收听或观看博物馆内的展品信息。这个板块的设置主要是为了方便特殊用户来收听展览信息。除此之外，中国国家博物馆还设置了"场馆地图"板块，用户可以点击观看每一层场馆内的地图形势，方便用户快速找到出口和展位（如图 6–78、图 6–79 所示）。

图 6-78　中国国家博物馆 App 首页

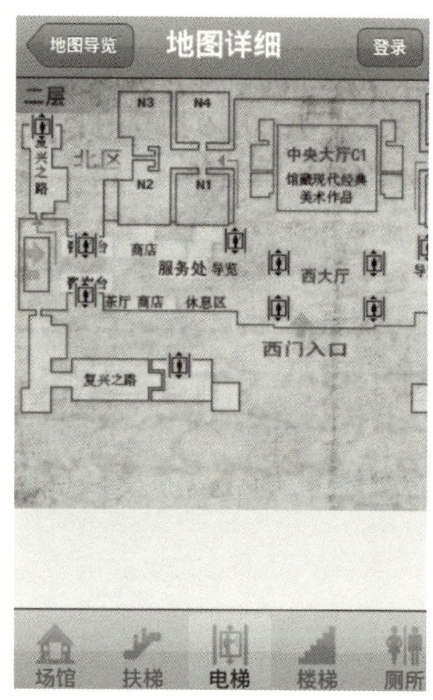

图 6-79　场馆地图

App 营销密钥

机构组织类型 App 在运营时，要特别注意消息推送，因为机构组织会很频繁地推出新政策或相关信息，即时推送会让用户可以快速得到新信息，避免用户作出不恰当的决定。

10．酒店行业：锦江之星入住酒店一指到位

随着移动互联网辐射式发展，智能手机和设备正在改变着人们的休闲方式，同时也改变着人们的出行。过去人们出差、度假订酒店，需要提前找到酒店电话，打电话预定，而且还不能对价格、服务等进行比较，也不能看到酒店的信息，更重要的是有时候入住满员，用户无法住到合适的酒店。

显然，在现代，这些问题都已不再是问题。因为有了 App，人们住酒店也逐渐方便起来。因为酒店预订及付款等，全都搬到了手机上。

锦江之星是很多客户喜爱的快捷酒店。随着移动互联网的发展，酒店企业之间的竞争也逐渐将战场搬到了智能手机上。于是锦江之星 App 也应运而生。运用锦江之星 App 预订酒店，流程非常方便，而且还支持在全国各城市预订。

锦江之星为了推广 App 营销，更是推出了注册手机客户端就独享 100 元优惠券，而且还会不定期地为会员送上一些神秘惊喜的活动，让会员订酒店还能享受好心情。

酒店行业推出 App，无非就是方便用户订酒店，争取移动互联网市场中的份额。在锦江之星 App 订酒店非常便利且有意思。打开 App 之后，企业首先就会为用户定位好周围最近的锦江之星店面，这对很多用户来说，非常有必要，也为酒店运营节省了不少时间（如图 6–80 所示）。

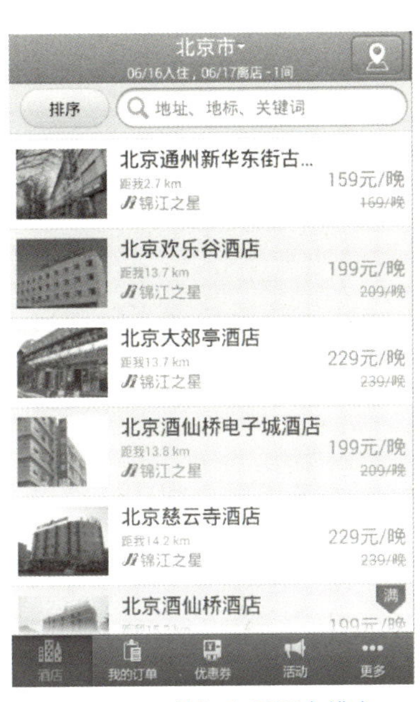

图 6–80 锦江之星酒店排序

下面我们来看一下订酒店的具体流程。

点击锦江之星其中一个酒店，如北京大郊亭酒店，然后会看到该店的大概信息，包括地址、客服电话、图片以及各种分类房间（如图 6–81 所示）。其中在地址方面，用户可以点击观看地图，找到详细地址（如图 6–82 所示）。

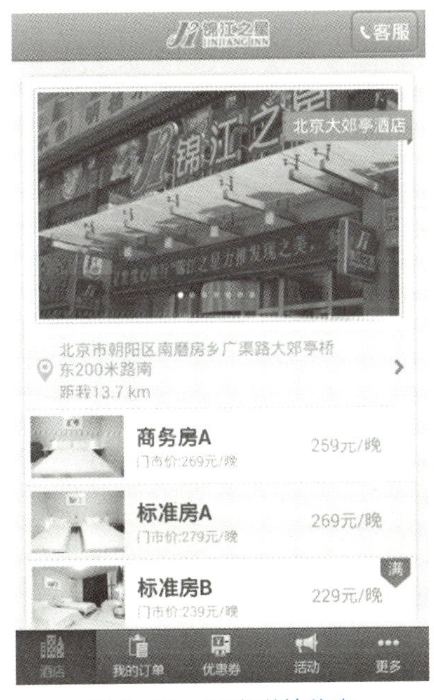

图 6–81 酒店详情信息

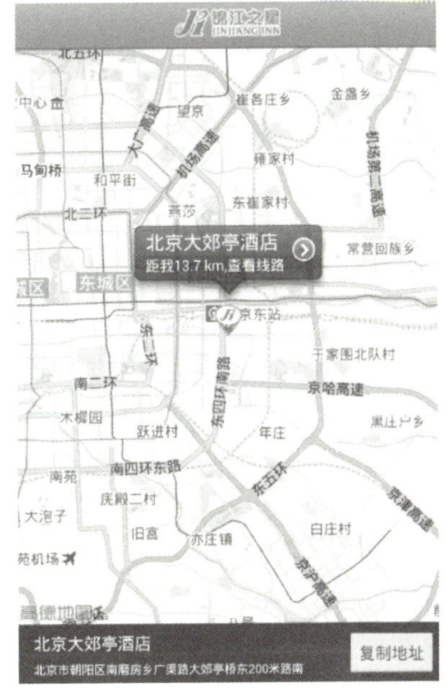

图 6–82 酒店地图详细位置

然后，我们就可以选择具体的房间类型。锦江之星的房间分为商务房和标准间，用户可以选择未满的房间，如选择标准房 A，由于用户首次预订，则注册会享有 100

元优惠券（如图 6–83 所示）。选择好房间之后，填好姓名、电话，便可以提交订单进行付款（如图 6–84 所示）。整体过程不超过 1 分钟，堪称快速订房。

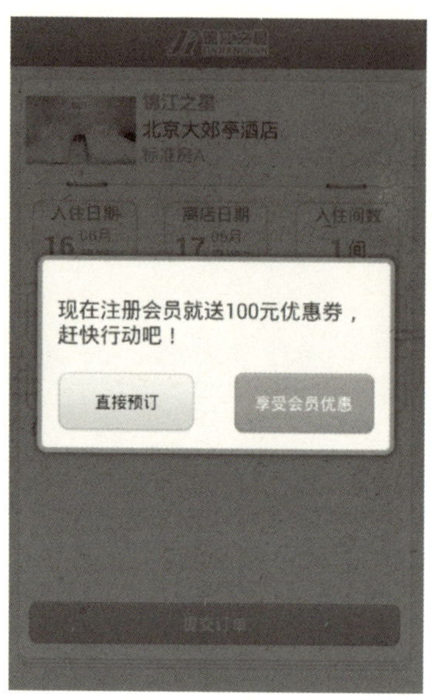

图 6–83　新会员送优惠券

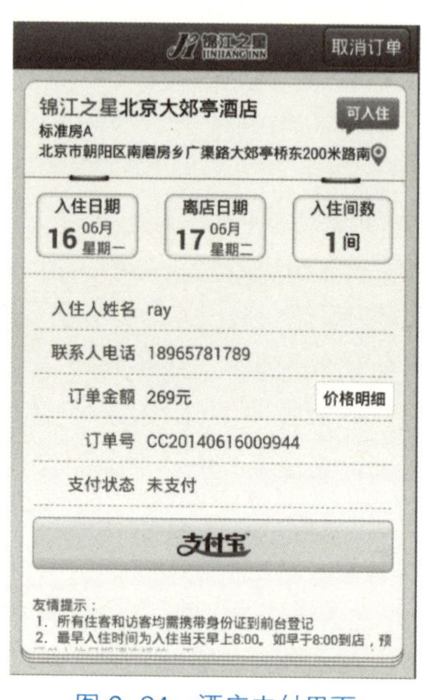

图 6–84　酒店支付界面

此外，锦江之星还设置“活动”区域，在这里，锦江之星在全国范围内的活动都能快速呈现，比如一些优惠、特价房、新店开张等（如图 6–85 所示）。

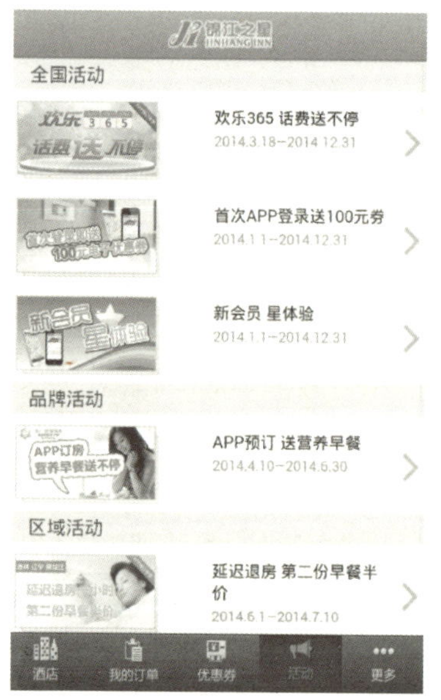

图 6–85　锦江之星 App 优惠活动

App 营销解析

锦江之星的 App 运营是酒店企业中较为成功的一个案例，也是很多快捷酒店、中小型宾馆纷纷模仿的对象。从在锦江之星 App 中订酒店来看，其操作流利、过程便捷，而且从选房到付款一步到位，丝毫不会耽误用户时间，相反还为用户节省了很多宝贵时间。

酒店行业利用 App 来营销，可在有效提升酒店市场和推广工作的同时，还能积累更多的客户资源。也正因如此，App 也逐渐被更多酒店、宾馆、度假机构等企业所看重。它们将自己的业务搬到了手机上，可以更方便用户携带、操作，同时也能让用户在更大程度上依赖企业的

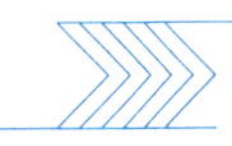

App。具体来说，酒店行业在做 App 营销时，还应该参考以下几个技巧。

（1）智能搜索、排序是酒店 App 的一大特色

用户在使用 App 搜索酒店时，往往会担心两个方面：价格和位置。因此酒店在做 App 时，就特别要从这两个方面出发。而从专业上来说，这种方式表现在 App 上，就是智能搜索和排序。企业可以把酒店按照位置、价格、好评等的级别来排序，用户可点击任何一个条件来对酒店进行智能搜索，这样就能更加快速地为用户找到称心如意的酒店。

在这一点上，格林豪泰酒店的 App 就做得很好。用户在打开格林豪泰 App 进行酒店搜索时，会看到其中有智能排序和搜索的功能，智能搜索的条件分别为距离、价格、评分。比如我们按照价格来智能搜索，会发现格林豪泰酒店房间由低到高依次排序（如图 6–86 所示）。另外，用户还可以在地图上看到格林豪泰酒店的价格分布，这样更方便用户找到合适的酒店，刺激其消费（如图 6–87 所示）。

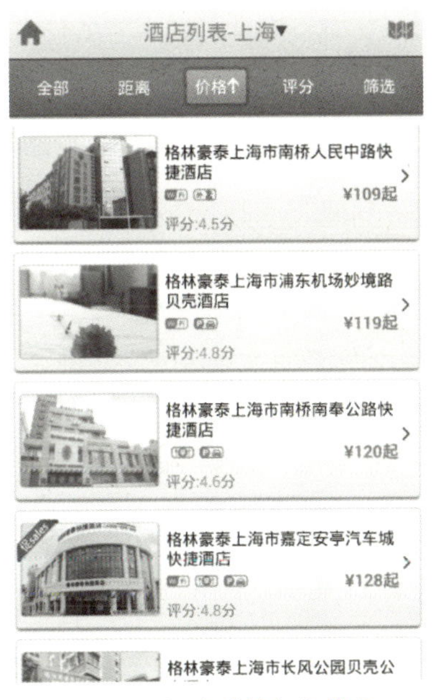

图 6–86 酒店价格智能排序

图 6–87 酒店地图上的价格显示

（2）定期推出 App 订房优惠、有奖等活动

只要有人的地方，就有 App 的影子，但是并不代表所有的 App 都能被用户所使用。这就要看企业是如何来做推广、宣传，如何刺激用户消费。尤其是酒店企业，可以定期搞一些优惠、抽奖、折扣等促销活动，刺激用户 App 订房。

比如锦江之星就首次推出 App 注册会员，享受 100 元代金券，而且还定

期推出 App 预订，享延迟退房活动（如图 6–88 所示），这在很大程度上刺激了用户消费。

与锦江之星很类似的还有如家酒店，在 App 中也定期推出很多 App 优惠活动（如图 6–89 所示），以此来吸引新老客户下载使用。

图 6–88　锦江之星 App 预订延迟退房

图 6–89　如家酒店 App 优惠活动不断

App 营销密钥

酒店企业做 App，还需要在细节上做好功课。比如酒店地址要详细、客服电话要时刻出现在界面上、房间图片展示需清晰……这些因素也或多或少会影响用户使用 App 的心情。

第 7 章　慎踏雷区，避开 App 营销的那些误区

如今的 App 营销可以说做得如火如荼，但是，有的企业没花多少钱却效果卓著，有的企业投入不少人力、物力和财力却收效甚微。为什么会有如此大的反差呢？除了本书上面几章提到的策略、方法和技巧外，还有一些值得注意的 App 营销误区。本章告诉你 App 营销的那些误区，让你的 App 营销少走弯路错路，确保你的 App 营销获得最好的效果。

1. 搭传统营销便车，投入多却收获小

许多企业在营销时，也使用 App 来营销，尤其是一些传统企业。因为移动互联网的发展，不得不让他们陷入了一种无形的竞争困局中，为了能够打赢“营销战”，传统企业品牌不得不将 App 运营进行下去。但是在这个过程中，很多企业却在推广、营销中，往往很容易陷入一个雷区：误搭传统营销便车。最终的结果是投入过多，收获却少得可怜。比如下面的案例。

凤凰网是一个以新闻、八卦、娱乐、财经等为一体的门户网站，其影响力非常高。所以，很多企业纷纷在凤凰网做广告宣传，希望依靠凤凰网的影响力和点击率来获得宣传。

但是这样做真的有效果吗？苏宁电器作为一个传统家电企业，就经常在凤凰网等大型门户网站中做广告。尤其是苏宁易购 App 推出之后，更是继续走传统营销的路子，将苏宁易信的 App 广告在凤凰网上以 Banner 广告的形式播放、宣传（如图 7-1 所示）。

图 7-1　苏宁易购 App 在凤凰网的宣传

事实上，苏宁易购 App 大都是用户自发安装的，而且多数是主动搜寻苏宁易购，或者在 App 开发区或者应用商店、市场中的推广而得知。而凤凰网的用户大都不会主动去下载 Banner 广告上的 App。从另一方面来讲，在凤凰网、新浪网、腾讯等地方投放广告的费用高昂。企业这种推广 App 的方式基本属于走

错方向，最终投入多，而收获却很少。

App 营销解析

与苏宁易购在凤凰网中 Banner 广告“错误”宣传类似的宣传误区其实很普遍。尤其是那些传统的企业品牌，由于它们自身就拥有很庞大的客户群体，因此它们在创立 App 之后，很希望将 App 传播到客户手中。所以，传统的营销手段也就重新在 App 中推广上演。这些传统方法包括在线 Banner 广告形式、付费广告、线下电视、收音机等传统媒体广告……

事实上，这种方式的营销效果并不好。第一，这些形式受众广，但是大众似乎并没有很强烈的意愿去下载和使用你的 App，甚至有些人连一台高效运转的智能手机或者 iPad 等设备都没有，因此他们很难自主来下载你的 App。第二，传统电视等媒体广告很难促成用户下载。即便那些看广告的人是你企业的潜在客户，但是主动权毕竟还是在他们手中，很难从真正意义上影响他们去下载，因此从这一点上来说，传统营销方式对 App 的转化率很低。

有这两种原因，便可直接导致企业在 App 营销中的失败，企业投入的成本很可能会打水漂。

我们说，任何事情都有可解之法，对这种情况也同样如此。下面我们来看一下企业在 App 营销时，如何避免走入这种误区。

（1）将 App 广告尽可能地投放在应用市场等用户可以点击下载的地方

企业必须将 App 的应用广告投放在那些用户可以看见，并且点击即可下载的地方，如 App 应用商店、市场等。因为用户只要去这些市场或者商店，就说明用户想要主动去搜索或者下载 App。这时候，你将广告打在这些 App 市场的首页或者其他关键部位，就很可能会引起用户的注意，从而点击观看或者下载。

比如唯品会就很注重这一点，它将 App 巧妙地放在了 360 手机助手 App 应用软件市场的首页关键广告位上（如图 7-2 所示），用户会第一眼看到，有兴趣的用户，自然就会主动下载。也正因此，唯品会才获得了真真正正的下载率。

图 7-2　唯品会 App 在 App 应用市场中打广告

（2）在移动广告网络中宣传 App

传统企业建立了 App 后，如果还依靠传统推广方式的话，那么其效果会很一般。投入大不说，用户看到之后很难去自行下载。这主要在于传统的营销方式，如电视媒体等不利于用户直接下载，也不利于用户对企业有一个较好的形象认识。

而在移动广告网络中宣传 App 则不同，移动广告本身就已经展现在了用户手机、智能设备上，而且移动广告还能够帮助用户更好地认识企业，让用户形成一种印象和认知，这就很容易让用户去下载。

而且在移动广告网络中加入宣传，对企业来说，相比传统广告，营销费用并不太高，但效率却很高，是值得企业选择的好方法。

App 营销密钥

虽然传统的营销方式会在费用和投入方面比较高昂，效率不足，但这并不表示传统营销方案没有对企业和 App 产品起到宣传的作用。传统宣传仍然是企业 App 营销的一种方式，只不过企业应当将这种方式侧重于与新老客户保持一种互动和交流，让客户加深印象。

2. 认为 App 内容是竞争核心

也许大多数企业都认为建立 App 就是为了可以更好地给用户推送企业内容，将企业的独家信息爆料给用户，然后吸引用户下载。然而，美国福布斯和 Adobe 调查发现，很多企业都走入这样一个重要的误区：以为 App 内容就是竞争核心。

美国福布斯和 Adobe 调查发现，超过 60% 的企业在市场营销方面，都认为 App 营销关键在于提供独家信息内容，驱动用户下载 App。换言之，企业以为将内容通过 App 展示出来，用户就能为了去看这些独家的爆料而下载 App。而且这种方式换来的结果也曾带动了部分企业 App 的高下载量。但是这种结果从专业 App 营销角度来说，是一种逻辑上的错误。因为 App 的营销关键并不只是内容。

有一家餐饮店，为了迎合大趋势，也创立了自己的 App，希望通过 App 来赢得更多用户来店消费。但是该店老板在经营 App 时，却陷入了一个误区：在 App 中不断更新内容，如新菜品、新酒水等，反而对那些 App 订餐、外卖等功能模式有所忽视。

一开始，该餐饮店 App 的出现，的确给了很多老客户一些新奇感，于是他们纷纷下载。通过App来观看该店新消息，一些新客户也随之下载。该店老板看到这种结果之后很满意。但是随着时间慢慢推移，他逐渐发现，App下载量不知不觉一直在下降，而且越降幅度越大。

原来，该老板在App营销时，只重视内容，而忽视App订餐等功能。时间久了，用户就很难在你的App中多停留，甚至还会因为没有得到一些实际功能而卸载App。在了解了用户的反映和对一些大型餐饮店App营销的调查之后，该店老板决定升级App。将App订餐、外卖、优惠、抽奖等实际应用加入其中。很快App的下载量和转化率再次上涨，并且使用程度也逐渐平稳。

App营销解析

在这个餐饮店中，一开始对App营销就有所误解，认为App营销就是内容营销，最重要的就是要将企业独家信息爆料给用户。但最后的结果适得其反。后来当该店老板反思到App营销的核心时，及时升级App，从而得到了认可。从这一点也说明，在App营销中内容并不是竞争的核心，而App反映出的实际操作功能和服务才是用户所真正关心的。

如果一个企业追求的是用户的忠诚度，那么在App应用中，突出内容似乎是最好的选择。然而，传统营销方式中的电子邮件、短信推送、广告传播等似乎更能留住用户。所以，如果你试图开发一个只专注内容的App，这完全没有必要。

因此，我们认为，App营销的竞争核心并不是内容，而是实际的功能。下面我们来介绍两种正确的App营销点方案。

（1）从功能营销点出发，更受用户喜爱

一个企业想要利用App营销产品，最好的做法就是在App中推出实际应用功能和服务，比如手机App支付、购买、查询功能等。将更多功能搬到用户手机上，进一步方便用户使用，为用户提供完美的服务，这才是用户所希望得到的。

英国一家最大的按揭贷款银行哈利法克斯银行在App的开发和营销方面做出了很出色的表率。该银行运用App实现买卖房屋贷款的一些具体事宜。而且该App中还推出了一个抵押贷款的计算器，可以帮助用户计算出他们所需要的贷款数和每月所还的金额。当然，该App中的实际功能不只这一点，还有更多关于贷款的数据极端、风险指标等。这些功能切实地帮助了消费者解决难题，在英国也已经有越来越多的人开始下载和使用这款超级实用银行App。

在中国的很多App也在功能方面做得很出色，赢得了竞争力。乐蜂网是一个化妆品网站，在建立App的一开始，企业就本着打造一款为用户服务的移动应用。用户可以用手机、iPad一键购物，用户还可以享受App独特的优惠，还能享受超值团购商品（如图7-3所示）。此外，乐蜂还在App中推出摇一摇功能，用户可以操作手机摇一摇，摇出奖品或者代金券（如图 7-4 所示）。

图 7-3 乐蜂 App 首页

图 7-4 乐蜂摇一摇

这些独特的功能和服务，让乐蜂网的 App 人气不断上升，人们不但在这里方便购物，还能享受乐趣，用户自然就会成为乐蜂 App 的忠诚客户。

（2）为用户提供乐趣的 App，才能获得新竞争力

一个 App 如果只是强调应用和功能，那么也难免会枯燥无味，用户不见得会长久应用。这就需要企业为 App 增加一点乐趣。京东、乐蜂等很多 App 都推出摇一摇等活动，用户通过摇晃手机可以参与抽奖、赢代金券等活动。这些活动不但可让用户获得物质上的好处，还能在精神上给予他们一定乐趣。所以，用户也就心甘情愿地去使用该 App。

图 7-5 肯德基 K 球吧 App

当然，乐趣不只是摇一摇，还有更多样数，这需要企业增强 App 营销的创新元素。比如肯德基 K 球吧 App 是肯德基根据 2014 年世界杯而开发的一款足球手游。用户下载之后可以在虚拟与现实切换中，体验 K 球的魅力和乐趣，还可以和朋友互拼。当然了，想要玩这个游戏，需要购买肯德基桑巴足球汉堡，从中获得手游卡（如图 7-5 所示）。这种

方式能够吸引更多用户下载和使用该 App，也能激发用户去肯德基实体店消费，可谓一举两得。

App 营销解析

在开发 App 时，企业只要从顾客角度出发，就一定能够找到更多让用户支持和认可的切入点，而并不是将所有的精力都投放在内容上。事实证明，为用户提供便利、实际功能，能为用户解决问题、提供乐趣的 App，才能真正获得用户的长期使用。

3. 忽视下载后的工作，不理会用户忠诚度

在 App 营销过程中往往有一个很常见的误区就是：企业只关注能促使用户下载的工作，而忽视下载之后的事宜。结果却是，企业通过一些推广手段，用户完成了下载，但下载之后的使用率却很低。而最终，只盯住下载数量的企业将自己的营销、盈利置于了一个危险地带。甚至有些企业还因为前期在下载量方面投入大量的资金，而最终导致转化率低，损失严重。

李宁商城是李宁服饰开发的一款 App，在李宁商城的亲体推广中，企业运用了大量广告，包括网站、线下二维码、网站宣传等各种方式。最终李宁商城的下载量逐渐上升，并成为传统服饰企业进军 App 市场的一大成功案例。

但是好景不长，李宁商城 App 的营销者发现，用户使用率很低，App 完全形同虚设，甚至很多用户下载之后，放在手机桌面的文件夹中没有点击过，用户点击使用的概率很低。

这其中最大的原因在于，李宁商城只注重前期的推广宣传，鼓励用户大量下载 App，但却忽视了后期用户使用 App 的情况。

李宁商城 App 之所以没有忠诚客户，原因在于两点。首先，App 的内容非常简单，功能少，而且用户无法与企业取得一定的沟通，企业就无法获得用户的需求信息。因此，用户在使用过一次无果之后，便不再使用，那么客户随之自然而然就成为了“僵尸用户”。其次，李宁商城 App 更新缓慢，无论是商品、服务还是对 App 的优化、升级、新功能，都非常陈旧，这样就导致用户无法获得最新消息，甚至无法打开 App（如图 7-6、图 7-7 所示）。

图 7-6　李宁商城 App 更新缓慢

图 7-7　数据加载缓慢

这一系列的问题，都导致李宁商城 App 不能拥有大量的忠诚客户，也无法获得用户认可。所以，从用户实际应用率来看，该 App 算不上成功。

App 营销解析

李宁商城 App 的问题在于企业开发者忽视了 App 下载之后的工作，没有理会用户的忠诚度。数据加载缓慢、产品更新不及时，用户使用起来自然也就很麻烦。而电商企业那么多，如果你的 App 出现一点问题，用户随时都可能会抛弃你。

事实上，企业想要经营一个 App，不只是要看它的下载量，还需要认真对待其中的一个重要指标：用户忠诚度。用户的忠诚度与企业 App 营销产生的利润完全挂钩。用户的忠诚度发生在用户下载 App 之后，包括用户使用 App 时，是否注册成为会员、是否及时更新你的版本，是否用 App 购买过你的产品，进行过评价和分享等。

下载固然很重要，但如果用户没有反复使用你的 App，那么即便你的 App 被下载次数超过 10 万次，其用处也不大。只有快速和可持续的 App 使用和成长，才能让你获得忠诚客户。

当然，企业必须要注重 App 下载之后的工作，才能培养用户的忠诚度。要走出只注重下载量这个误区，还应该做到以下几个方面。

（1）跟踪用户与 App 的互动，找到忠诚客户的获取渠道

企业在开发出一款 App 之后，不能一味地认为自己的推广渠道质量很高，于是就忽视用户下载之后的工作。企业必须及时跟踪用户与 App 的互动，找到忠诚客户的获取渠道。

具体的做法是，企业可以根据用户在下载完 App 之后的行为建立一个矩阵，从而观察这些用户是从哪些渠道获得 App 的，然后企业就可以将重点投入到这些渠道中。如此一来，企业就能够比较低成本获得高收益。

跟踪用户与 App 的互动，还表现在后台数据操控和监管上。企业要及时查看 App 运营后台的一些数据显示，它能反映下载 App 的人群、属性，还能反映出 App 的使用情况。这将有助于企业将 App 的建设进行得更好。

（2）对新注册用户给予一定的奖励，刺激用户常驻 App

一个新 App 的开发和产生，是否能够赢得用户长期使用，不能只看表面的下载量，还要看实际转化量，如用户是不是注册使用，用户是不是购物等。想要让用户长期使用你的 App，就需要给用户一点奖励。有些企业“顽冥不化”，以为只要自己 App 内容好、功能强大，就能够吸引更多常驻用户。但事实上，这些所谓的“常驻用户”都只是下载量的数字，并没有真实的忠诚度。而那些拿出一些奖励给注册用户的 App，则其内部的人气、活跃程度往往显得很高。

例如，唯品会就推出首次注册 App，并且使用客户端购物的客户会专享特权，包括发送代金券、赠送礼品等（如图 7-8 所示）。这样的方式，大大鼓励了用户使用 App 的兴趣和热度，并且还能刺激用户长期使用 App。

图 7-8　唯品会 App 专享特权

京东商城 App 也更是以发送各类优惠券来吸引更多忠诚用户的青睐（如图 7–9 所示），并且也因此获得了不错的成果。

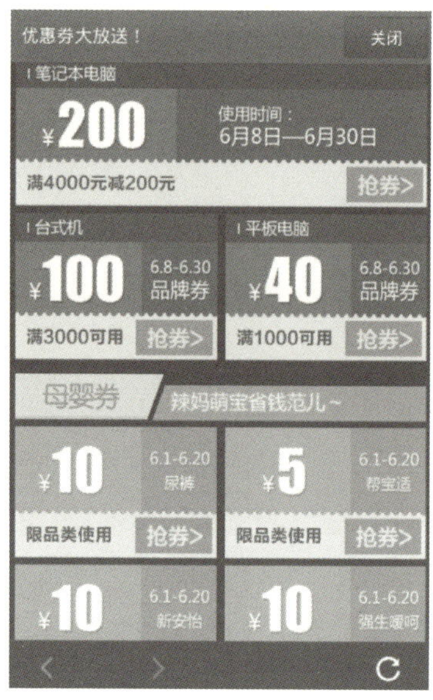

图 7–9　京东商城 App 购物送代金券

App 营销密钥

企业想要获得长久使用 App 的用户，就需要加强与下载 App 的用户互动交流，有了精神上的依赖，再加上物质上的奖励，用户的忠诚度也就会逐渐上升。

4. 仅仅靠品牌影响力，忽视 App 内容陈旧问题

我们手机中下载的多款 App 中，总有几个是我们非常希望能够更新，但企业却始终不更新的。没办法，最终我们只能选择卸载。从 App 营销角度来说，企业的这种营销往往就是走入了误区：内容陈旧，导致用户流失严重。

宜家公司业务部推出了 App，主打为用户推送更多的办公工作环境的家居产品，满足用户的独特要求。但是用户下载这个 App 之后，却并没有得到应有的服务。

首先在 IKEA Business 中，用户只是看到一些漂亮的宣传图片。当用户点击这些装修模式，需要购买或者搜寻大量产品时，却不能及时出现新产品，而只

是出现几个代表性产品（如图 7–10、图 7–11 所示），这根本无法满足用户的要求。而且点击每个商品时，只能观看图片，不能购买，也不能加注标签。

图 7–10　宜家业务部 App 图片展示

图 7–11　图片展示

此外，在“设计服务”板块中，用户也无法进行选择服务，企业也没有在 App 中提供操作方式，只是提供几张图片而已（如图 7–12 所示）。整体上来看，IKEA Business 内容陈旧，更新不及时，让用户无法看到更全面的信息。用户下载完之后，很容易就会主动卸载。

从更大程度上来看，IKEA BusinessApp 只能算是一个宜家的宣传片，而不能被当作是一个手机应用来做。

图 7–12　只有图片无法操作的宜家 App

App 营销解析

IKEA Business 在各大 App 市场中的下载量均不足千次，这种失败在于宜家 App 的营销存在误区，没有及时更新内容，才会导致客户流失严重。

在经济学中，消费者的思维是这样的：如果出现了一个很好的东西，那么他就会过度依赖它，但是该物品不能随着时间、时代、人们生活习惯而改变，长期如此，则很快会让消费者产生疲劳感，从而会舍弃，追寻有新鲜感的产品。App 营销也是如此，你的 App 如果一成不变，只想要依靠老品牌和过硬的影响力来吸引用户，那么将会损失惨重。

因此，企业必须要走出 App 发展的误区，尤其是那些有一定影响力的传统企业品牌，更应该注重改革创新，才能留住客户。

（1）结合品牌影响力推新，才能留住新老客户

一个传统品牌，或者有影响力的企业，往往开发一个 App 的目的就是希望凭借自己的品牌影响力而影响移动市场中的用户，纳入更多新用户。但是企业不要忘记，在新型移动市场中，同类化企业有很多，而且在网络信息开放和共享的情况下，各个企业为了竞争，纷纷推陈出新，将一些最新的活动、切入点加入 App，以此来加强自身的推销。有了这些新鲜的 App，老牌传统企业就很难纯粹依靠往日影响力来打动移动用户。

所以，在这种情况下，企业必须要推陈出新，但是也不能忽视传统影响力。最好的做法就是企业在进行 App 营销时，结合品牌的这种影响力，加入新点子、新创意，打造一个全新而有魅力的 App。这样才能留住老客户，吸引新客户。

新华社发布 App 是著名新闻发布机构新华社推出的一个 App，仅凭借“新华社”三个字的确已经在影响力上占据优势。但是新华社发布 App 的内容却没有完全依赖“新华社”这三个字的影响力，而是加入了很多新鲜元素。比如定制新闻，用户可以定制想要的新闻，新华社发布可为你单独推送（如图 7-13 所示）。这种新鲜感，能够吸引更多新老客户参与。

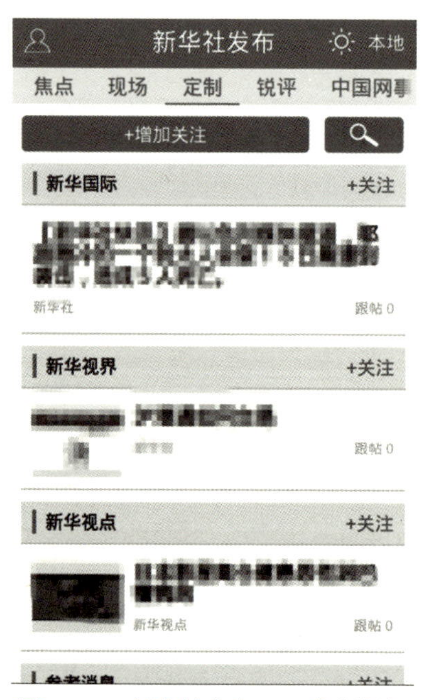

图 7-13 新华社发布 App 定制新闻

（2）内容更新时，要扬长避短，留住好的，推广新的

成功的企业都明白一点：App 内容在更新时，一定要扬长避短。所谓扬长避短就是要留住那些用户喜爱的板块，去除用户反感的地方，这样才能真正赢得用户长久使用。

当然，在这个过程中，前提是企业要经常与用户互动沟通，或者通过后台数据来了解用户的喜好，这样才能不盲目地扬长避短。

国美在线 App 在内容上的更新从来都扬

长避短。比如“手机充值”这个项目，国美在线从来都不会删掉，因为国美在线调查过，手机充值板块不但快速，而且售价低，深得用户喜爱。所以国美在线保留了这个长处，从而更新了比如彩票、游戏中心等内容（如图 7–14、图 7–15 所示）。这些内容的增加，让用户可以意识到国美不只是一个老牌家电商场，还能够在 App 购物时，玩游戏、买彩票。

图 7–14　国美在线手机充值

图 7–15　国美在线新增游戏中心

App 营销密钥

一个企业的品牌影响力再强，如果不在 App 中推陈出新，及时更新内容，增加新鲜元素，那么也会很难得到用户的追随，甚至老客户也会放弃使用。

5. 广告投放渠道狭小，营销能力受限

App 营销最离不开的就是广告投放，但是很多企业在推广过程中，却总是受到一些自身的局限或者容易走入一些误区，比如广告投放渠道过于少，很狭小，从而导致企业 App 营销的能力受到限制。

比如有些企业仅仅是依赖自己的官方网站或者在微博、论坛上投放广告。

这些广告对企业来说，的确非常省心，从效果来看有时候也还不错。但是由于企业投放的广告影响面太狭小，因此无法覆盖到那些潜在用户群体，导致企业 App 只是被少数人所知晓和下载。

ZARA 是西班牙的一个零售服饰品牌，凭借价格低廉、做工细致的特点，它的产品深受广大年轻人喜爱，甚至成为欧美平民眼中的“低端奢侈品”。ZARA 自从打开中国市场之后，就广受中国年轻朋友的支持，而且各大网站也纷纷模仿 ZARA 推出同类服饰。但是有品位的人，还是会去 ZARA 店购买正品。随着移动互联网的高速发展，ZARA 的购物渠道也多了一个 App 专区。用户不再为抽出时间去少有的 ZARA 店购买而烦心，而只要下载 ZARA 的 App 就可以在手机、iPad 上挑选服饰和购物。用户只需要注册，就可以看到 ZARA 实体店所有更新的服饰，还有模特的高清试穿图片（如图 7-16 所示）。如果用户觉得不错，就可以直接加入购物车购买。还可以在网上购物，去实体店自提（如图 7-17 所示）。总体来说，ZARA 的这个 App 非常好用。

图 7-16　iPad 设备上 ZARA 官方 App

图 7–17　直接购买 ZARA 产品

但是该 App 却也有弊端，尤其是在推广投放广告方面。细心的用户会发现，ZARA 的 App 只能在苹果等设备的 App 商店中下载。而在国内各大安卓系统的 App 应用市场中几乎看不到 ZARA 官方 App 的影子，有的也只是关于 ZARA 的售后、优惠券、粉丝会等非官方 App（如图 7–18 所示）。换句话说，ZARA 官方 App 在广告投放方面的渠道过于狭小，只在 IOS 等少数系统的 App 商店中有广告（如图 7–19 所示）。

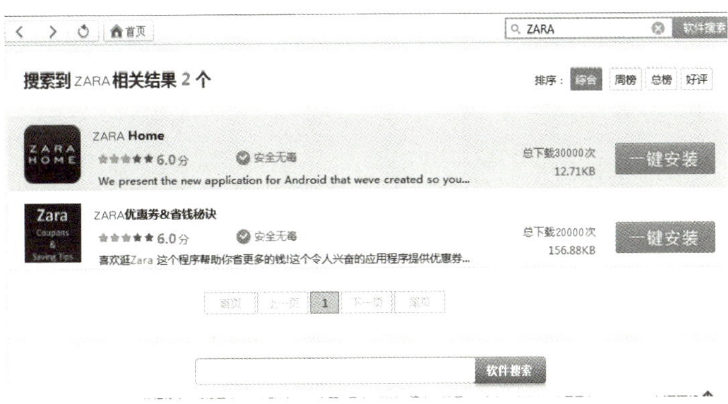

图 7–18　在安卓系统的 App 市场中 ZARA 官方 App 几乎看不到

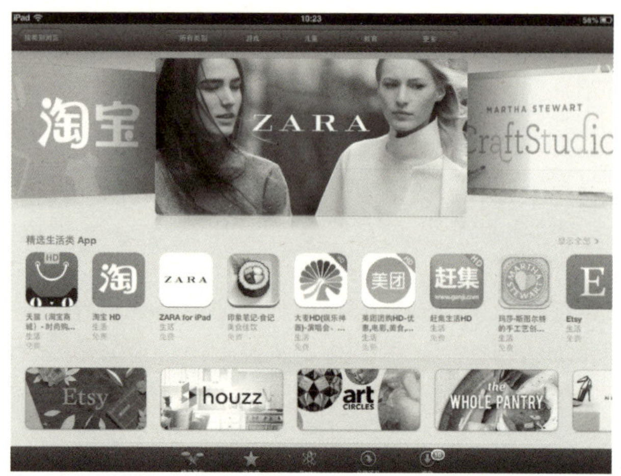

图 7-19　苹果 App 市场中 ZARA 的 App 投放

中国的智能手机分布显然是安卓系统手机远远多于 IOS 系统手机。因此这种结果直接导致 ZARA 官方 App 的下载量很少，尤其是在 iPad App 商店中的下载量更是少得可怜（如图 7-20 所示）。理所当然，ZARA 官方 App 的营销能力也就会受到限制。从这一点来说，ZARA 企业不得不反思在 App 投放广告渠道方面的做法。

图 7-20　iPad 设备 App 应用商店中 ZARA 下载量极少

App 营销解析

ZARA 官方 App 之所以在最终的营销结果方面受到限制，就是因为 ZARA 的 App 广告投放渠道太狭小。在欧美国家苹果手机的分布占据大多数，因此，ZARA 可以只是在 IOS 等少数系统的 App 市场中投放广告，就足以取得优秀成绩。但是中国地区的情况完全不同，安卓系统智能手机和设备占据多数。然而 ZARA 官方 App 却并非出现在安卓系统的 App 市场中。这种狭小的广告投放渠道，无疑让 ZARA 失去了大多数的潜在客户，从而导致营销力受限。

从 ZARA 官方 App 的营销来看，企业研发出一个 App 之后，一定要考虑多种途径的投放和广告渠道，不能只局限在一个渠道上。只有分散渠道投放，迎合大多数用户的口味，才能让自己的 App 完全展现给每一个可能存在的潜在客户。

企业必须要吸取 ZARA 的教训，根据自身 App 的实际情况来正确看待 App 的广告投放和推广，积极寻找多种渠道。

（1）线上推广，应该多注重移动 App 应用市场渠道

有些企业推出 App 之后，只是在官网、微博、网页上做一些简单的广告，用户只要浏览企业官方网站或者微博，就可能会看到 App，因此完成下载。虽然这种方法很省时、省力，效果在某种程度上来说也还不错。但企业想要长久发展，利用 App 来实现长线营销，就不能局限在这一种的推广投放渠道上面。

线上推广，企业最应该注重的就是移动 App 应用市场这个渠道，包括苹果 IOS 系统的 App 商店、安卓的各大知名应用商店。据考察发现，消费者安装企业 App，尤其是产品类型的 App，大都是从一些 App 市场或者商店中主动寻找下载的。因此，企业务必要将自己的 App 投放渠道侧重于移动 App 应用市场这方面。

当然，企业在进行这种线上移动推广时，不要走 ZARA 的老路子，只注重苹果设备的 App 市场，企业要一视同仁，放眼于更多、更广泛的 App 应用市场。

（2）线下推广渠道，侧重二维码宣传

除了线上网页、微博、移动 App 市场的各种推广之外，还需要线下的广告投放渠道。线下投放渠道包括广告牌、宣传册、海报等，但是最重要的还应该是二维码。将 App 放在一个黑白方块中，吸引用户扫描下载 App，这种方式非常适合企业 App 的多渠道宣传。

如中国网络电视 App 在线下推广时，就利用了公益广告的形式，在公益海报中加入二维码，用户扫描时，即可观看中国网络电视公益新闻，还能下载该 App（如图 7-21 所示）。这样的方式能够吸引大批潜在客户。

图 7-21　中国网络电视线下二维码宣传

App 营销密钥

准备在任何一个渠道投放广告时，企业都应该事先调查好消费者使用手机的情况、消费者寻求 App 的方式等。这些因素都影响企业投放广告渠道的技巧和最后的营销能力。